Mit Gottes Segen
in die Hölle

Herausgegeben
von Hans-Christian Huf

Mit Gottes Segen in die Hölle

DER DREISSIGJÄHRIGE KRIEG

Herausgegeben
von Hans-Christian Huf

Econ

INHALT

Selbst massiv befestig-
te Städte konnten auf
Dauer dem Ansturm
feindlicher Truppen
nicht standhalten.

MIT GOTTES SEGEN IN DIE HÖLLE

DER DREISSIGJÄHRIGE KRIEG

Bis zum heutigen Tag ist die traumatische Erinnerung an den Dreißigjährigen Krieg als Mythos vom »Krieg der Kriege« im kollektiven Gedächtnis der Deutschen eingegraben. So ist es kein Zufall, dass zur Beschreibung von besonders grausamen Kriegsereignissen immer wieder der Vergleich mit dem Dreißigjährigen Krieg herangezogen wird. Das Menetekel der Frühen Neuzeit gilt bis zum Holocaust als größte Katastrophe in der deutschen Geschichte. Bezogen auf die damalige Bevölkerung forderte der »große Krieg« von 1618–1648 mehr Todesopfer als der Zweite Weltkrieg. Ehemals blühende Landstriche wurden gänzlich verwüstet, Millionen Menschen wurden ins Elend gestürzt – der Geruch des Todes war allgegenwärtig.

Dennoch zeigt dieses Buch keineswegs nur düstere Szenarien und eine apokalyptische Welt, in der sich Gottgläubige in ihr unvermeidliches Schicksal fügen. Vielmehr nähern wir uns dieser vielschichtigen Epoche, indem wir Menschen porträtieren: die Mächtigen ebenso wie die Einfachen, die Drahtzieher und Profiteure genauso wie die Opfer und Verfolgten, die Agenten und Lobbyisten, die mit Geld, Gold und Geheimkodes von Thronsälen und Beichtstühlen aus Krieg führten.

Im Mittelpunkt stehen der Habsburger Kaiser Ferdinand II., sein genialer Kriegsherr Wallenstein und ihr Gegner, »der Löwe aus Mitternacht«, Gustav II. Adolf von Schweden.

Der herausragende Generalissimus Albrecht von Wallenstein erscheint als Kind seiner Zeit – ein Sternengläubiger und machtbesessener Realpolitiker, aber auch ein Opfer eines schweren Leidens und der undurchschaubaren Intrigen am Wiener Hof. Mit modernsten wissenschaftlichen Methoden lüften wir das Geheimnis seiner Krankheit ebenso, wie wir dem Mordfall Gustav Adolf mit kriminalistischen Mitteln auf den Grund gehen. Aber auch die Stimme des Volkes kommt nicht zu kurz. In der Preußischen Staatsbibliothek in Berlin liegt das einzigartige Tagebuch des »wahren« Grimmelshausen Peter Hagendorf, der fast den ganzen Krieg im Dienst unterschiedlicher Herren, Katholiken wie Protestanten, stand und uns aus der Perspektive des Söldners seine Sicht auf den Krieg nahe bringt. Es sind Erlebnisse aus 25 Lebensjahren, in denen er 25 000 Kilometer kreuz und quer durch Deutschland zog. Welche Rolle spielte die Liebe im Leben Hagendorfs, dessen Frauen auf den Feldzügen das Plündern übernahmen und dessen Kinder im Feldlager starben? Wie verarbeitete er die traumatischen Erfahrungen auf dem Schlachtfeld, das Leid in den Feldlazaretten, das Brandschatzen, die ungeheure Gewalt gegen Zivilisten? Denn vor allem sie waren die Leidtragenden dieses dreißig Jahre währenden Alptraums. Von gewaltigen Armeen verwüstete Landstriche, Hunger, Seuchen, entvölkerte Dörfer – das war die Hinterlassenschaft dieses großen Krieges.

»Mit Gottes Segen in die Hölle« nimmt den Leser mit auf eine bewegende Zeitreise durch ein zerrissenes Deutschland, porträtiert die Akteure, analysiert die Hintergründe dieses politischen Wahnsinns im Namen Gottes und stellt Fragen, die für uns noch heute von erheblicher Bedeutung sind.

ZEITTAFEL ZUM DREISSIGJÄHRIGEN KRIEG

Vorgeschichte

1555: Der »Augsburger Religionsfrieden« schafft die Basis für eine friedliche Koexistenz von Katholiken und Protestanten im Reich.

1607–1609: Ein Eklat auf dem Regensburger Reichstag führt zur Gründung der Protestantischen Union; die katholischen Reichsstände reagieren mit der Bildung der Katholischen Liga.

1618 – 1623
Der Böhmisch-Pfälzische Krieg

1618: Delegierte der protestantischen böhmischen Stände werfen zwei kaiserliche Räte aus einem Fenster der Prager Burg. Der »Prager Fenstersturz« löst Kampfhandlungen zwischen protestantischen Truppen und habsburgischen Verbänden aus.

1619: Ferdinand, der König von Böhmen, besteigt nach dem Tod von Kaiser Matthias den Thron. Die böhmischen Stände, die den neuen Regenten nicht akzeptieren, wählen Friedrich V. von der Pfalz zu ihrem König. Ferdinand schließt daraufhin ein Bündnis mit Herzog Maximilian von Bayern, dem Führer der Katholischen Liga.

1620: In der Schlacht am Weißen Berg bei Prag werden die aufständischen Böhmen durch die kaiserlichen Truppen unter Tserclaes Graf von Tilly geschlagen. Der »Winterkönig« Friedrich V. flieht in die Niederlande.

1621–1622: Schwere Niederlagen führen zu einer Auflösung der Protestantischen Union. Beim »Prager Blutgericht« werden die Rädelsführer des böhmischen Aufstands hingerichtet, Kaiser Ferdinand II. lässt die Güter der Rebellen einziehen.

1623: Maximilian I. von Bayern erhält die pfälzische Kurwürde.

1625 – 1629
Der Dänisch-Niedersächsische Krieg

1625–1628: Albrecht von Wallenstein stellt dem Kaiser ein Söldnerheer zur Verfügung und erhält den Oberbefehl über die kaiserlichen Truppen. König Christian IV. von Dänemark führt das Heer der protestantischen Verbände, England und die Niederlande kommen für die Finanzierung auf. Nach schweren Niederlagen besetzen die Kaiserlichen Mecklenburg, Pommern und Holstein.

1629: Kaiser Ferdinand II. erlässt das umstrittene Restitutionsedikt, das eine Einziehung protestantischer Besitzungen zugunsten der Katholiken ermöglicht. Nach dem Frieden von Lübeck zieht sich Dänemark aus dem Krieg zurück.

1630 – 1635
Der Schwedische Krieg

1630: Maximilian von Bayern erwirkt auf dem Regensburger Kurfürstentag die Absetzung Wallensteins als Generalissimus der kaiserlichen Truppen. König Gustav II. Adolf von Schweden landet mit seinem Heer an der Küste Pommerns.

1631: Frankreich verpflichtet sich, den Feldzug Gustav Adolfs in Deutschland zu finanzieren. Magdeburg wird durch die kaiserlichen Truppen unter Tilly in Schutt und Asche gelegt. Die Schweden siegen gemeinsam mit ihren sächsischen Verbündeten in der Schlacht von Breitenfeld.

1632: Tilly wird in der Schlacht bei Rain am Lech getötet, Wallenstein erneut zum Oberbefehlshaber berufen. Im November kommt es bei Lützen zu einer Entscheidungsschlacht zwischen Wallenstein und Gustav Adolf – der Schwedenkönig fällt.

1634: Wallenstein fordert von seinen Offizieren eine Treueerklärung. Der »Erste Pilsener Revers« wird am Hof in Wien als Hochverrat gedeutet. Der Feldherr wird abgesetzt, geächtet und von kaisertreuen Offizieren in Eger ermordet.

1635 – 1648
Der Schwedisch-Französische Krieg

1635: Der »Prager Frieden« zwischen dem Kaiser und dem protestantischen Sachsen, dem sich viele Reichsfürsten anschließen, führt zu einer Auflösung der Katholischen Liga; das protestantische Bündnis fällt auseinander. Der Krieg weitet sich durch eine Kriegserklärung Ferdinands an Frankreich jedoch aus.

1637: Ferdinand III. wird nach dem Tod seines Vaters Kaiser.

1643: Dänemark tritt wieder in den Krieg ein.

1644–1648: Während in Münster Friedensverhandlungen beginnen, gehen die Kämpfe weiter. Erst vier Jahre später findet das Blutvergießen mit dem »Westfälischen Frieden« ein Ende.

Der »Krieg aller Krie-
ge« von 1618 – 1648
stürzte halb Europa
im Namen Gottes
ins Chaos.

Noch zu Lebzeiten machten ihn seine Taten zum Mythos. Doch wer Wallenstein wirklich war, ist bis heute rätselhaft.

VOM EDEL-KNABEN ZUM HEIMLICHEN KAISER

WALLENSTEINS AUFSTIEG

Albrecht Wallenstein zählt zweifellos zu den schillerndsten Persönlichkeiten des Dreißig-jährigen Krieges. Wie kein anderer hat er es verstanden, die Gunst der Stunde für seinen Aufstieg zu nutzen – vom unbedeutenden Landedelmann zum mächtigsten Kriegsherrn des 17. Jahrhunderts, der die Fürsten das Fürchten lehrte. Seine Feinde hassten ihn so sehr, dass sie nach seinem Tod alles taten, um die Erinnerung an ihn zu tilgen. Sie ließen große Teile seiner Korrespondenz vernich-ten oder in den dunklen Kellern der Wiener Hofburg verschwinden. Der Kaiser, Ferdinand II., der Wallenstein so viel zu verdanken hat-te, ließ den verdienten Politiker und genialen Feldherrn am Ende eiskalt fallen – die jahrelangen Intrigen und Verleumdungen sei-ner Widersacher hatten ihre Wirkung nicht verfehlt.

Der letzte Condottiere: Wallenstein stieg als Befehlshaber einer gewaltigen Armee zum mächtigsten Mann im Heiligen Römischen Reich Deutscher Nation auf.

Der Mangel an Dokumenten und sein undurchsichtiges Wesen machten ihn zu einer umstrittenen Figuren der Geschichte. Das Urteil über ihn schwankt beträchtlich: Er sei nicht mehr als ein »ruheloser Emporkömmling«, ein skrupelloser Verräter, rachsüchtig, teuflisch, unberechenbar, treulos, unbarmherzig und unmenschlich – so die einen. Andere wiederum sehen ihn als »großen Feldherrn und Staatsmann«, der mehr war als »ein gewaltiger Soldatenführer und bloßer Rebell«. Doch wer war Walleinstein wirklich?

Der ehrgeizige Baron

Seine Biographie liest sich auf den ersten Blick wie die Geschichte eines »Shooting Stars«: Albrecht Wenzel Eusebius von Wallenstein wurde am 24. September 1583 in Ostböhmen geboren. Er wuchs als Spross eines böhmischen Adelsgeschlechts auf, das zwar alt, aber nicht besonders vermögend war. Sein Geburtsort Hermanitz, auf Tschechisch Heřmanice, ist heute auf keiner Karte mehr verzeichnet, obwohl es mehrere Dörfer mit dem gleichen Namen gibt. Das »richtige« Heřmanice liegt im Südosten des Herzogtums Friedland nahe der Stadt Jermer. Die Burg seiner Vorfahren, die einst mitten im Dorf stand, ist verschwunden, nur in der alten Kirche erinnern noch die abgewetzten Grabsteine der Eltern, derer von Waldstein, an den berühmten Sohn, dessen Namen man in Wallenstein umwandelte.

Schon mit elf Jahren wurde Albrecht zur Vollwaise, hatte aber das Glück, dass sich ein Onkel seiner annahm. Die Jugendjahre verbrachte er auf Burg Koschumberg. Mit sechzehn besuchte er, wie für Heranwachsende seines Standes üblich, die Universität in Altdorf bei Nürnberg; es blieb allerdings bei einem kurzen Intermezzo, da sich der junge Heißsporn immer wieder auf blutige Schlägereien einließ, die sein aufbrausendes, jähzorniges Temperament offenbarten. Wie es in den nächsten Jahren mit Wallenstein weiterging, ist in der Forschung umstritten. Es heißt, er hätte eine Bildungsreise nach Italien unternommen, mit Studienaufenthalten in Bologna und Padua. Dann soll er als Edelknabe beim Markgrafen von Burgau im Schloss Ambras bei Innsbruck gelebt haben. Es wird be-

ALBERTVS D.G.DVX FRIDLANDIÆ SAC:CÆS:MA:CONSILIARI.
BELLIC.CAMERARI.SVPREM.COLONELL.PRAGENSIS.ET
EIVSDEM MILITIÆ GENERALIS

richtet, dass er in dieser Zeit einen Sturz aus einem der Schlossfenster überlebte. Dankbar darüber, dass ihm die Heilige Jungfrau durch wunderbare Fügung das Leben gerettet hat, beschloss er, die Konfession zu wechseln – so die Legende. Tatsache ist, dass der junge Mann spätestens im Jahr 1606 vom Protestantismus zum Katholizismus konvertierte. Ein Schritt, der ihm die Tore für eine Karriere im Dienste des Hauses Habsburg öffnete. Im selben Jahr begann auch sein militärischer Aufstieg – zunächst als Fähnrich, dann als Hauptmann; 1607 wurde er Kämmerer bei Erzherzog Matthias, dem späteren Kaiser. Für den jungen Baron war eine solche Position, die er der Empfehlung eines Verwandten zu verdanken hatte, das Sprungbrett für weitere Ämter.

Begierig zu erfahren, was das Leben für ihn bereithielt, ließ der Sterngläubige 1608 bei dem berühmten Mathematiker Johannes Kepler ein Horoskop in Auftrag geben. Nur ein Jahr später, 1609, machte die Heirat mit der katholischen Witwe Lukrezia Nekeš von Landek den jungen Albrecht zu einem schwerreichen Mann. Der mährische Besitz seiner Frau wird auf über 400 000 Gulden geschätzt, für damalige Verhältnisse ein gewaltiges Vermögen. Die Liaison hatte ein Jesuitenpater vermittelt, der verhindern wollte, dass der riesige mährische Landbesitz der von Landeks in die Hände eines Protestanten fiel.

Über das Verhältnis der beiden Eheleute ist nicht viel bekannt, doch waren Liebesehen in jener Zeit eher die Ausnahme. Auch wenn die Heirat also vermutlich den Charakter einer Zweckehe hatte, so begegneten sich die beiden Vermählten zumindest mit gegen-

Seine Heirat machte Wallenstein zum reichen Landbesitzer in Mähren und verschaffte ihm die wirtschaftliche Basis für seine politische Karriere.

seitigem Respekt. Hartnäckige Stimmen behaupteten, dass Lukrezia bereits eine alte, hässliche Frau gewesen sei, die sich den jungen Baron gezielt gesucht habe. Wissenschaftliche Untersuchungen des Schädels der Toten haben aber das Gegenteil bewiesen: die Adlige war zum Zeitpunkt ihrer Eheschließung etwa dreißig Jahre und damit nur unwesentlich älter als Wallenstein.

Als sie nach nur fünf Jahren starb, richtete ihr der Witwer als Zeichen seiner Hochachtung eine prunkvolle Beerdigung aus. Ihren Leichnam ließ er zunächst in der Kartause bei Zlín beisetzen, bettete sie aber 1625 in das Kartäuserkloster von Walditz um, das er eigens für sie gestiftet hatte. Die Kartause – heute ein Gefängnis – liegt nur wenige Kilometer von der späteren wallensteinschen Residenzstadt Gitschin entfernt auf friedländischem Territorium. Nach dem Tod des großen Feldherrn im Jahr 1634 wurde die Verstorbene schließlich neben ihrem Mann in der St.-Anna-Kapelle von Münchengrätz bestattet.

DIE EHE MIT LUKREZIA schuf die wirtschaftliche Basis für den politischen Aufstieg des Böhmen. Als unbedeutender Baron war er ausgezogen, um sein Glück zu machen – nun hatte er es gefunden. Die Gräfin machte ihn zu einem der reichsten Männer Mährens. Doch bevor er sich um seine politische Karriere kümmerte, widmete sich Albrecht Wallenstein fünf Jahre der Verwaltung seiner Güter. Er sorgte unter anderem für die Rekatholisierung seines neu gewonnenen Landes. Wer von den Bauern nicht freiwillig zur Kirche ging, wurde mit Waffengewalt dorthin getrieben. Konfessionswechsel oder Auswanderung waren die einzigen Alternativen. Schon bald musste Wallenstein allerdings einsehen, dass er mit der strengen Methode vor allem sich selbst schadete. Also entwickelte er ein anderes Verfahren: Er erließ denjenigen, die freiwillig konvertierten, den Frondienst – wie sich zeigte, ein überaus erfolgreiches Modell. Zum Dank für die erfolgreiche Ehevermittlung durch einen Jesuitenpater förderte er den Orden auf seinen Gütern zunächst nach allen Kräften, machte allerlei Zusagen und Versprechungen, die er aber später niemals einlöste. Vielleicht trug das auch dazu bei, dass die Jesuiten später an seinem Sturz maßgeblich beteiligt waren.

In wenigen Jahren entwickelte sich der junge Wallenstein zu einem mächtigen Großgrundbesitzer, dem es gelang, die Erträge seiner Ländereien immer weiter zu steigern. Er schränkte nicht nur die Frondienste seiner Bauern ein, sondern erlaubte ihnen sogar, in seinen Wäldern Brennholz zu sammeln und Schwarzwild zu jagen. Indem er die Lebensbedingungen der Untertanen verbesserte, steigerte er auch ihre Produktivität – eine Erkenntnis, die dem Pragmatiker später immer wieder nutzte.

Der Glücksritter

Auch wenn es nach außen hin nicht den Anschein hatte, dass der Böhme in den zehn Jahren seiner Gutsherrentätigkeit die große Karriere anstrebte, so arbeitete er doch im Stillen daran. Während des Habsburger Bruderstreits zwischen Kaiser Rudolf II. und Erzherzog Matthias, dessen Ausgang ungewiss war, schien vornehme Zurückhaltung ohnehin das Klügste zu sein. Nichtsdestotrotz soll er regelmäßig in sein Palais nach Wien gefahren sein, um dort durch eine aufwändige Hofhaltung auf sich aufmerksam zu machen.

Seine Chance kam, als sich Erzherzog Ferdinand, der spätere Kaiser Ferdinand II., 1615 in einen Krieg gegen Venedig verwickeln ließ, aber das nötige Geld für die Anwerbung von Truppen nicht hatte. Wallenstein erkannte, dass er handeln musste, wollte er sich der Gunst seines künftigen Herrn versichern. Dienstbar stellte er in Windeseile eine kleine Privatarmee bestehend aus zwei Kompanien Kürassieren und einer Kompanie Musketieren zusammen, an deren Spitze der Baron im Mai 1617 ins Friaul zog. Auch wenn er mit seinen 260 Soldaten bei der Schlacht von Gradisca keinen entscheidenden Schlag gegen Habsburgs Feinde führte, behauptete er sich und die kaiserlichen Interessen ausgesprochen tapfer.

Seine große Leistung blieb Ferdinand nicht verborgen. Aus dem bedeutungslosen Junker wurde ein ernst zu nehmender Offizier, dem der künftige Kaiser Dank schuldete. Nach seiner Krönung zum König von Böhmen im Juni 1617 betraute Ferdinand den ehrgeizigen Aufsteiger mit weiteren militärischen Aufgaben. Die nächste Bewährungsprobe ließ auch nicht lange auf sich warten: Sie

kam mit dem schwelenden Konflikt zwischen Protestanten und Katholiken in Böhmen, der schließlich im »Prager Fenstersturz« eskalierte. Bei jener schicksalhaften Ständeversammlung in der Prager Burg am 23. Mai 1618 warfen protestantische Böhmen als Antwort auf die immer heftiger werdenden Rekatholisierungsversuche einige Vertreter Ferdinands aus einem Fenster und lösten damit einen dreißig Jahre währenden Krieg aus. »Fensterstürze« waren in Böhmen eine durchaus bekannte Form der Lynchjustiz. Beim Prager Fenstersturz hatten die Opfer allerdings das große Glück, den Sturz aus 17 Metern Höhe Dank eines Misthaufens zu überleben – was der Angelegenheit allerdings nichts an Brisanz nahm.

SCHEINBAR UNBETEILIGT WEILTE WALLENSTEIN während des Prager Fenstersturzes fernab auf seinen mährischen Gütern, doch er ahnte wohl, welche Dimension die Rebellion seiner Standesgenossen haben würde. Obwohl er anders als die meisten böhmischen Adeligen zum Katholizismus konvertiert war, ließ man den »Helden von Gradisca« in seiner militärischen Position in

Mit dem Prager Fenstersturz schlug die Stunde der Spekulanten und Beutemacher, die wie Wallenstein auf einen großen Krieg setzten.

Der Prager Fenstersturz und die Folgen

Am 23. Mai 1618 wird die Prager Burg zum Schauplatz einer Rebellion der böhmischen Stände. Ihr Zorn richtet sich gegen den österreichischen Landesherrn und zukünftigen Kaiser Ferdinand II. Dieser hatte die politischen und religiösen Rechte der Böhmen radikal beschränkt und einen Ständetag verboten, der gegen die Zerstörung protestantischer Kirchen auf katholischem Terrain protestieren wollte. Es kam zu einem heftigen Disput, in dessen Folge die Aufständischen zwei Statthalter Ferdinands samt deren Sekretär aus einem Fenster der Prager Burg stürzten. Die Rebellen wollten ein Exempel statuieren. Doch die katholischen Statthalter

überlebten das gewalttätige Spektakel – dank eines Misthaufens im Schlossgraben, den sie für göttliche Fügung hielten.

Was hier in der Böhmischen Kanzlei begann, hätte eigentlich eine komische Fußnote der Geschichte werden können, doch der Vorfall stürzte halb Europa ins Chaos. Hier entzündeten sich die Konflikte der Zeit. Schon bald sollte ein Heer der Aufständischen vor Wien stehen und ein protestantischer Fürst zum neuen König von Böhmen gewählt werden. Man möge sich »auf einen zwanzig-, dreißig- oder gar vierzigjährigen Krieg gefasst machen«, hatte der Kölner Erzbischof für diesen Fall vorausgesagt.

Im November 1619 hält Friedrich V., Kurfürst von der Pfalz, als Wahlkönig der böhmischen Stände einen triumphalen Einzug in das Prager Schloss. Er ist der Führer der protestantischen Union – eine ungeheure Provokation für Ferdinand, der im gleichen Jahr zum Kaiser gekrönt worden war. Er macht mobil und setzt seinen Cousin Maximilian von Bayern als Befehlshaber der kaiserlich-katholischen Armee ein. Als Lohn für einen gelungenen Militärschlag stellt er ihm das pfälzische Kurfürstentum. Dieses Pfand sollte den Krieg ins Herz des Deutschen Reiches tragen.

Am Abend des 7. November 1620 steht die katholisch-kaiserliche Armee westlich vor Prag. Zu den Regimentern, die am Weißen Berg Stellung beziehen, zählen auch Wallensteins Kürassiere. Am nächsten Morgen ent-

Aus diesem Fenster warfen die Rebellen die Statthalter von Ferdinand II.

Friedrich V. wurde von den Protestanten zum neuen König von Böhmen gewählt.

brennt auf dem Weißen Berg der Kampf gegen das böhmische Ständeheer. Eine Übermacht von 32 400 kaiserlichen Infanteristen und 7550 Reitern tritt gegen 8000 böhmische Fußsoldaten und 5000 Kavalleristen an. In nur einer einzigen Stunde erringen die Kaiserlichen einen triumphalen Sieg über die böhmischen Rebellen. Im Morgengrauen des 9. November flüchtet der »Winterkönig« Friedrich V. Hals über Kopf von der Burg. Der Prager Hradschin ist wieder fest in der Hand des katholischen Kaisers.

Ferdinand II. löst sein Versprechen ein und belehnt Maximilian von Bayern mit der pfälzischen Kur des gestürzten »Winterkönigs«. Friedrich V. wird zum »Rädelsführer« einer »im Reich teutscher Nation niemalen erhört-gesehenen noch gelesenen Rebellion« erklärt und unter »des Heiligen Reichs Acht«

gestellt. »Seine Liebden« Maximilian habe über das Heer der Rebellen »durch Verleyhung Göttlicher Gnaden und Beistand obgesiegt«.

Durch die Ernennung Maximilians zum Kurfürsten von der Pfalz gerät das Gleichgewicht zwischen protestantischen und katholischen Kräften im Reich aus den Fugen. Und die europäischen Nachbarstaaten sehen sich durch den Machtzuwachs Habsburgs provoziert. Unterstützt von England, Schweden und Frankreich marschieren dänische Truppen nach Deutschland ein. Der Konflikt, der mit dem Prager Fenstersturz begonnen hat, eskaliert zum europäischen Krieg. In jenem Augenblick höchster Bedrängnis macht Wallenstein dem Kaiser das Angebot, auf eigene Kosten ein Heer in den Dienst der Krone zu stellen. Ferdinand willigt ein und ernennt Wallenstein zum Generalissimus der kaiserlichen Armee.

Brisantes Dokument: Als Belohnung erhielt Maximilian die Pfälzer Kurwürde.

Mähren unangetastet. Dies war jedoch ein Fehler, denn niemand ahnte damals, welche verräterischen Pläne er dort auf seinen Landgütern schmiedete. Wieder machte er Ferdinand ein großzügiges Truppenangebot, das dieser in seiner ständigen politischen Bedrängnis dankbar annahm. Als Gegenleistung ernannte der Erzherzog ihn zum kaiserlichen Obristen. Dann geschah etwas, das Albrecht von Wallensteins Plänen auf paradoxe Weise entgegenkam. Am 20. März 1619 starb Kaiser Matthias in Wien und Erzherzog Ferdinand, der böhmische König, wurde dessen Nachfolger.

Als böhmische Truppen nach Mähren einmarschierten, entschloss sich Wallenstein zu einem definitiven Wechsel der Fronten. Er machte auf unmissverständliche Art und Weise deutlich, dass er nicht mehr auf der Seite seiner eigenen Landsleute stand, sondern auf der des Kaisers in Wien. In einer Nacht- und Nebelaktion stahl er die Kriegskasse der mährischen Stände, die ihn noch für einen der ihren hielten, und machte sich mit der gesamten Beute aus dem Staub. Den »Schatz von Olmütz«, immerhin 96 000 Gulden, übergab er als Begrüßungsgeschenk dem neuen Kaiser – eine verwegene Geste, die für großes Aufsehen sorgte. In den Augen der mährischen Stände, die den Bruch mit Kaiser Ferdinand II. zu diesem Zeitpunkt noch nicht vollzogen hatten, war dieses Verhalten Hochverrat. Am 11. Mai 1619 wurde der Treulose offiziell des Landes verwiesen.

Wallenstein war klar, dass er mit dem Raub der Kasse von Olmütz alle Brücken hinter sich unwiederbringlich abgebrochen hatte und seinen immensen Besitz in Mähren verlieren würde. Doch der Erfolg des waghalsigen Unternehmens schien ihm Recht zu geben. Fortan sollte der einst reiche Magnat nach dem Vorbild italienischer Condottieri in kaiserlichen Diensten kämpfen.

Der Spekulant

Woher Wallenstein die unglaublichen Geldsummen nahm, die er in den nächsten Jahren dem Kaiser sukzessive zukommen ließ, konnte bis heute nicht restlos geklärt werden. Auf seine großen Besitztümer in Mähren konnte er seit dem Raub der Kriegskasse nicht mehr zurückgreifen. Trotzdem stellte er Ferdinand, der am 28. August 1619 zum Kaiser gekrönt worden war, eine ungeheure Summe für die Fortführung des böhmischen Krieges zur Verfügung. Der waghalsige Einsatz sollte sich lohnen: Nachdem die Rebellen mit seiner Hilfe in der Schlacht am Weißen Berg westlich von Prag im November 1620 besiegt worden waren, erhob der Kaiser Wallenstein zum Militärverwalter in Böhmen. Aus dieser mächtigen Position heraus leitete er künftig die Einziehung der zahlreichen Rebellengüter. Nach einer ungefähren Schätzung wurden damals zwei Drittel des böhmischen Grundbesitzes im Wert von 43 Millionen Talern beschlagnahmt – ein ungeheurer Gewinn. Mit dem Erlös aus dem Verkauf des Landes, das ungefähr die Größe Bayerns hatte, hoffte Ferdinand seine Kriegsschulden begleichen zu können. Wallenstein hielt sich ebenfalls schadlos und wachte mit Argusaugen darüber, dass auch er, der dem Kaiser immerhin die gewaltige Summe von rund drei Millionen Gulden vorgeschossen hatte, zu seinem Recht kam. Dabei ging er buchstäblich über Leichen. Als am 21. Juni 1621 die Rebellen auf dem Altstädter Ring in Prag hingerichtet wurden, waren es die Soldaten Wallensteins, die das Gelände abriegelten.

In der Folge ließ er sich von Ferdinand II. seine Darlehen mit reichem Landbesitz vergüten, darunter auch das spätere Herzogtum Friedland. Die Urkunde über die Pfandschaft der Herrschaften Friedland und Reichenberg trägt infamerweise das Datum der Massenhinrichtung auf dem Altstädter Ring. Albrecht von Wallensteins rasanter Aufstieg war mit dem Blut seiner ehemaligen böhmischen Standesgenossen erkauft.

FERDINAND II PAR LA GRACE
DE DIEU EMPERVR DES ROMAINS.
B. Moncornet ex.

Für Kaiser Ferdinand spielte Wallenstein den Retter der Monarchie. Er rekrutierte auf eigene Kosten eine gewaltige Armee.

► Bei der Hinrichtung der böhmischen Rebellen auf dem Altstädter Ring in Prag hielten Wallensteins Soldaten Wache.

DER EMPORKÖMMLING WUSSTE, dass er in jenem schicksalhaften Jahr 1619, als er sich auf die Seite des Kaisers schlug, die einzig richtige Entscheidung getroffen hatte. Am Ende seiner böhmischen Grundstücksspekulationen, bei denen er Land kaufte und wieder verkaufte, verzeichnete er einen Reingewinn von rund zwei Millionen Gulden und war Herr über etwa 10 000 Quadratkilometer Land. Für die Witwen und Waisen, die er bei seinen skrupellosen Transaktionen von ihren Ländereien vertrieb, empfand er nicht das geringste Mitleid. Unnachsichtig ging er auch gegen die Hinterbliebenen der Rebellen vor.

Am 18. Januar 1622 ernannte ihn der Kaiser zum Dank für die erfolgreichen Konfiskationen, mit denen der Friedländer nicht nur die eigene, sondern auch die Staatskasse wieder aufgefüllt hatte, zum »Gubernator des Königreichs Böhmen«. Im September zeichnete er ihn mit dem Titel eines Hofpfalzgrafen aus und bestätigte Friedland und Reichenberg als »ewiges erbliches Lehen«. Nun stand Wallenstein eigentlich schon im Zenit seiner Macht, doch das sollte dem erbarmungslosen Karrieristen noch lange nicht genügen. Nichts und niemand schien ihn aufhalten zu können.

Der Münzbetrug

Ein weiterer Posten, der Wallensteins Einkünfte vervielfachte, war seine Mitgliedschaft im so genannten »Münzkonsortium«, einer Zweckgemeinschaft von wenigen Privilegierten, Fürsten und hochrangigen Beamten, die sich 1622 auf Kosten von Kaiser und Volk an der Geldprägung bereicherte. In seiner Geldnot hatte Ferdinand das Münzregal von Böhmen, Mähren und Niederösterreich gegen eine jährliche Zahlung von sechs Millionen Gulden an den flämischen Bankier Hans de Witte, der in Europa über beste Beziehungen verfügte, verpachtet. Das Geld, das der Kaiser dringend für die Fortführung des böhmischen Kriegs benötigte, hätte er selbst niemals erwirtschaften können. Mit der Entscheidung, das Münzprägerecht an Dritte zu übertragen, lieferte er sich aber nicht nur den skrupellosen Geschäftemachern in Prag aus, sondern förderte auch die verheerende Inflation, die das Reich seit 1618 beherrschte und immer mehr Menschen durch die ungeheure Geldentwertung in den Ruin trieb. De Witte drückte den Wert des Guldens bis auf ein Zehntel herab und fügte sich damit ein in die Reihe der »Kipper und Wipper«, die seit Jahren ihr Unwesen im Reich trieben. »Kippen« hieß im Volksmund »an den Rändern beschneiden«, »wippen« nannte man das Manipulieren der Goldwaage. Die Vorgehensweise war immer dieselbe: Mit minderwertigem, illegal geprägtem Kleingeld kauften Händler hochwertige Silbermünzen auf, schmolzen sie ein und zweigten das gewonnene Silber für sich ab. Statt der hochwertigen Silbermünzen verteilten sie dann Kupfer- und Blechmünzen, sodass das Geld effektiv immer weniger wert wurde. Die Preise schnellten in die Höhe, vielerorts kam es zu Aufständen gegen die »verdammte Kippers-Rott«, Wechselstuben und Münzstätten wurden gestürmt. Im Fall des Prager Münzkonsortiums waren aber nicht die fliegenden Händler die Verantwortlichen, sondern hochrangige Fürsten und Beamte wie Wallenstein. Das Kippen und Wippen wurde sozusagen von Staats wegen betrieben. Bereits im März 1621 hatte der Prager Statthalter den Silbergehalt der böhmi-

Als Herzog von Friedland verfügte Wallenstein auch über das Recht, Münzen zu prägen – einige wurden von seinem Porträt geziert.

schen Münzen auf die Hälfte verringern lassen, seit 1622 auch den von Reichsgulden. Der Pachtvertrag mit dem Kaiser gab dem Konsortium jede Möglichkeit des Betrugs.

Die Gewinne aus den kriminellen Machenschaften nutzte Wallenstein nicht nur zur Finanzierung seines Heeres, sondern auch, um mit dem neu gewonnenen Geld im großen Stil enteignete Rebellengüter zu erwerben. Obwohl der Kaiser schon 1623 darauf hingewiesen wurde, dass das Konsortium vertragswidrig münzte, also den vorgeschriebenen Silbergehalt unterschritt, hatte der von ihm eingesetzte Kontrolleur gegen das Gremium keine Chance. Und als die Inflationsrate selbst de Witte zu entgleiten drohte, stiegen der Bankier und das gesamte Konsortium kurzerhand nach nur einem Jahr aus dem Pachtvertrag aus. Der Kaiser und die um ihre Ersparnisse betrogenen Menschen hatten dabei das Nachsehen. Flugblätter, die Zeitungen des 17. Jahrhunderts, verglichen das »schlechte Geld« mit der Wirkung der Pest. Es heißt sogar, dass die wirtschaftlichen Auswirkungen der Inflation im 17. Jahrhundert schlimmer gewesen seien als die Spur der Verwüstung die der Dreißigjährige Krieg hinterließ.

Die Drahtzieher der Geldentwertung hatten das Geschäft ihres Lebens gemacht – auf Kosten der Bevölkerung. Der Schaden, den man dabei angerichtet hatte, war verheerend. Dem Kaiser blieb nichts anderes übrig, als die Münzen im Dezember 1623 durch ein kaiserliches Patent um bis zu 98 Prozent abzuwerten. Das wiederum brachte denjenigen einen gewaltigen Vorteil, die nun

»Kippen und wippen«: Ein vom Kaiser berufenes Konsortium, dem auch Wallenstein angehörte, bereicherte sich durch Manipulation des Silbergehalts der Münzen.

mit dem abgewerteten Geld ihre Schulden aus dem Kauf von Ländereien und Gütern beglichen – wie Albrecht Wallenstein. Sie bereicherten sich auf ebenso intelligente wie infame Weise gleich mehrfach: einerseits durch Verbreitung minderwertiger Münzen, mit deren Gewinn sie Land erwarben, andererseits durch die inflationäre Abwertung ihrer Schulden.

Belangt wurden die Täter für ihre Vergehen natürlich nie. Im Gegenteil, sie nutzten ihre kriminellen Verbindungen aus der Zeit der Münzkonsortiums für die Zukunft. So blieb etwa das Schicksal des Bankiers de Witte mit dem des Herzogs von Friedland verknüpft. Der Niederländer war zeitlebens für Wallensteins Geschäfte zuständig, die er durch Anleihen bei großen Handelshäusern in Hamburg und Nürnberg möglich machte.

Goldader Friedland

Einer der genialen aber auch skrupellosen Züge Wallensteins war es, durch scharfsinnige Berechnung und vorausschauendes Handeln vom Krieg zu profitieren und gleichzeitig für den Wiener Hof unentbehrlich zu sein. Am 3. Juni 1623 ernannte ihn der Kaiser trotz der Vorkommnisse im Münzkonsortium zum kaiserlichen Generalwachtmeister. Sechs Tage später heiratete der Witwer in zweiter Ehe Isabella, die Tochter des kaiserlichen Vertrauten und Ratgebers Karl von Harrach. Durch diese Heirat verschaffte sich der Karrierist eine noch engere Bindung zum »Inner Circle« des Wiener Hofes und zu Ferdinand II. Die zu erwartenden Beförderungen ließen auch nicht lange auf sich warten: Nur drei Monate nach der Eheschließung verlieh Ferdinand II. dem bisherigen Hofpfalzgrafen den erblichen Titel »Fürst von Friedland und Reichenberg«.

ALS ERFOLGREICHER FELDHERR und Unternehmer hatte Wallenstein längst erkannt, dass Schlachten langfristig nur mit hervorragend ausgerüsteten Söldnern, mit ausreichenden Geldreserven und einer brillanten Organisation zu gewinnen waren. In Friedland setzte er diese Maxime in die Tat um. Mehr noch: Das Herzogtum sollte zur Lebensader, zum Zentrum seiner Macht werden. Die grünen Wälder und sanften Hügellandschaften Ostböhmens kannte er von Geburt an. Es war sein Land, das er binnen Jahresfrist zu einem leistungsfähigen Staat mit einer modernen Rüstungsindustrie machen wollte. Über fünfzig Herrschaften hatte er inzwischen zusammengekauft, die sich über ein riesiges Gebiet von der böhmisch-schlesischen Grenze bis etwa vierzig Kilometer nördlich von Prag erstreckten. In der Stadt Gitschin an der Cidlina, einem Nebenfluss der Elbe im Südosten des Landes, ließ er seine Residenz nach dem Vorbild italienischer Idealstädte errichten. Ein architektonisches Gesamtkunstwerk sollte es werden, mit dem Ziel, Wallensteins Machtanspruch bis nach Wien auf unmissverständliche Weise zu dokumentieren. Als er mit der Bautätigkeit begann, hatte die Stadt gerade einmal 200 Häuser, 1634 waren es schon 500.

DIE FAHRT NACH GITSCHIN führt von Reichenberg aus durch verwunschene Wälder in eine der schönsten Gegenden Böhmens. Die Stadt ist das »Tor ins böhmische Paradies«, in einen großen Naturpark mit bizarren Felsformationen und zahlreichen Burgen. Auch heute noch dient dieser Ort vielen Wanderern als idealer Ausgangspunkt für ihre Touren in die Umgebung.

Auf dem Weg ins Stadtzentrum gelangt man zwangsläufig zum rechteckigen Hauptplatz, der auf der einen Seite von Bürgerhäusern des 17. Jahrhunderts und auf der anderen Seite von dem lang gestreckten Schloss mit Laubengang und einer Kirche eingerahmt wird. Wallenstein hatte renommierte Architekten mit dem Bau von Palast und Kirche beauftragt, um die Pracht und Eleganz europäischer Fürstenhöfe kopieren zu lassen. Die Residenz, an der bis 1634 gebaut wurde, wirkt trotzdem gedrungener und weniger spielerisch als ihre Vorbilder. Die Anlage des Hauptplatzes zeigt, wie sehr der Herzog die klaren, einfachen Formen liebte, wenngleich er auch auf repräsentative Ausschmückungen der Räume mit Fresken nicht verzichten wollte.

Hier konnte Albrecht Wallenstein auch endlich seiner ganz besonderen Leidenschaft frönen, seinen geliebten Pferden: »Sie kosten, was sie wollen, ich wills gern zahlen, sie müssen groß sein.« Auf seinem Gestüt bei Gitschin hielt er sich über 300 edle Rosse aus ganz Europa. Noch heute kann man seine ausgestopften Lieblingspferde in den Museen von Eger, Prag und Friedland bewundern.

Gitschin sollte zum Mittelpunkt der Verwaltung seines Reichs werden. Sogar eine eigene Universität und ein Bistum wollte er gründen, doch dazu kam es nicht mehr. Sein plötzlicher Tod setzte den ehrgeizigen Plänen des Potentaten ein jähes Ende. Heute ist das Schloss Sitz mehrerer städtischer Ämter und eines Museums, in dem regelmäßig Wallenstein-Ausstellungen stattfinden.

VERLÄSST MAN DIE STADT Richtung Walditz, passiert man eine vierreihige Lindenallee, die der Herzog von Friedland der Legende nach in zehn Minuten pflanzen ließ. Tausende von Soldaten hätten in kürzester Zeit diese Meisterleistung vollbracht. Die Allee, Teil einer weitläufigen frühbarocken Gartenanlage der italienischen Architekten Andrea Spezza und Nicolo Sebregondi endet nach etwa zwei Kilometern vor einer gigantischen Loggia und dem so genannten Ehrenhof. Der Bauherr verfügte alles bis ins kleinste Detail. Auch wenn er nicht in Gitschin weilte, korrespondierte er regelmäßig mit den Architekten. Nichts überließ er dem Zufall. Wallenstein war es, der bestimmte, wo Bäche angelegt und wo Häuser gebaut werden sollten. Denn schließlich musste hier ja auch ein rie-

Gitschin war das politische Zentrum von Wallensteins Herzogtum Friedland. Die Architektur der Stadt sollte seine Macht demonstrieren.

Diese Lindenallee führt zu Wallensteins Loggia – Tausende Soldaten sollen die Bäume in Rekordzeit eingepflanzt haben.

siger Hofstaat, der zeitweise aus 900 Menschen bestand, untergebracht werden.

Mit der gleichen planerischen Willenskraft, Ordnungsliebe und Genauigkeit, mit der Wallenstein sich um seine Residenzstadt kümmerte, betrieb er auch die Verwaltung des gesamten Herzogtums Friedland. Sein Ehrgeiz war grenzenlos. Er wollte bewundert werden und zu den ganz Großen des Reiches zählen. Die deutschen Kurfürsten sollten ihn um seine Macht beneiden. Noch vor sieben Jahren war der Böhme ein unbeschriebenes Blatt, jetzt stellte er sich auf eine Stufe mit den europäischen Monarchen. Was auf seiner »Terra felix«, der »glücklichen Erde«, fehlte, wurde auf seinen Befehl hierher gebracht. Alle wichtigen Handwerks- und Landwirtschaftsbetriebe ließ er in seinem Herzogtum ansiedeln. Damit nichts aus dem Ausland importiert werden musste, wurden sogar Käser aus Italien und französische Schneider aus Paris geholt. Mit strenger Disziplin wachte er persönlich über die Arbeiten seiner Untertanen. Die Erfahrungen, die er bei seiner Tätigkeit als Gutsherr gesammelt hatte, kamen ihm nun zugute. Er wusste, dass der Lebensstandard der Menschen ausschlaggebend für deren Produktivität war. Also sorgte er für deren Wohl, indem er die Preise für Grundnahrungsmittel niedrig hielt, Armenhäuser und Schulen errichtete. Ruhelos erließ er Dekrete und entwickelte immer wieder neue Leitlinien. In seinem Land sollte es keine Arbeitslosigkeit geben. Landstreicher machten bald einen weiten Bogen um sein Herzogtum, da auch sie zur Arbeit verpflichtet wurden. Damit das Geld im Lande blieb, wurde in Friedland so viel wie nirgendwo produziert. Selbst die Münzen wurden hier geprägt. Dabei achtete Wallenstein – weil es nunmehr seine eigene Herrschaft betraf –, peinlich genau darauf, dass die Silberwerte eingehalten wurden. Zu tun gab es mehr als genug, denn eine riesige

Armee musste durch seine Handwerker ausgerüstet werden. Rüstungen, Uniformen, Waffen, Munition – alles kam aus Friedland. Der moderne Unternehmer überließ nichts dem Zufall: Kühl und rational plante er den großen Krieg, den er im Namen des Kaisers führen wollte.

Eine Armee für den Kaiser

Inzwischen hatte sich die Lage im Reich durch die protestantische Gegenoffensive unter Führung des dänischen Königs Christian IV. verschärft. Die Armee der katholischen Liga unter General Tilly war angesichts der Übermacht hilflos, und der Kaiser selbst konnte nicht auf ein eigenes Heer zurückgreifen, da ihm das Geld fehlte, Söldner anzuwerben. Nicht von ungefähr wurde der Dreißigjährige Krieg auch »Krieg der Gulden« genannt. Geld war kriegsentscheidend: Wurde der Sold nicht pünktlich gezahlt oder war die Versorgung der Truppe nicht sichergestellt, verließen die Soldaten scharenweise die Armee. Wenn kein Geld mehr für den Sold vorhanden war, ließen einige Heerführer die eroberten Städte und Landstriche plündern, was immer zu grauenhaften Ausschreitungen gegen die Zivilbevölkerung führte.

ALS SICH DIE PROTESTANTISCHEN TRUPPEN 1625 immer weiter nach Süden vorkämpften und das Heer der katholischen Liga unter Tilly Gefahr lief, aufgerieben zu werden, erschien Wallenstein am Wiener Hof und unterbreitete Ferdinand II. ein verführerisches Angebot: Auf eigene Kosten wollte der Böhme ein Heer mit 20 000 Mann aufstellen. Auf die Frage des Kaisers, ob er denn so viele Soldaten unterhalten könne, antwortete der Fürst von Friedland: »20 000 nicht, wohl aber 50 000«. Als Gegenleistung forderte er von Ferdinand II. eine umfassende Heeresreform und die Führungsposition in der Armee. Der Kaiser willigte ein und ernannte Wallenstein am 7. April 1625 zum Oberbefehlshaber der Truppen und zum Herzog von Friedland. Doch woher nahm der General das Geld für die Aufstellung eines so großen Heeres? Hans de Witte, der Bankier des Münzkonsortiums, der in Wallensteins Diensten stand,

ALBERTO di WALSTEIN Duca di FRIDLAND
GENERALISSIMO DELL'ARMI DELL'IMP'" FERDINANDO
SECONDO &.

H.I.Schollenberger f.

**Heimlicher Herrscher:
Nach seinem Sieg über
Dänemark verhandel-
te der Feldherr den
Frieden.**

kümmerte sich um den nie en-
denden Geldbedarf. Ein wesent-
liches Element zur Finanzierung
bildeten im Dreißigjährigen Krieg
die Kontributionen, regelmäßige
Abgaben, die schon bald überall
im Reich, vor allem aber in den
besetzten Ländern, erhoben wurden. Sie waren als Sicherheit für
die Kreditgeber Wallensteins nötig geworden, die dem Bankier de
Witte jene gewaltigen Geldsummen vorschossen, die zur Anwerbung und Versorgung der zahllosen Soldaten gebraucht wurden.
Neu war eine Regelung, nach der
die Länder auch für die Besoldung der gewaltigen Söldnertrup-
pen aufzukommen hatten. Sehr
schnell verschwammen jedoch
die Grenzen zwischen Sold und
Kontribution. Aber für die davon
betroffenen Regionen machte es
im Grunde ohnehin kaum einen Unterschied, unter welchem Vorwand sie ausgebeutet wurden.

Wallenstein hatte ein zweifaches Interesse am Ausbau seiner
Armee. Je mehr Soldaten er hatte, umso wirkungsvoller konnte er
die Steuern im Land einfordern, denn die Städte, Klöster, Graf-
schaften und Fürstentümer zahlten nur unter Gewaltandrohung.
Außerdem geriet Kaiser Ferdinand immer tiefer in seine Schuld. Am
Ende des Jahre 1625 befehligte der Böhme im Dienste des Kaisers
ein 50 000-Mann-Heer und nur ein Jahr später stellten die feindlichen Truppen keine Bedrohung mehr für die habsburgischen
Erblande dar. Mit seiner gigantischen Armee, die sich wie ein
Wurm durch das Land fraß, zog der Friedländer von Sieg zu Sieg.
1627 verfügte er über ein gewaltiges Heer von 108 000 Mann.

Visionen eines Herzogs

Im selben Jahr gelang ihm mit der Vertreibung Christian IV. von Dänemark der größte Coup seiner Karriere. Der dänische König, der sich als Speerspitze einer großen protestantischen Koalition verstand, hatte den Feldherr immer wieder in große Bedrängnis gebracht. Fast bis an die Grenzen Friedlands waren die Truppen Christian IV. und seiner Verbündeten ins Reich vorgedrungen, als sich Wallenstein mit seiner waffenstarrenden Armada dem protestantischen Gegner entgegenstellte. Der Generalissimus eroberte einen feindlich besetzten Stützpunkt nach dem anderen – nur sechs Wochen nach der Unterwerfung Schlesiens stand sein Heer 800 Kilometer weiter im Norden, Habsburgs Fahnen wehten an der Ostsee. Der Erfolg seines Feldzugs brachte Wallenstein einen neuen Titel ein: Der Kaiser ernannte ihn zum »General des Ozeanischen und Baltischen Meeres«. Mit dem Aufbau einer Kriegsflotte wollte Ferdinand seine neue Stärke im Norden demonstrieren.

Doch die kaiserlichen Seemacht-Ambitionen waren eine Provokation für den Schwedenkönig Gustav Adolf, der seine Vorherrschaft an der Ostsee bedroht sah – der Krieg drohte weiter zu eskalieren. Ein militärisches Bündnis zwischen Schweden und Dänen konnte jedoch durch den Lübecker Frieden verhindert werden – ein Werk Albrecht von Wallensteins. Ihm war klar, dass das Beharren Habsburgs auf einer Stellung im Norden das militärische Potenzial des Kaisers bei weitem überforderte. Durch sein diplomatisches Geschick vereinbarten Ferdinand II. und Christian IV. eine friedliche Beilegung ihres Konflikts. Unter der Bedingung, dass sich der Däne nicht mehr in Reichsangelegenheiten einmischen dürfe, ging man einvernehmlich auseinander. Damit hatte der Kaiser einen gefährlichen Feind weniger und die protestantische Seite eine empfindliche Schlappe erlitten. Mit seinen Friedensverhandlungen aber hatte der Generalissimus ein Zeichen gesetzt. Er war zum »heimlichen Kaiser« aufgestiegen, zum Richter über Krieg und Frieden.

JETZT MUSSTE WALLENSTEIN nur noch den Kaiser davon überzeugen, ihm das Herzogtum Mecklenburg und das Fürstentum Sagan zu übertragen und seine Rechnung wäre aufgegangen. Von

Wallenstein rief eine
gewaltige Kriegsin-
dustrie ins Leben –
Rüstungen und Waf-
fen für Tausende von
Soldaten mussten ge-
fertigt werden.

Mecklenburg aus wollte er einen regen Handel mit den Hansestäd-
ten etablieren. Nach zähen Verhandlungen übereignete ihm Ferdinand II. schließlich die geforderten Landstriche, deren Herzöge
aufgrund einer gnadenlosen Verfügung Wallensteins mit Schimpf
und Schande vertrieben wurden.

Im Grunde hatte der Kaiser keine andere Wahl, als den Forderungen seines Generalissimus nachzukommen, wollte er seine immensen Schulden bei ihm abtragen. Besonders wohl mag er sich
nicht dabei gefühlt haben, wurde doch der von ihm bestellte Herzog immer mächtiger und unkontrollierbarer. Nichts und niemand
schien Wallenstein mehr aufhalten zu können – auch nicht der
missgünstige Kurfürst Maximilian von Bayern, der dem Emporkömmling die privilegierte Stellung beim Kaiser neidete und immer
vehementer gegen ihn intrigierte.

Erfolg macht blind

**Eines der wenigen er-
haltenen Schriftstücke
mit Wallensteins Un-
terschrift – seine per-
sönliche Korrespon-
denz ist größtenteils
verschollen.**

Besonders übel nahmen die deutschen Reichsfürsten dem Friedländer, dass er die alten Mecklenburger Herzöge ohne mit der Wim-
per zu zucken aus dem Land gejagt hatte. Er hätte Milde walten
lassen können, aber als neuer Reichsfürst wollte Wallenstein seine
Macht offensichtlich auskosten.

Im bayerischen Hauptstaatsarchiv in München treffen wir den
Wallenstein-Experten Professor Christoph Kampmann,
der die gesellschaftliche Akzeptanz

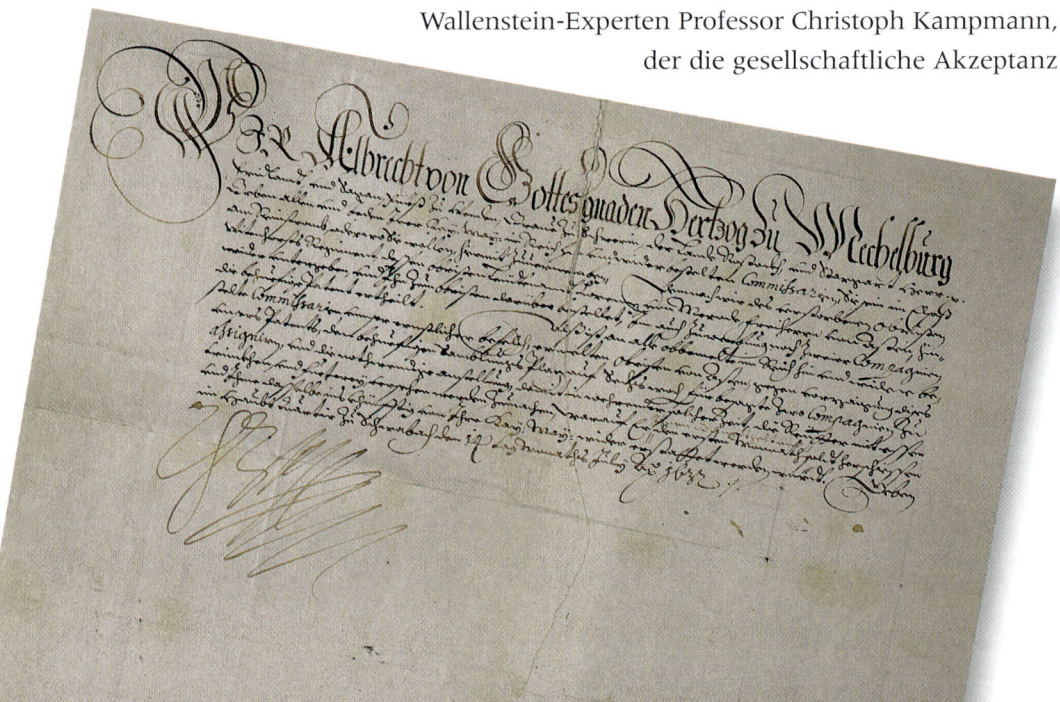

des Kriegsherrn – auch in diesem Zusammenhang – untersucht hat: »Wallenstein blieb seinen fürstlichen Zeitgenossen fremd, weil er sich mit enormer Skrupellosigkeit über ihre tradierten Wertvorstellungen hinweggesetzte. Das zeigt zum Beispiel sein Umgang mit den Herzögen von Mecklenburg. Das alte Herrschergeschlecht wurde von Wallenstein kurzerhand abgesetzt. Er war bereit, sich an ihre Stelle zu setzen, sie einfach aus dem Land zu treiben. So ein Vorgehen war seinen in adeligen Kategorien denkenden Zeitgenossen völlig fremd.«

Die alten Fürsten im Reich betrachteten den Neuen als gefährlichen Widersacher. Seinen Erzfeind Maximilian von Bayern musste es besonders irritieren, wenn der Friedländer ihn mit der unter Fürsten üblichen Anrede »Eure Liebden« titulierte. Wahrscheinlich kränkte die Ablehnung der Standesgenossen den frisch gekürten Reichsfürsten über alle Maßen. Als Kompensation für die mangelnde Anerkennung ließ er immer prachtvollere Paläste in seinen Herrschaftsgebieten Friedland, Sagan und in Prag errichten, in denen er sich mit den feinsten Luxusgütern umgab, die Europa damals zu bieten hatte. So hatte er unterhalb der Prager Burg ein

Für diesen Palast unterhalb der Prager Burg ließ Wallenstein ein ganzes Stadtviertel dem Erdboden gleichmachen.

In dieser Grotte seines Prager Palastes pflegte der Generalissimus zu baden.

Stadtviertel dem Erdboden gleichmachen lassen, um dort eine Palais von unglaublicher Größe zu errichten. Die Habsburger auf dem Hradschin sollen vor Neid erblassen. Während die Fassade schnörkellos und funktional wirkt, ist das Innere prachtvoll ausgestattet. Den großen Festsaal etwa ziert ein Deckenfresko des italienischen Malers Baccio Bianco, das Wallenstein als triumphierenden Kriegsgott Mars auf einem Streitwagen darstellt. Auch die Ausstattung war vom Feinsten: Tafelsilber aus Genua, Gobelins aus Flandern, Teppiche aus Venedig. Um die 900 Bedienstete gingen in den endlosen Räumen ihrer Arbeit nach. Die Säle des Palastes sind leider nicht mehr für die Öffentlichkeit zugänglich, da mittlerweile der tschechische Senat dort residiert. Nur der umliegende Park, nach italienischem Vorbild geschaffen, steht Besuchern offen.

Gefährliche Intrigen

Solange der Generalissimus »funktionierte«, stand der Kaiser fest zu ihm – trotz der Missgunst der Fürsten. Er hatte auch allen Grund dazu, denn mehr als einmal hatte ihn der Feldherr und Politiker aus bedrohlichen Situationen gerettet. Das bestätigt auch der Historiker Christoph Kampmann: »Zu Beginn des Dreißigjährigen Krieges war der Kaiser fest davon überzeugt, dass er sich auf Wallenstein verlassen kann. Es war ein altes, vertrauensvolles Verhältnis, das noch aus den Zeiten Ferdinands als Erzherzog von Österreich herrührte. Damals hatte der junge Wallenstein Ferdinand in einer schwierigen Situation geholfen, und dieses Vertrauen, das er in ihn setzte, hat sich erhalten – trotz aller Vorwürfe, die gegen Wallenstein erhoben worden sind.« Seine Verdienste als Feldherr und als Diplomat dankte ihm außer dem Kaiser niemand wirklich.

Wallenstein war auf dem Höhepunkt seiner Macht angelangt, doch hinter verschlossenen Türen arbeitete der bayerische Kurfürst Maximilian verbissen an seinem Sturz. Maximilian war äußerst ehrgeizig und über alle Maßen katholisch. Der unaufhaltsame Aufstieg des konvertierten Böhmen, für den Religion Mittel zum Zweck war, musste ihm ein Dorn im Auge sein. Mit Akribie und Ausdauer bekämpfte er den gefährlichen Kontrahenten und heizte die aggressive Stimmung im Reich durch seinen Privatkrieg gegen Wallenstein zusätzlich an. Mit Hilfe des intriganten Kapuzinerpaters Valeriano Magni, der den Feldherrn aus früheren Jahren kannte, sammelte er Stoff für böse Verleumdungen. Die so genannten Kapuzinerrelationen, die 1628 in Umlauf gebracht wurden, enthielten durch gezielt eingesetzte Gerüchte gefährlichen Sprengstoff. Sie sollten Stimmung gegen den Liebling des Kaisers machen – nicht zuletzt bei Ferdinand II. selbst. Schlau und verschlagen sei der Friedländer, außerdem wohlhabender als der Kaiser selbst, herrschsüchtig und anmaßend: »Jetzt verlangt er auch ›Durchlaucht‹ genannt zu werden. Gegen den Sohn des Kaisers, den König von Ungarn, hat er eine große Abneigung ... Stürbe der Kaiser, so würde man sicher schlimme Dinge in den Erbländern des Hauses erleben.« Darüber hinaus sei Wallenstein ungeheuer jähzornig, launisch und gewalttätig. Schließlich widersetze er sich sogar den kaiserlichen Anordnungen. Die Minister bei Hofe würde er mit Geld bestechen, damit sie ihm zu Willen seien. Das eigentliche Ziel des Herzogs aber sei es,

Für Maximilian von Bayern war Wallenstein ein Emporkömmling, der ausgeschaltet werden musste.

die katholische Liga zu zerschlagen und den Kaiserthron einzunehmen: »Sicherlich wird er alles Mögliche aufbieten, um dieselbe zu sprengen und allein in Waffen und unbeschränkter Herrschaft im Reiche zu bleiben.« Valeriano Magni prangerte ferner Wallensteins Verschlagenheit in Verbindung mit dessen Sternglauben an: »Er hat Mittel erlangt, die der Auctorität eines Kaisers entsprechen, da im Rathe beschlossen wurde, ihm für vier Jahre zehn Millionen zu bewilligen. Seinem Kopfe wird es nicht an Gründen und Ausflüchten fehlen, sich von diesem Unternehmen zurückzuziehen und neue Schwierigkeiten aufzuwerfen. Er hat Astrologen kommen lassen, die öffentlich verkünden sollten, dass seine Constellation keine günstige sei, dass sein Stern nur zwei Jahre im Aufstieg war, und dass diese zwei

Jahre jetzt um seien. Aber der Astrolog hat jemand diese Finte mitgeteilt.« Weiter heißt es, Wallenstein wolle die Herrschaftsform im Reich ändern, Reichstage und Konvente abschaffen und die Geistlichkeit, die er abgrundtief hasse, reformieren. In einem Rundumschlag hatte Valeriano Magni die unterschwelligen Ängste aller wichtigen Stände im Reich angesprochen. Durch den spanischen Gesandten gelangten die Relationen auch zu König Philipp IV. nach Madrid. Kurfürst Maximilian nahm die anonymen Relationen, die er selbst initiiert hatte, dankbar auf, um unter den Kurfürsten weiter Stimmung gegen Wallenstein zu machen. Ein wirksames Druckmittel entdeckte er in der anstehenden Wahl des Kaisersohns zum römischen König. Ohne Verkleinerung der Armee Wallensteins würden es die Kurfürsten unterlassen, den Sohn Ferdinands zum König zu erheben. Auf dem Gipfel seiner Macht begann sich so das Blatt für den Generalissimus zu wenden.

Die Entlassung

Noch während der Verhandlungen zum Lübecker Frieden, der die Unterstützung des Dänenkönigs zugunsten der Protestanten für alle Zeiten beendete, erließ Ferdinand am 6. März 1629 das »Restitutionsedikt«. Der Erlass, der angeblich auf Drängen des kaiserlichen Beichtvaters Pater Lamormain, einem Jesuiten, zustande gekommen war, enthielt gewaltige gegenreformatorische Maßnahmen, die auf eine Rekatholisierung des Reiches zielten. Katholisches Kirchengut, das nach dem Stichjahr 1552 säkularisiert worden war, sollte den rechtmäßigen Besitzern zurückgegeben werden. Das bedeutete nichts anderes als die Umkehrung jahrzehntealter Besitzverhältnisse im Reich. Außerdem wurde den geistlichen Kurfürsten das Recht zugestanden, die Konfession ihrer Untertanen zu bestimmen. Aus solchen Forderungen konnte nach Wallensteins Meinung nur ein neuer Krieg erwachsen. »Wir haben nichts Gewisseres als einen Generalaufstand zu gewarten«, ließ er einen Vertrauten wissen. In seinem Heer hatten bisher Protestanten und Katholiken friedlich nebeneinander gedient. Er dachte nicht daran, seine Truppen zur gewaltsamen Durchführung des Edikts zur Verfügung zu stellen. Albrecht von Wallenstein war zwar Katholik, vor allem aber Pragmatiker – anders als der Kaiser, der sich als Instrument des göttlichen Willens verstand. Der Historiker Bernd Roeck erklärt seine Haltung so: »Nach allem, was wir wissen, war Wallenstein kein religiöser Fundamentalist. Sicher war er fromm und gläubig, aber hier erkannte er, dass das Maß voll war. Hier war ein Schritt zu viel getan, der Gegenreaktionen zur Folge haben musste. Es war gegen seine Interessen, den Krieg zu verlängern. Deswegen war er auch gegen dieses Edikt. Er war mittlerweile immerhin Herzog von Mecklenburg und Herzog von Friedland. Er hatte sein Scherflein im Trockenen, und das wollte er dort lassen und nicht durch einen neuen Krieg alles aufs Spiel setzen. Da haben sich sicher persönliche Motive mit politischen Erwägungen vermengt.«

WALLENSTEINS WEIGERUNG, das Edikt durchzuführen, brachte ihm neue Feinde ein. Fortan bekämpfte ihn auch der einflussreiche kaiserliche Beichtvater Lamormain, mit dem der Friedländer bis dahin in bestem Einvernehmen gestanden hatte. Das hätte ihm eigentlich Warnung genug sein müssen. Trotzdem übte Wallenstein weiter unverhohlen Kritik an der Politik des Kaisers und am Restitutionsedikt. Er unterließ es sogar, die Exekution des Edikts gegen den Herzog von Württemberg vorzunehmen. Und im Sommer 1630 verweigerte er aus Sorge vor einem Krieg mit Frankreich eine Intervention seiner Truppen zugunsten der Habsburger im so genannten Mantuaner Erbfolgekrieg. Das Maß war voll. Mit seiner Entscheidung hatte Albrecht von Wallenstein unfreiwillig die spanischen Interessen in Oberitalien verletzt, dabei wollte er nur eine Zersplitterung der Kräfte im Reich verhindern. Was ging ihn da der Erbstreit im Mantuanischen an, zumal er vermutete, dass die Schweden kurz davor standen, ins Reich einzufallen. Seine Zurückhaltung in Oberitalien, seine Weigerung, das Edikt durchzuführen und die Belastungen, denen Städte und Länder durch das Riesenheer des Generalissimus

Die Drahtzieher des Restitutionsedikts: Bayernfürst Maximilian im konspirativen Gespräch mit einem Jesuiten.

Das Restitutionsedikt

Bereits auf dem Kurfürstentag von Mühlhausen im Herbst 1627 hatte Kaiser Ferdinand II. versucht, die deutschen Fürsten auf seine gegenreformatorischen Ziele einzustimmen – damals noch vergeblich. Am 6. März 1629 aber erließ er das so genannte Restitutionsedikt, das den Augsburger Religionsfrieden aufhob. Katholisches Kirchengut, das im Jahr 1552 enteignet worden war, sollte wieder zurückgegeben werden. Rund 500 Klöster und Konvente sowie zahlreiche Bistümer waren von dieser Entscheidung betroffen. Nicht nur die protestantische Seite reagierte empört, auch unter den Katholiken regte sich Protest gegen das absolutistische Verhalten des Kaisers. So weigerte sich Wallenstein, für die Durchsetzung des Edikts Truppen zur Verfügung zu stellen, der Papst und der spanische König warnten vor den Konsequenzen. Auf dem Regensburger Kurfürstentag 1630 wurde das Edikt nochmals überprüft, im Prager Frieden 1635 wurde es für vierzig Jahre ausgesetzt, mit dem Westfälischen Frieden von 1648 verschwand es ganz.

ausgesetzt waren, lieferten seinen Gegnern genug Argumente, bei Ferdinand II. gegen ihn vorzugehen.

Der Kaiser fühlte sich in die Ecke gedrängt. Wallenstein hatte ihn in den entscheidenden Situationen nie im Stich gelassen. Durfte er seinen treuen General verraten, damit die Kurfürsten seinen Sohn zum römischen König wählten? Er suchte Rat bei seinem Beichtvater. Lamormain überzeugte Ferdinand schließlich von der absoluten Notwendigkeit, den Feldherrn zu entlassen. Ob er es aus eigenem Antrieb tat oder sogar unter päpstlichem Druck darauf drängte, wie manche meinen, bleibt dahingestellt. Im August des Jahres 1630 gab der Kaiser auf dem Regensburger Kurfürstentag jedenfalls die Abberufung Wallensteins bekannt. Sein schlechtes Gewissen beruhigte er damit, dass er die sehr viel weitergehenden Forderungen der missgünstigen Fürsten, beispielsweise den herzoglichen Besitz einzuziehen, nicht erfüllte.

Bei seiner Absetzung war der Friedländer einer der meistgehassten Männer im Heiligen Römischen Reich Deutscher Nation. Für die einen war er der Repräsentant des katholischen Kaisers, für die anderen der böhmische Emporkömmling. Auf jeden Fall aber erschien er als Fremder, der in den Augen der Kurfürsten den Kaiser nur zu einer neuen imperialen Politik verführte. Einig waren sich seine Feinde auch in Folgendem: Sie fürchteten Wallensteins Macht und seine Vermessenheit. Professor Bernd Roeck bringt die Außenseiterrolle des Friedländers auf den Punkt: »Als Condottiere, als Söldnerführer, verdankt er den Aufstieg seinen eigenen Piken, seinen eigenen Kanonen. Und er hat sich einen Teufel um die Legitimität geschert. Er hätte in Wien antichambrieren, hätte sich um diplomatische Dinge am Kaiserhof kümmern müssen. Und das hat er nicht getan. Er war ein Mann, der sich den Regeln des Systems nicht unterwarf, der mächtig war, aber nicht mächtig genug, um die Regeln des Systems zu ändern. Und daran ist der Herzog von Friedland letztlich gescheitert.«

Wallenstein selbst empfing die Nachricht von seiner Entlassung aus den Diensten des Hauses Habsburg in Memmingen. Nach Berichten von Zeitzeugen reagierte er überraschend gefasst – angeblich hätten ihn die Sterne vorgewarnt. Er behauptete sogar, eine angenehmere Nachricht hätte man ihm nicht überbringen können und er danke Gott, dass er aus dieser Schlinge sei. Im tiefsten Inneren aber ahnte der gewiefte Taktiker wohl, dass seine Zeit längst noch nicht vorbei war.

Die Intrigen zeigten Wirkung: Der Kaiser ließ seinen treuesten General fallen.

DIE MACHT DER STERNE
WALLENSTEINS ASTROLOGIE

D er Mathematiker und Astrologe Johannes Kepler erkannte als Erster die große Bedeutung Albrecht von Wallensteins, der sich im Herbst des Jahres 1608 mit der Bitte um ein Horoskop an ihn wandte. In der Sternenkonstellation des jungen Barons sah der Gelehrte »hochwichtige Zeichen« und eine vielversprechende Zukunft.

Im 17. Jahrhundert war die Astrologie sehr in Mode und galt – anders als heute – als ernst zu nehmende Wissenschaft. Wie viele seiner Zeitgenossen hegte auch Wallenstein ein wachsendes Interesse für die Sterndeutung. Er befand sich dabei in bester Gesellschaft, denn Päpste, Könige, Fürsten und Gelehrte erhofften sich von ihr Rat und Hinweise auf die Zukunft. Die Menschen wollten wissen, welches Schicksal die Sterne für sie bereithielten. In einer Zeit, in der Kriege, Seuchen und Naturkatastrophen über Europa hereinbrachen, war das ein verstehbares Anliegen. Obwohl die Sterndeutung offiziell von der Kirche verdammt war, setzten sich selbst kirchliche Würdenträger wie Kardinal Richelieu über das Verbot hinweg und ließen sich vor wichtigen Entscheidungen von Astrologen beraten.

Kein Hokuspokus: Für die Menschen des 17. Jahrhunderts war die Sterndeutung eine ernst zu nehmende Wissenschaft.

Was hatte die Astrologie-Euphorie bei Wallenstein ausgelöst? Waren es die unheimlichen Himmelserscheinungen, die im Herbst des Jahres 1607 die Menschen in Panik versetzten? Was mag der Baron, der gerade am Wiener Kaiserhof weilte, gedacht haben, als ein glühender Feuerball Nacht für Nacht über die Stadt hinwegraste? Die meisten Menschen hielten den Halleyschen Kometen für das finstere Vorzeichen einer nahenden Katastrophe und einen Fingerzeig Gottes. Wahrscheinlich war Wallenstein aber bereits früher mit der Astrologie in Berührung gekommen. Die italienische Universitätsstadt Padua, wo er einige Zeit verbracht haben soll, bot viele Möglichkeiten, sich in die Kunst der Sterndeutung einweisen zu lassen. Und später, im Gefolge von Kaiser Matthias, mag er sich wohl für das Steckenpferd seines Arbeitgebers interessiert haben.

Der Promi-Astrologe

Nur wirkliche Fachleute, Mathematiker und Astronomen waren damals in der Lage, Horoskope zu erstellen, da es noch keine Tabellen mit der genauen Position der Himmelskörper gab, so genannte Ephemeriden, die den genauen Sternenstand für den jeweiligen Tag angaben. Das erschwerte die Sache enorm. Den besten Ruf als Astronom und Astrologe genoss zur Zeit Wallensteins der kaiserliche Hofmathematiker Johannes Kepler aus Tübingen – seine Dienste waren begehrter als die aller anderen. Dass der berühmte Gelehrte mittleren Alters überzeugter Protestant war, schreckte seine katholischen Auftraggeber nicht ab, denn Kepler hatte schon Großes geleistet. Neben zahlreichen Veröffentlichungen von bahnbrechenden astronomischen Werken hatte er immerhin den Beweis für die Richtigkeit von Kopernikus´ heliozentrischem System erbracht, demzufolge sich die Planeten nicht um die Erde, sondern um die Sonne drehen.

Wie sein dänischer Lehrer Tycho Brahe hatte Kepler ein zwiespältiges Verhältnis zur Sterndeutung. Er verachtete das astrologische Tagesgeschäft, das oft auch von unerfahrenen, selbst ernannten Experten betrieben wurde, weil es Geld einbrachte. Über die Astrologie äußerte er sich einmal spöttisch: »Mutter Astronomie

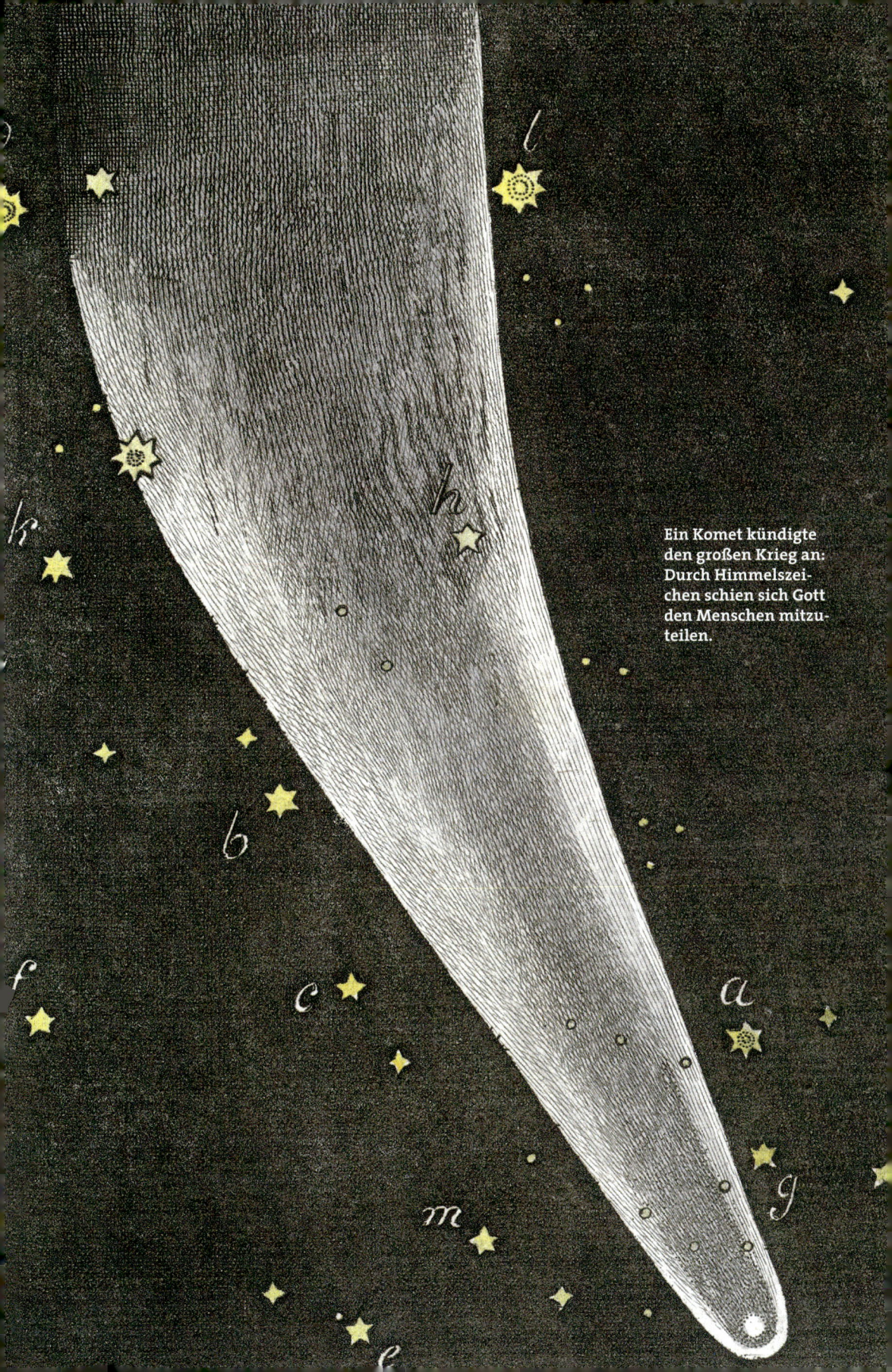

Ein Komet kündigte
den großen Krieg an:
Durch Himmelszei-
chen schien sich Gott
den Menschen mitzu-
teilen.

EPITOME
ASTRONOMIÆ
COPERNI-
CANÆ

usitatâ formâ Quæstionum & Responsionum con-
scripta, inque VII. Libros digesta, quorum
TRES *hi priores sunt*
De

Doctrinâ Sphærica.

HABES, AMICE LECTOR, HAC PRI-
ma parte, præter physicam accuratam explicationem
Motus Terræ diurni, ortusq; ex eo circulorum Sphæ-
ræ, totam doctrinam Sphæricam nova & concinnio-
ri METHODO, *auctiorem, additis Exemplis omnis*
generis Computationum Astronom:carum & Geo-
graphicarum; quæ integrarum præceptionum
vim sunt complexa.

AUTHORE
IOANNE KEPLERO IMP.
Cæs. MATTHIÆ, Ordd:q; Illustr. Archiducatus Austriæ
supra Onasum, Mathematico.
Cum Privilegio Cæsareo ad Annos XV.
◆)o(◆

FRANCOFVRTI,
Impensis Ioannis Godefridi Schönwetteri
Excudebat Iohan-Fridericus Weissius.

würde bestimmt verhungern, wenn nicht Tochter Astrologie das Brot für beide verdienen würde.« Trotz aller Selbstkritik übte er die Astrologie mit wissenschaftlicher Akribie und größter Sachkenntnis aus.

Wie sollte Wallenstein einen so berühmten Wissenschaftler wie Kepler, der ja immerhin für den Kaiser arbeitete, für einen Auftrag gewinnen? Ihn direkt anzusprechen, schien ihm nicht opportun. Deshalb spannte er Leutnant Gerhard von Taxis und den Prager Arzt Dr. Stromaier als Mittelsmänner ein, die sein Anliegen an den kaiserlichen Mathematiker herantragen sollten. Johannes Kepler arbeitete damals auf der Prager Burg Hradschin, hoch über der Moldau, in der Nähe seines Dienstherrn Rudolf II. Da die Staatskasse oft leer und der Kaiser mit seinen Lohnzahlungen im Rückstand war, nahm der Gelehrte den Auftrag des ihm damals unbekannten Adligen an, wenn auch nicht ohne Skrupel, da er wusste, was er mit seinen Voraussagen anrichten konnte. Zu oft hatte er schon erlebt, dass sich die Feinde seiner Kunden an ihn wandten, um an vertrauliche Informationen heranzukommen. Kepler überlegte sich deshalb ganz genau, was er wem anvertraute. Es kam auch durchaus vor, dass er bei bestimmten Aufträgen schlichtweg log, um möglichen Schaden abzuwenden, denn seiner Meinung nach war die wahre Astrologie »ein Zeugnis Gottes und also ein heilig und gar nicht leichtfertig Ding«. So betrieb er beispielsweise im Streitfall zwischen Kaiser Rudolf II. und Erzherzog Matthias Schadensbegrenzung. Als die Gegner des Kaisers ihn um das Horoskop seines Herrn baten, sagte er – wider besseres Wissen – dem Kaiser ein langes Leben und eine positive Zukunft voraus, während er dem Erzherzog ein böses Schicksal prophezeite. In Wahrheit hatte er aber genau das Gegenteil in den Sternen gesehen.

Der berühmte Astronom Johannes Kepler erstellte ein Horoskop für den sterngläubigen Wallenstein.

◄ Keplers bahnbrechende Studien wurden in zahlreichen Schriften veröffentlicht. Hier die Titelseite einer Ausgabe aus dem Jahr 1635.

Sonne, Mond und Sterne

Die Vorgehensweise der Astrologen beim Erstellen eines Horoskops hat sich in den letzten 350 Jahren kaum verändert – bis heute dienen Keplers Erkenntnisse der modernen Sterndeutung als Grundlage. Nach welcher Methode aber erstellte der kaiserliche Mathematicus Wallensteins Horoskop?

Ausgehend von der Planetenstellung zum Zeitpunkt der Geburt, schloss er auf den Charakter seines Auftraggebers, berechnete er die künftigen Sternenkonstellationen, aus denen er ableitete, was dem Baron zu den unterschiedlichen Zeiten seines Lebens zustoßen würde.

Als entscheidende Faktoren betrachtete er neben Sonne und Mond die Position der damals bekannten fünf Planeten Merkur, Venus, Mars, Jupiter und Saturn zueinander, die »zwölf Häuser« der Lebensphase von Geburt bis zum Tod und die Stellung der Planeten zu den Hauptpunkten des Horoskops. Im Mittelpunkt steht die Erde, alles andere dreht sich um sie. Jedem der Planeten und Gestirne werden bestimmte Eigenschaften zugeschrieben, die den Menschen prägen. Nach der astrologischen Lehre wirkt die Sonne, die sich auf der äußersten Bahn befindet,

am stärksten; sie bestimmt die Lebensgrundhaltung, den Geist. Der Mond hingegen steht für die Seele.

Der Kreis, den die Planeten beschreiben, ist in zwölf Tierkreiszeichen unterteilt. Die Astrologen glaubten damals wie heute, dass jedes Tierkreiszeichen eine festgelegte Bedeutung hat, die Verhaltensweisen und Stimmungen von Menschen umreißt.

Der Bereich zwischen Erde und Sonne ist wiederum in zwölf Häuser unterteilt, von denen jedes für einen Lebensbereich steht, wie etwa Geburt, Familie, Karriere oder Tod. Aus diesen Koordinaten versuchte Johannes Kepler, Voraussagen für die Zukunft abzuleiten.

Jedem Tierkreiszeichen werden ganz bestimmte Eigenschaften zugeschrieben.

Das Horoskop

Auch wenn der große Gelehrte gewusst hätte, dass er das Horoskop für Albrecht von Wallenstein erstellen sollte, wäre ihm das bei der Deutung wenig hilfreich gewesen. Denn als er im Jahr 1608 den Auftrag entgegennahm, war der junge Böhme noch ein unbeschriebenes Blatt. Trotzdem vertraute er sicherlich seinen Prognosen. Mit Nachdruck bemerkte der kaiserliche Mathematiker in seinen Ausführungen: »So nun dieser Herr geboren ist zu vermelter Zeit, tag und stund, so mag mit wahrheit gesagt werden, das es nicht schlechte nativitet sey, sondern hochwichtige Zeichen habe.« Wie konnte Kepler einem relativ unbedeutenden Mann eine so großartige Zukunft voraussagen und ihm Entwicklungen ankündigen, die sich Jahrzehnte später tatsächlich bewahrheiten sollten? Was hatte der kaiserliche Mathematicus in den Sternen gesehen?

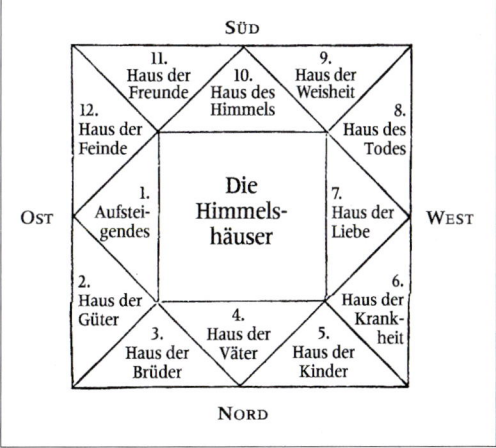

Dieses Quadratschema zeigt die den zwölf astrologischen Häusern zugeordneten Bedeutungen.

DEN GRÖSSTEN EINFLUSS auf Wallensteins Geburt am 14. September 1583 hatten die Planeten Saturn und Jupiter. Saturn symbolisiert die hemmenden Kräfte im Menschen, außerdem Autorität und Selbstbeherrschung. Jupiter dagegen steht für Optimismus, Gerechtigkeit, Urteilsvermögen und Expansion. Diese beiden Planeten erscheinen im ersten Haus, das für die Geburt steht und deshalb als lebensbestimmend angesehen wird. So eine Sternenkonstellation war laut Kepler sehr selten und kam nur alle zwanzig Jahre vor.

Seinen Ausführungen stellte der Astrologe ein warnendes Vorwort voran: Der Böhme solle dem Horoskop nicht blind vertrauen, denn die Sterne machten nur geneigt, wären jedoch keine Glücksgaranten: »... nemlich nach dieser Regul das welcher Astrologus einiege sache blos und allein aus dem Himmel vorsagt und nicht fundieret auf das Gemueth, der Seelen Vernunfft, Crafft oder Leibesgestalt desjenigen Mentschen, den es begegnen soll, der gehet uf keinen rechten grundt und so es ihm schon gerathe, sey es gluecks schuldt, Sintemal alles, was er Mentsch von himmel zu hoffen hat, da ist der Himmel nur Vater, sein eigene Seele aber ist die Mutter dazu, und wie kein kind außerhalb seiner Mutter Leib gezeuget wird, van schon der Vaeter Zehne waeren, also hoffet man vergeblich ein glueck von oben herab, dessen man keine anleitung in des Mentschen Seel und Gemueth findet ...«

Die Wahrheit der Sterne

Dem Vorwort folgte eine Art Charakterstudie seines Kunden: »... Solcher gestalt mag ich von diesem Herrn in Wahrheit sagen, dass er ein wachendes, aufgemunttertes, embsiges, unruhiges gemuet habe; allerhandt neuerungen begiehrig; dem gemeines mentschliches Wesen und Händel nit gefallen, sondern der nach neuen unversuchten, selzamen mitteln trachte, doch viel mehr in gedanken habe, dan er eußerlich sehen und spüren läßet.« Ein wachsamer Mensch sei der Baron, der zu ungewöhnlichen Mitteln greife, sich seine Gefühlswallungen aber nicht anmerken lasse.

Wallensteins Melancholie und Intelligenz schrieb Kepler dem Planeten Saturn zu. Eine gewisse Affinität zur Alchemie, Magie und Zauberei, die Missachtung der Religion und Argwohn den Menschen gegenüber seien ebenfalls Eigenschaften, die auf den Himmelskörper zurückgingen. Weiter heißt es: »... und weil der Mond vorworffen stehet, wird ihme diese seine Natur zu einem Merklichen nachtheil und verachtung bey denen, mit welchen er zu conversiren hat, gedeihen ...« Die ungünstige Stellung des Mondes, der die Seele symbolisiert, war für den Gelehrten der Grund für Wallensteins negative Wirkung auf andere Menschen: » ... dass er für einen einsamen, leichtschätzigen Unmentschen wird gehalten werden. Gestaltsam er auch sein wird unbarmhertzig, ohne die brüderliche und eheliche Lieb, niemandt achtend, nur ihme und seinen Wollüsten ergeben, hart über die Untterthanen, an sich ziehend, geizig, betrüglich, ungleich im verhalten, meist stillschweigend, oft ungestüm, auch streitbar, unverzagt ...« Folgt man der Beschreibung, war der »böhmische Herr« ein kalter, unbarmherziger und geiziger Menschenschinder, der extreme Stim-

Dieser Sonnen- und Mondkalender des Jesuiten Athanasius Kircher enthält auch ein verschlüsseltes Horoskop.

mungsschwankungen unterworfen war. In seinen Ausführungen gab der Astrologe aber auch der Hoffnung Ausdruck, dass sich die genannten Schwächen im Alter durch den positiven Einfluss Jupiters mildern würden: »Es ist aber das beste an dieser geburth, dass Jupiter darauf folget und Hoffnungen machet, mit reifem alter werden sich die meisten untugenden abwetzen und also diese seine ungewöhnliche natur zu hohen, wichtigen Sachen fähig werden.« Laut Kepler waren Jupiter und Saturn auch für Wallensteins Streben nach Ruhm, Ehre und Macht verantwortlich: »Dan sich nebenst auch bey ihme sehen lassen, großer ehrendurst und streben nach zeitlichen digniteten und macht, dadurch er ihme viel großer und heimlicher feindt machet aber denselben meistentheils obsie-

Ihre Fürstl: G:[?] der Hertzog von Friedland, sind geboren Anno 1583.
den 14. Septembris nach mittag hmb 4 Uhr, und 1½. Under bege=
füshem situ planetarum.

In Coniunctione thematis oritur 21 ♏
♄. ♃. ♂. ♀. propter latitudines simul veniunt in Ortum et Occasum.

Kurtze erklerung der obgesetzten
Himmels Figur

Demnach in der Astronomia von 7. Planeten, und
denselben wrag den sie zeitigt leuchten, (mitt 12.
zeichen abgetheilet,) gehalten wird, die Astrologi
aber den Himmel in 12 häuser austeilen,
und inden dieselben etwas greinerts hi[?] destellen,
Also befindet sich, alhier der zehende grad ♏ im
ersten häuse des Tabaul und folget ♐ und ♑ die
höchste Planeten insachen der Häus[?]einiges,

gen wird.« Doch befände er sich damit in bester Gesellschaft: Der Kanzler in Polen, die englische Königin und andere Mächtige hätten eine ähnliche Sternenkonstellation bei ihrer Geburt gehabt, weshalb auch keinerlei Zweifel daran bestünde, dass der »böhmische Herr« zu Würden, Reichtum und einer reichen Ehegattin kommen würde. Am Ende des Horoskops wurde allerdings Kritisches prognostiziert: »Und weil Merkurius so genau in opposito Jovis stehet, will es das ansehen gewinnen, als werde er einen besonderen aberglauben haben und dadurch eine große menge Volkes an sich ziehen oder sich etwa einmahl von einer Rott, so malcontent, zu einem Haupt- und Raedelfuehrer aufwerffen lassen.« Die ungünstige Stellung von Merkur zu Jupiter würde bewirken, dass man Wallenstein einen besonderen Aberglauben nachsage; außerdem würde er sich zu einem Rädelsführer machen lassen.

Soweit die Analyse des Astrologen, die dem Auftraggeber fünf oder sechs Jahre nach Abfassung, also erst 1614, zugestellt wurde. Warum es zu dieser Verzögerung kam, ist nicht bekannt. Vielleicht hatte Wallenstein die Rechnung nicht pünktlich bezahlt?

Der junge Adelige zeigte sich jedenfalls von den Prognosen tief beeindruckt und nahm die Voraussagen trotz Keplers Warnung für bare Münze. Die darin gemachten Prophezeiungen verglich er immer wieder mit der Wirklichkeit und versah sie mit seinen Anmerkungen – das Horoskop wurde sein wichtigster Wegbegleiter.

AM MEISTEN HATTE es dem böhmischen Baron die Ankündigung seiner Heirat mit einer reichen Witwe angetan, die Kepler ihm für das Jahr 1607 oder für 1616 in Aussicht gestellt hatte. Die Rede war von einer »stattlichen Heurath ... ein Wittib und nit Schön, aber reich«. Tatsächlich ehelichte er im Mai 1609 die reiche Witwe Lukrezia Nekeš von Landek, Herrin über weite mährische Güter und kaum zwei Jahre älter als Wallenstein. Unter wirtschaftlichen Gesichtspunkten hätte er es nicht besser treffen können. Das Zweckbündnis bot ihm über Jahre ein gutes Auskommen und ein sorgenfreies Leben und war die Grundlage für seine späteren hochtrabenden Pläne. Als seine Frau nur fünf Jahre später starb, schrieb der Witwer ungerührt an den Rand des Horoskops: »Anno 1609 im Majo hab ich diese Heirat getan mit einer Wittib, die daher ad vi-

Das Horoskop Wallensteins: Aus der Sternenkonstellation zum Zeitpunkt der Geburt konnte Kepler das charakterliche Profil des böhmischen Barons ablesen.

vum describiert wirdt. Ao. 1614 den 23 Martii ist sie gestorben ...« 1617, drei Jahre nach Lukrezias Tod, stellte Wallenstein Erzherzog Ferdinand 180 Kürassiere und achtzig Musketiere zur Verfügung. Das Geld für die Anwerbung der Truppe stammte aus dem Erbe seiner Frau – der Grundstein für seine militärische Karriere.

Auch in anderen Bereichen waren die Voraussagen des Gelehrten aus Tübingen erstaunlich genau: Für das Jahr 1618 hatte er politische Unruhen prognostiziert: »... denn wahrlich im Maien wird es an denjenigen Orten und bei denjenigen Händeln, da zuvor schon alles fertig, und sonderlich wo die Gemeinde sonst große Freiheit hat, ohne Schwierigkeiten ... nicht abgehen.« Tatsächlich kam es am 23. Mai 1618 zum berühmten »Prager Fenstersturz« – aus einer regionalen Rebellion wurde ein europäischer Flächenbrand, der dreißig Jahre lodern sollte.

Die Korrektur

Im November 1618 erschien wie schon im Herbst 1607 ein »Großer Komet« mit flammendem Schweif am nächtlichen Himmel. Wieder fürchteten sich die Menschen vor der Ankündigung von Hunger, Pest und Krieg. Professor Bernd Roeck hat sich mit diesem Phänomen intensiv befasst: »Die Menschen nahmen, was um sie herum vorging, wahr, aber sie verstanden es nicht. Das einzige Erklärungsmodell, das sie hatten, war, sich als Opfer göttlicher Züchtigung zu begreifen. Jene Kometenerscheinung, die den Dreißigjährigen Krieg angedroht hatte, wurde also Wirklichkeit. Und sie sahen sich in ihrer Schuld vor dem Herrn und wussten, dass Pest, Hunger und andere Übel kamen, um sie heimzusuchen.«

Wallenstein fürchtete die Zeichen des Himmels nicht. Der Krieg zwischen Katholiken und Protestanten brachte ihm einen kometenhaften Aufstieg, so wie es die Sterne vorgezeichnet hatten. Doch nicht immer waren Keplers Prognosen zuverlässig. Als der Feldherr erkannte, dass die Voraussagen nur ungefähr eintrafen, also nicht immer zur angegebenen Zeit, sondern stets ein Jahr früher oder später, ließ er 1625 seinen Mittelsmann Taxis bei Kepler anfragen, ob die Stunde seiner Geburt möglicherweise neu zu da-

tieren sei. Kurzum: Er bat den Gelehrten um eine Korrektur des vor 17 Jahren erstellten ersten Horoskops und um eine detailliertere Ausführung der Prognosen. Wallenstein wollte unter anderem Einzelheiten über sein Schicksal erfahren, ob er etwa außerhalb seines Landes an einer Krankheit wie dem Schlagfluß, sterben würde, so wie es andere Astrologen vorausgesagt hatten und ob er weiterhin sein Glück im Krieg suchen sollte. Ferner fragte Wallenstein, ob wirklich die eigenen Landsleute, die Böhmen, seine ärgsten Feinde wären. Der General fügte dem Brief an Kepler noch hinzu, dass er keine schmeichlerische Antwort wünsche, sondern die Wahrheit, »sei sie, wie sie sei«.

Trotz anfänglicher Bedenken – schließlich habe er bereits sein Bestes gegeben – machte sich Kepler erneut ans Werk und kam zu

Die Position der Himmelskörper wurde mit Hilfe des Jakobsstabs berechnet.

dem Ergebnis, dass Wallensteins Geburt eine Viertelstunde früher als ursprünglich angenommen erfolgt sein müsse. Bei seinen komplizierten Berechnungen stützte er sich auf eine schwere Krankheit seines Kunden, die 1605 und nicht, wie ursprünglich vorausgesagt, 1604 aufgetreten war. Die handschriftlichen Notizen des Generalissimus auf dem Rand des Horoskops bestätigen die Unstimmigkeit der Jahresangaben: »Im 22 Jahr habe ich die Ungerische Krankheit und die Pest gehabt, Ao. 1605 im Januario.« Die Ungarische Krankheit, eine Art Malaria, sowie die Pest befielen Wallenstein demnach ein Jahr später als im Horoskop vorhergesagt. An anderer Stelle schrieb er: »Ao. 1611 Bin ich nit krank gewest, auch zu keinen Kriegsbefehlich erhoben worden, aber ungelegenheit hab ich vollauf gehabt. Ao. 1615 im September bin ich krank worden und gar kuemmerlich mit dem leben davon kommen, in diesem Jahr etlich wenig Monat vor meiner Krankheit bin ich zu einen Kriegsbefehlich promovirt worden.«

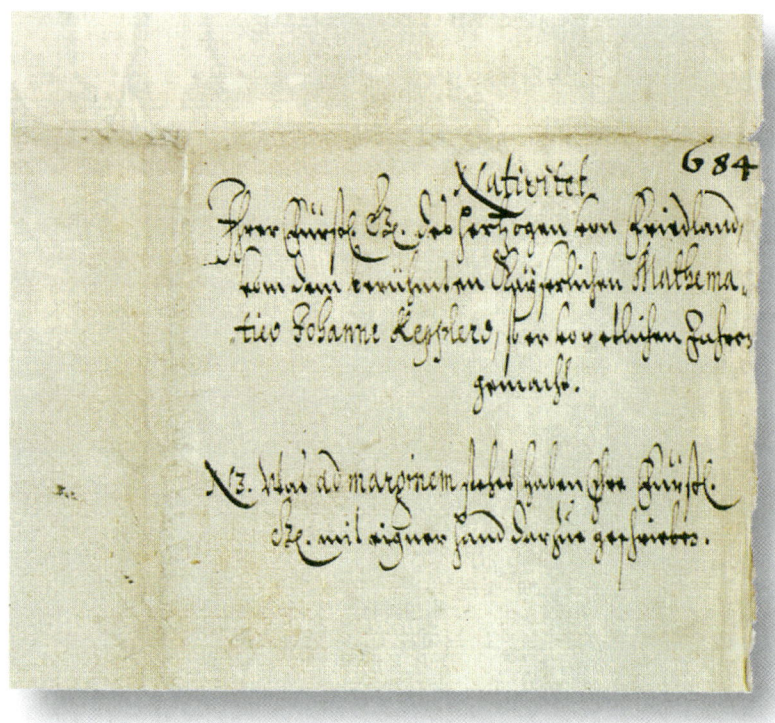

Wallensteins Horoskop gilt bis heute als Schlüssel zu seiner Persönlichkeit.

▶ Die Randbemerkungen stammen aus der Feder des Generalissimus – akribisch soll er die Voraussagen mit realen Ereignissen verglichen haben.

ad trinum Veneris fürhanden. Im 21 Jahr be-
giebt sich ein sehr gefährliche Directio ascendentes
ad corpus saturni und hiemahl Lunæ ad qua-
dratum Martis, da soll er mit dem leben gar
kümmerlich davon kommen sein, do ist doch
deßwegen zuvest, eine Conjunctio Magna Saturni
& Jovis in medio Coeli huius Geneseos, die wird
diese Sachen zu vielen verwirren geschäfften, so
nichts als gemeine Sachen betreffen, disponirt
und angereizt haben,

B.b.
Im 23. 24 Jahr das alter hat er gehabt, directio-
nem ascendentes ad Corpus Jovis, et oppositum
Mercurij Lunæ, ad trinum Martis medij Coeli, ad
Sextilem Martis, das solle die gesundheit wieder
verbessern, das gemüth ehrlich und hie wißen,
disponirt, außhanthig und endlich verliebt gemacht haben, ist eine gar schöne gelegenheit,
zu einer reichen stadtlichen heurath,

C.c.
Die übrige künftigen Jahr sein nicht gutt,
dem die folgende Jahres; Mars gehet diesen
sommer dießmahl durch den gradum ascendentes und bringet viel Verwirrunge böser
gedancken,

D.d.
Da ... ab Saturnus in künftigen Jahr
auch nit schonen, sonderlich in Martio Julio
und Decembri, hiemahl weil ein Directio ist

IM FEBRUAR 1625 schickte Kepler das korrigierte Horoskop in die neue Residenz seines Auftraggebers, nach Gitschin. In seinem Brief teilte er dem »böhmischen Herrn« mit, dass die Verschiebung der Geburtsstunde nur geringe Auswirkungen auf die bereits gemachten Prognosen hätte. Lediglich der Mond, der für Freundschaft und alles Weibliche stehe, stünde nun im elften Haus statt im letzten, was eine gewisse Milderung im Umgang mit anderen Menschen zur Folge habe. Ansonsten würde die von ihm durchgeführte Korrektur nur die zuvor beschriebenen Eigenschaften noch stärker hervorkehren lassen. Am Ende seiner Berechnungen stand eine Planetenkonstellation, in der Saturn und Mars dominant waren. Laut Kepler konnte Saturn, der für die hemmenden Einflüsse im Menschen verantwortlich ist, im Zusammenspiel mit Mars, der Energie und Entschlusskraft symbolisiert, äußerst negativ wirken. Spielte er hier auf das unrühmliche Ende Wallensteins an?

KURZ NACH ERHALT des zweiten Horoskops stellte Wallenstein dem Kaiser ein Heer mit 25 000 Soldaten zur Verfügung, das er selbst vorfinanzierte. Möglicherweise hatten ihn die positiven Voraussagen Keplers dazu bewogen, heißt es doch für das Jahr 1625: »Ein Potentat ..., der dies alles wüsste, der würde ohne Zweifel einen solchen Obristen mit einer so stattlichen Revolution, wenn er auch seiner Treu versichert, wider jetzige ausländische Feinde schicken.« Da der Potentat Ferdinand II. davon natürlich nichts wusste, half ihm der Friedländer mit seinem Angebot auf die Sprünge. Zum Dank ernannte der Kaiser den Böhmen im April des Jahres 1625 zum Generalissimus und nur wenige Wochen später sogar zum Herzog von Friedland.

Die erfolgreichste Phase im Leben seines Auftraggebers datierte der Gelehrte im korrigierten Horoskop auf die Zeit zwischen dem vierzigsten und 45. Lebensjahr, also wesentlich früher als in der ursprünglichen Berechnung, nach der Wallenstein erst zwischen dem 47. und 52. Jahr auf dem Höhepunkt seiner Karriere angekommen wäre. Die Glanzzeit des ehrgeizigen Magnaten lag nach der neuen Berechnung

Das Astrolabium war eines der wichtigsten Beobachtungs- und Messgeräte der Astronomen.

nun zwischen 1623 und 1628. Auch die einzelnen Lebensjahre unterzog Johannes Kepler einer Korrektur: 1625–1626 seien wichtige Geschäfte zu verzeichnen; 1626–1627: eine »Revolution«, falls es ihm gelänge, seinen Machtanspruch zu zementieren, was ihm allerdings viele Feinde einbrächte. Sein Gesundheitszustand verschlimmere sich; 1627–1628 ginge es ihm mehr schlecht als gut; von 1628 an würde es bergab gehen. Im März 1634 stünden die Sterne für Wallenstein äußerst ungünstig. Was genau dem Feldherrn in jenem schicksalhaften Jahr bevorstehen sollte, darüber schwieg sich Kepler aus. Die Tatsache, dass er mit diesem Jahr seine Voraussagen beendete, verhieß allerdings nichts Gutes ...

W OHER NAHM KEPLER sein Wissen? Waren es wirklich die Sterne, die ihm den Weg wiesen oder verfügte er noch über andere Quellen? »Es ist behauptet worden, Kepler hätte gleich anfangs gewusst, wessen Horoskop er erstellte«, schreibt Golo Mann in seiner Wallenstein-Biographie. »Wirklich schrieb er auf die Copie, die er für sich behielt, in seiner Geheimschrift den Namen Waltstein.« Doch der Historiker ist sich nicht sicher, ob »solch irdische Detektiv-Arbeit im Beruf des Astrologen geschäftsüblich« war. Ein

Die Kriegskasse von Olmütz: Die Kaltblütigkeit, die Wallenstein an den Tag legte, bestätigte Keplers Prophezeiungen.

anderer Wissenschaftler meint sogar, Wallenstein sei persönlich nach Prag gefahren und habe sich Kepler vorgestellt. Indizien dafür gibt es nicht, sodass das Horoskop bis heute geheimnisumwittert bleibt.

Eines aber scheint sicher: Als Kepler im Jahr 1625 das zweite Horoskop verfasste, fand der Gelehrte vieles von dem bestätigt, was er bereits 1608 vorausgesagt hatte: So etwa die Heirat mit der reichen Witwe Lukrezia und Wallensteins Kaltblütigkeit, die dieser beispielsweise beim Raub der Kriegskasse von Olmütz an den Tag legte. Ebenso seine Gewinnsucht, gepaart mit enormem Ehrgeiz und Geschäftssinn, die ihn in kürzester Zeit zu einem der reichsten Männer des Landes machte. In atemberaubendem Tempo hatte Wallenstein die Karriereleiter erklommen, ganz so wie es der Astrologe vorausgesagt hatte.

Einsam in Sagan

Der Feldherr wollte Johannes Kepler unbedingt dauerhaft in seiner Nähe haben. Im Sommer 1628 gelang es ihm endlich, Kepler zu überreden, zu ihm in das neu erworbene schlesische Herzogtum Sagan zu ziehen. Damit half er dem Gelehrten auch aus einer unangenehmen Situation, denn um in dieser politisch angespannten Lage weiter für den Kaiser arbeiten zu können, hätte der Mathematicus katholisch werden müssen. Das wollte der Astronom jedoch auf gar keinen Fall. Also wählte er das kleinere Übel: den Hof des Generalissimus. Außerdem hoffte der Gelehrte auf Wallensteins Vermittlung bei seinen Geldangelegenheiten, denn Ferdinand II.

Nur Experten konnten im 17. Jahrhundert den Lauf der Planeten berechnen und aus den ermittelten Positionen der Gestirne Horoskope erstellen.

schuldete ihm noch die stolze Summe von 12 000 Gulden – den gesamten Lohn für dreißig Jahre Dienst am Wiener Hof. Albrecht Wallenstein versprach ihm volle Unterstützung in dieser Sache, außerdem ein Jahresgehalt von 1000 Gulden und die Anschaffung einer Druckerpresse.

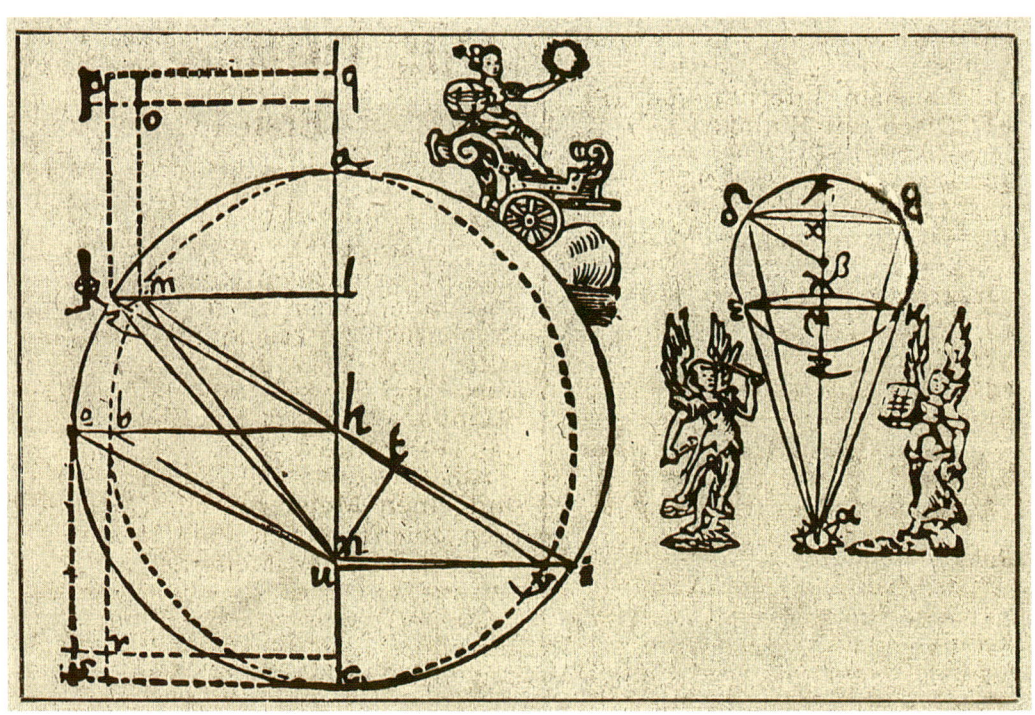

Ganz wohl war dem Mathematiker nicht bei dem Gedanken, in Wallensteins Abhängigkeit zu geraten, aber was sollte er tun? Im Juli 1628 siedelte Kepler schicksalsergeben mit seiner Familie und all seinen Habseligkeiten nach Sagan über. Glücklich wurde er dort erwartungsgemäß nicht, obgleich der Generalissimus versuchte, es ihm so angenehm wie möglich zu machen. Sagan war dem Gelehrten von Weltruf zu klein und zu weit abgelegen, er verstand den Dialekt der Bevölkerung nicht und auch seine finanziellen Probleme ließen sich wider Erwarten nicht lösen. Als Wallenstein zum Herzog von Mecklenburg erhoben wurde, verschaffte er dem Mathematiker einen Ruf an die Universität von Rostock. Nur, Kepler traute dem Frieden nicht. Wegen seiner offenen Forderung an

Gespaltenes Verhältnis: Kepler verachtete das astrologische Tagesgeschäft, das er jedoch aus Geldnot betreiben musste.

den Kaiser wollte er Sagan auf keinen Fall verlassen. Zuerst sollte ihm der Generalissimus die 12 000 Gulden beschaffen. Der Gelehrte zögerte so lange mit der Zusage für Rostock, bis die Sache im Sande verlaufen war. Wallenstein plante daraufhin, Kepler als Professor für seine Elite-Universität einzuspannen, die er in der Stadt Gitschin gründen wollte. Auch dies war nicht ganz nach dem Geschmack des Gelehrten. Nach einem Treffen mit seinem Gönner im neu erbauten Schloss notierte der Astrologe: »Gerade bin ich aus Jitschin zurück, wo mein Patron mich drei Wochen lang zu bleiben nötigte, ein Zeitverderb für ihn wie für mich.«

Nach nur zwei Jahren, im September des Jahres 1630, fand der Zwangsaufenthalt Keplers in Sagan mit der vernichtenden Nachricht von der Entlassung Wallensteins ein Ende. Ferdinand hatte sich auf Druck des Kurfürsten Maximilian von Bayern dazu hinreißen lassen, seinen General von seinem Amt zu entheben. Der Gedemütigte nahm die Entlassung äußerlich vollkommen gelassen auf – für viele ein Indiz, dass der Feldherr schon durch seinen Astrologen vorgewarnt worden war. Kepler hingegen sah seine Felle davonschwimmen. All seine Hoffnung, doch noch zu seinem Geld zu kommen, war mit einem Schlag zunichte gemacht. Unter einem Vorwand packte er seine Sachen und verließ sein ungeliebtes Exil, um dem Geld hinterherzujagen, das der Kaiser ihm schuldete. Er reiste nach Regensburg in der Hoffnung, dass die dort versammelten Kurfürsten seine Gehaltsrückstände anerkennen und bezahlen würden. Während er dort auf eine Entscheidung wartete – am Ende wollte man ihm dreißig Gulden gewähren –, erkrankte er plötzlich schwer und starb im November 1630 im Alter von knapp 59 Jahren. Nicht einmal seine sterblichen Überreste blieben von den Auswirkungen des Krieges verschont. Als Protestant musste Kepler außerhalb der Stadtmauern bestattet werden. Sein Grab auf dem evangelischen Petersfriedhof von Regensburg wurde bei der Belagerung der Stadt durch die Schweden zerstört. Mit Johannes Kepler, der einen Galileo Galilei vergleichbaren Rang einnahm, war ein großer Wissenschaftler von der Weltbühne abgetreten.

Ein neuer Sterndeuter

Auch nach dem Tod des Gelehrten verzichtete der Friedländer nicht auf astrologischen Rat. Sein bekanntester Sterndeuter nach Kepler war zweifellos der Italiener Giovanni Battista Senno, den Friedrich Schiller in seinem Wallenstein-Drama mit der Figur des Seni unsterblich machte. Senno selbst gab an, im Jahr 1632 in Wallensteins Dienste getreten zu sein. Ein Oberst namens Ottavio Piccolomini, Kommandeur der Leibgarde, soll seinen Landsmann Wallenstein empfohlen haben. Es heißt, der Friedländer habe dem italienischen Oberst blind vertraut, da dieser die gleiche Planetenkonstellation gehabt habe. Ein tödlicher Fehler, denn am Ende trat der falsche Freund auf die Seite der Mörder. Ob Piccolomini mit Sennos Hilfe gegen den Kriegsherrn intrigierte? Es heißt, Senno sei von der spanischen Partei am Wiener Hof bestochen worden und habe später direkt im Dienste der Gegner Wallensteins gestanden. Durch widersprüchliche, verwirrende Deutungen der Sterne habe er die Entschlusskraft seines Herrn gelähmt und ihn zu falschen Entschei-

dungen gedrängt. Senno wurde auch immer wieder für das rätsel-
hafte Schwanken Wallensteins verantwortlich gemacht.

War Senno, den Golo Mann als »junge Sumpfblüte« und
»Sternritter« aus Genua bezeichnete, ein Scharlatan, ein Betrüger,
der sich Wallensteins Vertrauen erschlichen hatte? Sicher ist nur,
dass der um 1600 geborene Genuese ein bedeutender Mathematiker war, der viele Sprachen beherrschte und mit viel Geschick die
Gunst Wallensteins erwarb. Zahlreiche Stiche zeugen von nächtlichen Sitzungen, in denen beide die Sterne befragten. Welchen Anteil er am Untergang seines Herrn tatsächlich hatte, wissen wir
nicht. Jedenfalls kassierte Senno nach eigenen Angaben »des Jah-

Der Astrologe Giovanni Battista Senno zählte zu den letzten Vertrauten Wallensteins. Hat er seinen Herrn gezielt manipuliert?

GRAPHIA
MATIS
NICANI.

»Im Zentrum aller Dinge residiert die Sonne. Man nennt sie zu Recht den Herrscher des Universums«, schrieb Kopernikus.

res 2000 Thaler effective Besoldung und zu Hoff die Tafel« – eine großzügige Bezahlung durch den sonst so sparsamen Friedländer, der nicht ohne den astrologischen Ratgeber sein wollte.

Entscheidungshilfe Astrologie

Bereits die Zeitgenossen des Generals führten bestimmte Entscheidungen und Vorgehensweisen Wallensteins auf dessen Sterngläubigkeit zurück. Beim Ungarnfeldzug von 1626 bot der Friedländer seinen Feinden erstmals Gelegenheit zur Kritik: Statt die Truppen des Königs von Ungarn und Fürsten von Siebenbürgen, Bethlen Gábor von Iktár, und das Türkenheer vernichtend zu schlagen, setzte er auf Verhandlungen mit dem Gegner. Für das zögerliche Verhalten machten viele Zeitgenossen den Rat der Astrologen verantwortlich. Hatten sie dem Generalissimus vom Kampf abgeraten? Kepler jedenfalls hat sich dazu nicht geäußert. Aufgrund der Quellenlage geht der Historiker Professor Bernd Roeck heute davon aus, dass Wallenstein seinen politischen Entscheidungen nie astrologische Konstellationen zugrunde gelegt hat. Ausschlaggebend für sein Verhalten beim Ungarnfeldzug war wohl eher, dass er um den Bestand seiner arg mitgenommenen Armee fürchtete. Deshalb verzichtete er auf die Entscheidungsschlacht und führte stattdessen seine Soldaten in die Winterquartiere nach Mähren und Schlesien.

Die nächsten drei Jahre brachten Wallenstein und damit auch dem Kaiser große Erfolge. 1629 war auch Dänemark vernichtend geschlagen. Als Belohnung für die erbrachten Leistungen übertrug ihm Ferdinand II. das Herzogtum Sagan und belehnte ihn mit Mecklenburg, dessen Herzog weichen musste, weil er die Dänen unterstützt hatten. Hatte Kepler nicht vorausgesagt, dass die Glanzjahre des »böhmischen Herrn« zwischen 1623 und 1628 lägen? Und er behielt Recht.

So viel Erfolg musste wohl auf Dauer Neid und Missgunst schüren – die Zahl von Wallensteins Feinden wuchs. Mit seinem harten und bisweilen skrupellosen Auftreten wollte er die Menschen einschüchtern, vielleicht aber auch die eigene Unsicherheit überspielen. In seiner Brust schlugen zwei Herzen: Er war misstrauisch und vertrauensselig, feinsinnig und grob, stürmisch und zurückhaltend, ganz so, wie Kepler ihn charakterisiert hatte. Doch war Wallenstein wirklich der grausame Potentat und Menschenschinder, wie viele Historiographen meinen? Nach außen hin war er sicher alles andere als ein Gefühlsmensch. Der Umwelt galt er als unnahbar und jähzornig. Seine zweite Ehefrau Isabella von Harrach liebte er aber wohl von ganzem Herzen. Zärtliche, fürsorgliche Briefe soll er ihr geschrieben haben, die leider nicht mehr erhalten sind. Schwierige Situationen überdachte Wallenstein gründlich, wog verschiedene Optionen genau ab. Aber er fühlte sich auch verpflichtet, seinem Horoskop, das ihm eine große Zukunft vorausgesagt hatte, gerecht zu werden. Das tat er ohne Rücksicht auf das Empfinden seiner Umgebung.

Kampf dem Sternglauben

Wie damals unter Herrschern durchaus üblich bediente sich auch Wallenstein der Sternenkunde, um Vorteile gegenüber seinen Feinden zu erlangen. Im November 1627 des Jahres verschaffte er sich die Geburtsdaten seines politischen Gegenspielers in Schweden, Gustav Adolf, dessen Expansionsabsichten sich spätestens seit 1625 abzeichneten. Um keinem Irrtum zu erliegen, ließ der Generalissimus von mehreren Astrologen das Horoskop des Schwedenkönigs erstellen. Als Kurfürst Maximilian von Bayern erfuhr, wie sehr sich Wallenstein von astrologischen Ratgebern leiten ließ, begann er den wenig geliebten Feldherrn als Ketzer bei Hofe anzuschwärzen: Was sei schon von einem General zu erwarten, der »seine actiones und der Catholischen Religion wohlfahrt zu Gott fundieret«. Dabei nahm der Bayer die Dienste mehrerer geistlicher Propagandisten in Anspruch. Die Gerüchte über Wallensteins Sternglauben gelangten bis ans Ohr des Kaisers. Sogar Papst Urban VIII. wurde davon in Kenntnis gesetzt, in der Absicht, dem Friedländer zu schaden.

Im Auftrag des Kurfürsten Maximilian von Bayern verfasste ein gewisser Pater Valeriano Magni, der Beichtvater des Kardinals Harrach, einem Schwager Wallensteins, am 26. April 1628 die so genannte erste Kapuzinerrelation – eine Schmähschrift gegen den kai-

serlichen Generalissimus, in der auch dessen »Aberglaube« angeprangert wurde: »Auch weiß man bisher nicht, dass er zu einer einzigen Person – nicht einmal die eigene Gattin ausgenommen – so
viel Zutrauen hätte, dass er es nicht für notwendig hielte, ehe er sich
mit ihr einlässt, vorerst die Punkte des Mondes mit dem Astrolabium zu beobachten.«

In der zweiten Kapuzinerrelation aus demselben Jahr wurden
die Anschuldigungen gegen Wallenstein konkreter: »Es werden sei-

Maximilian von Bay-
ern bezichtigte den Ge-
neralissimus in einem
fingierten Gutachten
der Gottlosigkeit und
des Aberglaubens.

nem Hirn niemals Gründe mangeln, sich dann von diesem Unternehmen zurückzuziehen, oder neue Schwierigkeiten vorzuschieben. Er hat Astrologen kommen lassen, welche verbreiten sollen, dass seine Konstellation nicht gut ist, dass er einen Aszendenten nur für zwei Jahre hat, die jetzt bereits beendet sind. Aber der Astrologe hat einer bestimmten Person diesen Trick Wallensteins berichtet.«

Nicht nur die Verfasser von Flugschriften übernahmen dankbar die diffamierenden Formulierungen, auch in den Gesandtschaftsberichten des Venezianers Pietro Vico tauchte der Vorwurf des Sternglaubens immer häufiger auf: »Es wird mir jedoch vertraulich mitgeteilt, Wallenstein nehme kein Unternehmen in Angriff, wenn er nicht vorher von den Astrologen erführe, welchen Erfolg ihm die Planeten versprechen und er, Wallenstein, habe daher über seinen Italienzug schreiben lassen, und da ihm darin

vorausgesagt wurde, dass er in keiner Weise siegreich sein werde und widrigen Begegnungen entgegensehe, habe er sich entschlossen, Deutschland nicht zu verlassen.«

So kann man sich die nächtlichen Sitzungen des Astrologen Senno mit Wallenstein vorstellen.

I<small>N EINEM</small> L<small>AND,</small> in dem die Scheiterhaufen brannten, geriet man schnell in den Verdacht der Gottlosigkeit und Hexerei. Die Feinde Wallensteins scheuten auch vor solchen Beschuldigungen nicht zurück. Erst mit seiner Entlassung aus dem Amt des kaiserlichen Generals im Sommer 1630 beruhigten sich die Gemüter wieder. Für den Herzog von Friedland brach damit eine kurze aber intensive Phase der Sesshaftigkeit an, in der er sich intensiv um sein Herzogtum kümmerte und auch genügend Zeit fand, sich mit der Astrologie zu beschäftigen. Eine noch unveröffentlichte Hypothese des Historikers Dr. Jaromir Gottlieb, Direktor des Waldstein-Palais in Gitschin, behauptet, dass Wallenstein sich in dieser Zeit mit der Gestaltung seiner Residenz beschäftigte – mit Hilfe eines astronomischen Plans. Möglicherweise spiegelt die Lage wichtiger Bauwerke die Konstellation der Planeten in seinem Horoskop wider. Als spirituelles Zentrum, in dem sich alle Kräfte vereinen sollten, plante Wallenstein ein Gotteshaus und ein privates Oratorium, das mit zwei weiteren Kirchen auf einer Achse lag.

Der Einfall von Gustav Adolf in Pommern und dessen Allianz mit Frankreich und den Generalstaaten bereitete seiner Beschäftigung mit der Astrologie ein rasches Ende. Als die Not im Reich am größten war, berief der Kaiser Wallenstein 1632 erneut zum Generalissimus. Für die Kritiker und Neider bot sich allerdings bald neu-

Fakt oder Fiktion? Einer neuen Theorie zufolge ließ Wallenstein die Stadt Gitschin nach einem astronomischen Plan erbauen.

er Zündstoff. Jede Bewegung, jedes Schwanken Wallensteins wurde misstrauisch verfolgt und unter dem Aspekt der astrologischen Abhängigkeit gedeutet. In einer anonymen Schrift heißt es, dass »der Herzog Friedland durch die Vollmacht, die er erlangt hat, nach Belieben über Krieg und Frieden entscheidet, und weder die Zustimmung des Herrschers noch viel weniger der Weltordnung sucht und in schwierigen Dingen entgegen der göttlichen Ordnung keinen Rat zulässt, allein einigen Magiern vertraut und die nutzlose Inclination der Sterne der untrüglichen Vorsehung des göttlichen Schöpfers vorzieht«.

D A SICH ALBRECHT VON WALLENSTEIN nie öffentlich über sein Seelenleben geäußert hat, und kaum Dokmente erhalten geblieben sind, fällt es heute schwer, sein Inneres und die wahren Beweggründe seines Handelns zu beurteilen. Die Geschichtsschreiber zitieren immer wieder die Sterngläubigkeit des Generalissimus und das von Johannes Kepler erstellte Horoskop. Doch nicht alle Wesenseigenschaften, die der Gelehrte vorgezeichnet hatte, trafen

auf den Friedländer tatsächlich zu. Trotz der
gebotenen Vorsicht dürfen Keplers Prophezeiungen aber auch nicht unterschätzt werden, da sie den Rahmen vorgaben, in dem
sich Wallenstein selbst sah und nach dem er
wahrscheinlich sogar lebte.

Tatsache ist aber, dass das Charakter-
porträt, das der berühmte Mathematikus
von Wallenstein entworfen hat, als Vorlage
für viele Geschichtsdarstellungen und Bücher diente. So heißt es zum Beispiel im Pro-

log von Friedrich Schillers Wallenstein-Trilogie: »Von der Parteien
Gunst und Hass verwirrt / schwankt sein Charakterbild in der Ge-
schichte; / Doch Euern Augen soll ihn jetzt die Kunst, / auch Euern
Herzen menschlich näher bringen ... Sie sieht den Menschen in des
Lebens Drang / und wälzt die größre Hälfte seiner Schuld / Den un-
glückseligen Gestirnen zu.«

Die Palastkirche von
Gitschin blieb unvoll-
endet. In der großen
Kuppel sollten sich die
spirituellen Kräfte
sammeln.

Söldner zu sein, prächtig ausstaffiert, mit Säbel und Muskete, galt zu Beginn des Krieges viel.

Uniformen wurden den einfachen Söldnern damals nicht immer gestellt – sie mussten selbst für angemessene Kleidung sorgen.

KINDER DER FORTUNA
VOM AUFSTIEG IM UNTERNEHMEN KRIEG

E r war der letzte große Condottiere: Albrecht von Wallenstein. Als Kriegsunternehmer befehligte er bis zu 100 000 Mann, ein Söldnerheer von bisher nie erreichter Größe. Der Typ des Condottiere hatte sich im 14. und 15. Jahrhundert in Italien herausgebildet, wo auch Wallenstein seine militärische Laufbahn begann. Eine wesentliche Eigenschaft des Condottiere war die absolute Gewissenlosigkeit. Er stellte seine Truppe jedem zur Verfügung, der bereit war, genügend Geld dafür zu zahlen. Mochten der kaiserliche General Tilly und Schwedenkönig Gustav Adolf anfangs noch darauf achten, dass sie katholische oder protestantische Heere kommandierten, so war cs Wallenstein, der ja immerhin die Armee des katholischen Kaisers führte, ganz egal, an was seine Söldner glaubten. Manche Condottieri vermieteten ihre Heere ohne Bedenken selbst an den, der eben noch ihr Gegner gewesen war. Andere stürzten gar ihre Herren und ergriffen selbst die Macht: »Sie konnten dem Auftraggeber gefährlicher werden als der Feind«, so der Kriegshistoriker John Keegan.

O BRISTEN, ABER AUCH Zivilisten konnten Kriegsunternehmer werden, Hauptsache, sie besaßen genug Geld, um die Aufstellung einer Truppe zu finanzieren. Von Anfang an bestand also ein Schuldverhältnis: Der Söldnerführer fungierte als Gläubiger, der dafür sorgen musste, dass er sein Geld vom Auftraggeber wieder zurückbekam. Seinerseits war er häufig selbst Schuldner – dann nämlich, wenn er mit geliehenem Geld operierte. Schon zu Landsknechtszeiten hatten Kaufleute wie die Fugger oder die Ravensburger Handelsgesellschaft Darlehen für die Heeresfinanzierung gegeben. Das setzte sich im Dreißigjährigen Krieg fort. Wallenstein etwa kooperierte mit dem holländischen Bankier Hans de Witte, der ihm auf den großen Finanzmärkten wie Nürnberg, Hamburg oder Antwerpen das nötige Startkapital verschaffte.

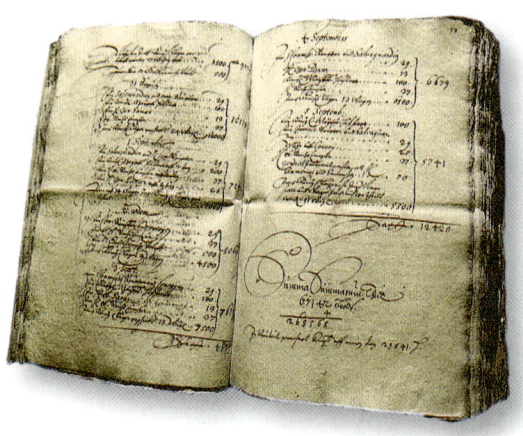

Ellenlange Listen geben Auskunft über die Zwangsabgaben zur Finanzierung des großen Krieges.

Die Kriegführung auf Pump lebte von der Hoffnung, dass Mittel von außen zuflossen. Das waren zum einen die »Subsidien«, Gelder, die von Staaten zur Verfügung gestellt wurden, deren Regierungen ein Interesse daran hatten, dass der Krieg weiterging. So unterstützte beispielsweise Spanien die kaiserlichen Interessen mit bedeutenden Zahlungen, England und Frankreich griffen der protestantischen Partei unter die Arme. Ein anderes Mittel waren die »Kontributionen«, Zwangsabgaben, die den Ländern und Städten auferlegt wurden, in denen sich eine Armee gerade aufhielt. Der Schritt zu Mafiamethoden war da nicht groß: Die Befehlshaber erpressten Zahlungen dafür, dass sich ihre Truppen von bestimmten Gegenden fern hielten. Hauptsächlich aber verließ man sich darauf, dass der Krieg ja irgendwann zu Ende sein und der Verlierer dann für alles aufkommen werde – eine Rechnung, die allerdings nicht immer aufging.

Wallenstein jedenfalls ließ sich seine Feldzüge vom Kaiser mit Herzogtümern und prachtvollen Palästen bezahlen, die nach Eroberungen beschlagnahmt und dem Generalissimus übereignet wurden. Seine glänzende Karriere war für viele ein Anreiz, selbst zum Kriegsunternehmer zu werden. Auf rund 1500 Personen wird die Zahl derer geschätzt, die im Dreißigjährigen Krieg ihre wirtschaftlichen Interessen mit denen der Kriegführenden verbanden.

Vom Kriegsknecht zum Kriegsunternehmer

Die »Kinder der Fortuna« begannen zum Teil aber auch ganz unten. Johann Jakob Christoffel von Grimmelshausen (1621–1676), dem wir die farbigsten Schilderungen des Soldatenlebens im Dreißigjährigen Krieg verdanken, spricht in seinem »Abentheuerlichen Simplicissimus Teutsch« von denen, »welche vom Pflug, von der Nadel, von dem Schusterleist und vom Schäferstecken zum Schwert gegriffen, sich wohl gehalten und durch solche ihre Tapferkeit weit über den gemeinen Adel in Grafen- und Freiherrenstand geschwungen«. Der Autor nennt auch gleich ein Beispiel: Johann von Werth. Der seinerzeit populäre Haudegen war ein westfälischer Bauernsohn, der nicht richtig schreiben und lesen konnte. Dennoch kletterte er auf der militärischen Karriereleiter stetig höher und brachte es vom einfachen Reiter bis zum Feldmarschallleutnant, der ganze Armeen kommandierte. Nach der Schlacht von Nördlingen (1634), in der sich Werth besonders auszeichnete, wurde er in den Reichsfreiherrenstand erhoben. Er beschloss sein Leben 1652 als Reichsgraf und Herr von Benatek in Böhmen. Auch sein Landsmann Johann von Sporck war einer, dem die Glücksgöttin dauerhaft lächelte. Zur Welt gekommen in der Hütte eines Leibeigenen, endete er als hoch dekorierter Heerführer und adliger Schlossbesitzer mit einem Vermögen im Wert von drei Millionen Gulden.

Der »Simplicissimus« galt lange als authentischer Bericht eines Söldners und Abenteurers im Dreißigjährigen Krieg.

Allein der Anblick
eines anrückenden
Heeres bewog so
manchen Burgbesitzer
zur Kapitulation.

Ein Prototyp des Söldnerführers war Ernst Graf von Mansfeld. Er wurde im Krieg groß, lebte für den Krieg und starb im Krieg. Als unehelicher Sohn des kaiserlichen Statthalters von Luxemburg hatte er kein Erbe zu erwarten und schlug deswegen die militärische Laufbahn ein. Vielleicht kein genialer Feldherr, besaß er doch die Gabe, binnen kürzester Zeit schlagkräftige Heere zu formieren und immer wieder Geldgeber zu finden, die seine Unternehmungen finanzierten. Er folgte dabei dem klassischen Condottiere-Prinzip: mit allen Seiten verhandeln und in den Dienst des Meistbietenden treten. Er bot nacheinander den Holländern, Engländern, Franzosen und Dänen seine Truppen an. Sein Ende soll er auf schauerliche Weise inszeniert haben, indem er vor seinen treuen Söldnern eine pathetische Abschiedsrede hielt, sich dann in seine Rüstung hüllen ließ und von zwei Mann gehalten, aufrecht stehend starb. So jedenfalls überliefert es das »Trauer-Liedlein«, das seinerzeit auf Mansfelds Tod gedichtet wurde.

SOLCHE MÄNNER WURDEN MIT ihrem Heldenmut und ihrer oft fürstlichen Lebensart zum Vorbild für die einfachen Lohnsoldaten. Sie kamen aus aller Herren Länder und hofften auf ihre große Chance in der Armee. So registrierte man in einem bayerischen Regiment im Jahr 1644 bei einer Musterung 16 verschiedene Nationalitäten. Dementsprechend gleichgültig war den Söldnern die Frage, wozu der Krieg eigentlich geführt wurde. Die Fahne zu wechseln, beim eben noch bekämpften Gegner anzuheuern, bereitete ihnen ebenso wenig Gewissensbisse wie ihren berühmten Führern. Häufig war es die wachsende Armut im Land, die junge Männer veranlasste, Kriegsdienste zu nehmen. Das viel zitierte Paradox, dass der Krieg den Krieg ernähre, galt besonders im Dreißigjährigen. Wenn Verwüstung und Verheerung wieder und wieder über einen Landstrich hereingebrochen waren, blieb den dort ansässigen Menschen meist nichts anderes übrig, als selbst beim Krieg mitzumachen – allerdings nicht länger auf der Seite der Verlierer, sondern auf der der Gewinner.

Ohne Gewissensbisse kämpften die Söldner für den, der sie bezahlte – selbst wenn es gegen die eigenen Landsleute ging.

Militärisches Esperanto

Eine »Musterkarte verschiedener Nationalitäten« nennt Gustav Freytag die Heere des Dreißigjährigen Krieges. Es war alles vertreten, wobei die heutigen Kategorien wie »Deutsche«, »Italiener«, »Franzosen« oder »Spanier« noch wenig besagten; die Zeitgenossen machten feinere Unterschiede, sie empfanden sich eher als Sachsen und Schwaben, als Piemontesen und Florentiner, Breto-

Das Kriegsvolk kam aus aller Herren Länder; eine eigene Soldatensprache half bei der Verständigung.

nen und Wallonen, Navarresen und Katalanen. Manche kamen aus Gegenden, von denen man in Deutschland bisher wenig gewusst hatte; mit großen Augen bestaunte man die Schotten in ihren karierten Röcken oder die in Felle gehüllten Lappländer, die in der schwedischen Armee dienten. Reibereien zwischen den einzelnen ethnischen Gruppen waren an der Tagesordnung; es gab alte Rivalitäten und Feindschaften, die auch unter einer gemein-

samen Fahne nicht ruhten. Die Befehlshaber versuchten die Regimenter »nach Beschaffenheit ihrer kameradschaftlichen Gefühle« (G. Freytag) zusammenzulegen, aber durch ständigen Schwund und immer neue Anwerbungen veränderte sich die ethnische Zusammensetzung fortwährend. Auf dem Glücksspielplatz, dem Ort, wo nach der »Disciplina Militaris« des Hans Wilhelm Kirchhof »mehr Balgens und Zerhackens« herrschte als sonst irgendwo im Lager, wurde jedenfalls auf Trennung geachtet; nur Mitglieder derselben »Nationalität« durften gemeinsam dem Würfelspiel obliegen, um die unweigerlich ausbrechenden Streitereien nicht noch ethnisch aufzuladen.

Wie aber verständigten sich die Menschen in so einer Vielvölkerarmee? Aus dem 16. Jahrhundert ist bereits überliefert, dass Söldner mit Sprachkenntnissen als Dolmetscher fungierten. Am Ende des Dreißigjährigen Krieges gab es sogar professionelle »Sprachmeister«. Viele Offiziere verfügten über einen beachtlichen fremdsprachlichen Wortschatz; sich in einem fremden Idiom mitzuteilen, fiel manchem leichter als die Muttersprache zu schreiben oder zu lesen. Einer lauschte dem anderen Vokabeln oder Redewendungen ab.

An Wallensteins Korrespondenz lässt sich ablesen, wie das funktionierte. Der Generalissimus flocht in seine Mitteilungen französische und italienische Brocken ein, wie er sie gerade zur Hand hatte. Über den Abzug seines Gegners Gustav Adolf aus Nürnberg im September 1632 schreibt er: »So hat sich der König bei dieser impresa [Unternehmen] gewaltig die Hörner abgestoßen. Er hat auch damit sein Volk über die Maßen discouragiert [entmutigt], dass er sie so hazardosamente [wie ein Glücksspieler] angeführt, dass sie in vorfallenden occasionen [Gelegenheiten] ihm desto weniger trauen werden.«

In die deutsche Sprache gelangten auf diese Weise auch zahlreiche militärische Fachausdrücke, vor allem aus den romanischen Sprachen: Alarm (all'arme: zu den Waffen), Artillerie, Bagage, Bombe, Brigade, Deserteur, Fourage, Garnison, General, Granate, Infanterie, Karabiner und so weiter. Die Schweden steuerten Flinte bei (flinta: Feuerstein), die Ungarn und Türken Husar, Dolman, Horde, die Tschechen Haubitze, die Polen Säbel, Litewka, Ulan. Allen Soldaten waren Begriffe wie Ranzion (Lösegeld), Plackerei (Straßenraub), Quartier (Schonung bei Gefangennahme), Kontribution (Zwangsbeitrag einer Stadt oder einer Region zur Kriegführung) geläufig. Und zum Fluchen und »Schwören«, also zur unbefugten Anrufung Gottes, benutzte man schon immer gern die fremde Sprache.

Eine weitere Möglichkeit, sich zu verständigen, war das Rotwelsch, die Gaunersprache, die Elemente aus dem Deutschen, dem Jiddischen, der Zigeunersprache und dem Spanischen enthielt und somit »international« war. Soldatenwelt und kriminelles Milieu hatten einige Berührungspunkte. Gesuchte Straftäter ließen sich etwa in die Soldlisten einschreiben, und der Söldner befand sich, wenn sein Vertrag abgelaufen und er »auf der Gart« war, im Umfeld von Vagabunden und Landstreichern. Wie das Rotwelsch klang, zeigt folgendes Beispiel, das der Militärschriftsteller Dionys Klein in seine »Kriegsinstitution« (1598) aufnahm: »Welcher Leninger [Landknecht] die Hautzen und Häutzin [Bauer und Bäuerin] zum besten anstoßen [schätzen] kann und weiß sie mit gevopten und gehockten Barlen [mit lügnerischen Worten] zu vermanen [bedrängen], item verlunscht [versteht] sich recht auf das Reckhediß [Instrument zum Hühnerfangen] und ist rund und fertig zum Robora zopfen oder genfen [zugreifen oder stehlen], der soll tags [täglich] ein Hellerichtiger oder Stettinger [Gulden] zum Solde haben.«

ALS ERGIEBIGSTE REKRUTIERUNGSGEBIETE galten das städtereiche Oberdeutschland, die Alpen und das mitteldeutsche Bergland, die Schweiz und die italienischen Stadtstaaten und Fürstentümer. Auch in Frankreich, England, Irland und Schottland lohnte sich die Werbung. Auf dem Land war allerdings wenig zu holen. Hofeigner und Pächter dachten nicht daran, ihre Höfe zu verlassen, allenfalls waren es nachgeborene Bauernsöhne ohne Aussicht auf einen eigenen Hof, Häusler und Tagelöhner, die sich zur

Fahne meldeten. In den Städten fanden die Werber dagegen regen Zulauf – vor allem Handwerksgesellen fühlten sich angesprochen. Das hing hauptsächlich mit den Traditionen des städtischen Wehrwesens zusammen: Die Zünfte hatten stets großen Anteil an der Stadtverteidigung, denn die Handwerker wussten mit Waffen umzugehen. Aber auch in der städtischen Unterschicht fanden die Werberufe Widerhall. Dienstboten, Gesindeleute, Hausknechte und Handlanger, die bis zu vierzig Prozent der Stadtbevölkerung ausmachten, stellten ein entsprechend hohes Kontingent im Söldnerheer. Dazu kamen Studenten, stellenlose Geistliche und verkrachte Existenzen aller Art: Schuldner, die ihren Gläubigern entkommen wollten, Ehebrecher, die Reißaus genommen hatten, Straftäter, die beim Militär einen Unterschlupf suchten.

An den Werbetischen erschienen natürlich auch Adelige, sowohl Mitglieder des Stadtadels als auch Söhne der alten Landadelsgeschlechter. Sie bekamen zumeist sofort Befehlshaberstellen oder wenigstens höheren Sold. Ihr Hauptmotiv dürfte Abenteuerlust gewesen sein. So bekannte etwa der Holsteiner Edelmann Detlev Ahlefeld nach dem großen Krieg: »Ich war ein junger Mensch, gesund und vigourös, der nicht gern in Ruhe sein konnte noch mochte, sondern wie ich erst einmal das Soldatenleben geschmecket, gefiel mir selbiges so wohl wegen der vorfallenden großen Geschäfte, Debauchen, des Klingens der Pauken und Trompeten, der aufwartenden Offiziere und täglich im Kriege vorfallenden Renkontren, daß ich darnach je mehr Lust dazu bekam und um soviel weniger wiederum abstehen konnte, als ich vorher von meinen lieben Eltern und nachmals von meinem Hofmeister zu aller Modestie, Sittsamkeit und Meidung all solcher Gesellschaft erzogen und angehalten worden.«

Von einem Werber
Wer ist doch jener dort, der in dem Scharlachrocke
Mit seinem Federbusch und silberreichem Stocke
So prächtig einer tritt, als wären seiner drei?
Ich höre, daß er nur ein Ochsenhändler sei.
Soll dieser Bursche dann auch Federbusche tragen?
Ja, freilich solche wohl, die nach den Ochsen fragen,
Die nur zweifüßig seind und die der Trommelschlag
Zu ganzen Rotten hin zur Schlachtung bringen mag.

Am Werbetisch wurde dem Kriegsknecht das erste Geld ausgezahlt – damit hatte er »Haut, Leib und Leben« verkauft.

Meist aber waren existenzielle Motive im Spiel, etwa der Wunsch, religiöser Verfolgung zu entkommen. Seit die Gegenreformation im Gange war, wurden Protestanten vielerorts von ihren katholischen Landesherren drangsaliert. Ein Ausweg bot sich den bedrängten Protestanten, indem sie beispielsweise bei Wallenstein unterkamen, dem herzlich gleich war, welchem Glaubensbekenntnis seine Leute anhingen. So vermeldet ein Zeitungsbericht aus dem Jahr 1633: »Die Bauern im Ländlein ob der Enns wollen sich nicht katholisch reformieren lassen, ziehen haufenweis in Krieg, wie sich dann derer 9 bis 10 Tausend unter der Friedländischen Armee [der Armee Wallensteins] unterhalten lassen.«

Einige schließlich, die unter der Fahne standen, waren nicht ganz freiwillig gekommen. Da hatten die Werber nachgeholfen, den Rekruten betrunken gemacht oder mit Gewalt verschleppt. Ein beliebter Trick bestand damals darin, Geld auf die Straße zu werfen; wer es aufhob, der wurde mit der Behauptung festgehalten, er habe Handgeld genommen und müsse nun Soldat werden. In Spanien pflegte man zur Heeresverstärkung Gefangene einzusetzen und in Schottland war es üblich, »herrenlose Männer«, also Arbeitslose, und Radaubrüder, die von den Behörden festgenommen worden waren, zum Militärdienst abzuschieben.

Der Ruf der Pfeifen und Trommeln

Für die rechtmäßige Werbung von Söldnern benötigte der Kriegsunternehmer einen »Bestallungsbrief«, ein Patent, das die Staatsgewalt dem Militärunternehmer aushändigte und das ihn ermächtigte, eine Truppe aufzustellen. Den Bestallungsbrief zierten nicht selten feierliche Wendungen in Versform, die wohl die öffentliche Verlesung erleichterten. So heißt es in einem Patent von 1625 zur Bildung einer Kompanie von 200 »guten, mannhaften, tüchtigen und erfahrenen teutschen Soldaten«, der Hauptmann könne seine Truppe befehligen und gebrauchen »bei Tag und Nacht, auf Zug und Wacht, zu und von dem Feinde, zu Wasser und Land, in Schanzen und Pässen, in Stürmen, Scharmützeln, Schlachten und sonst auf alle vorfallende Gelegenheiten, wie es rechtschaffenen, ehrlichen, tapferen Soldaten gebühret«. Zeitweilig gab es einen regelrechten Ansturm auf diese Werbepatente, der in Spekulationsräuschen mündete, wie sie aus dem 19. Jahrhundert bekannt sind, als die Leute sich um Eisenbahnaktien rissen. Der Krieg wurde zum florierenden Geschäft.

HATTE DER KRIEGSUNTERNEHMER seinen Bestallungsbrief in der Hand, ließ er im wahrsten Sinne des Wortes die Werbetrommel rühren. Die Werber hatten Musiker dabei, meist Pfeifer und Trommler, und die Aufforderung, sich zum Kriegsdienst zu melden, wurde als Umzug und öffentliches Spektakel zelebriert. Dann schlug die Kolonne auf dem Marktplatz oder im Wirtshaus

Diese gigantische Kriegstrommel versinnbildlicht die massenhafte Rekrutierung von Söldnern.

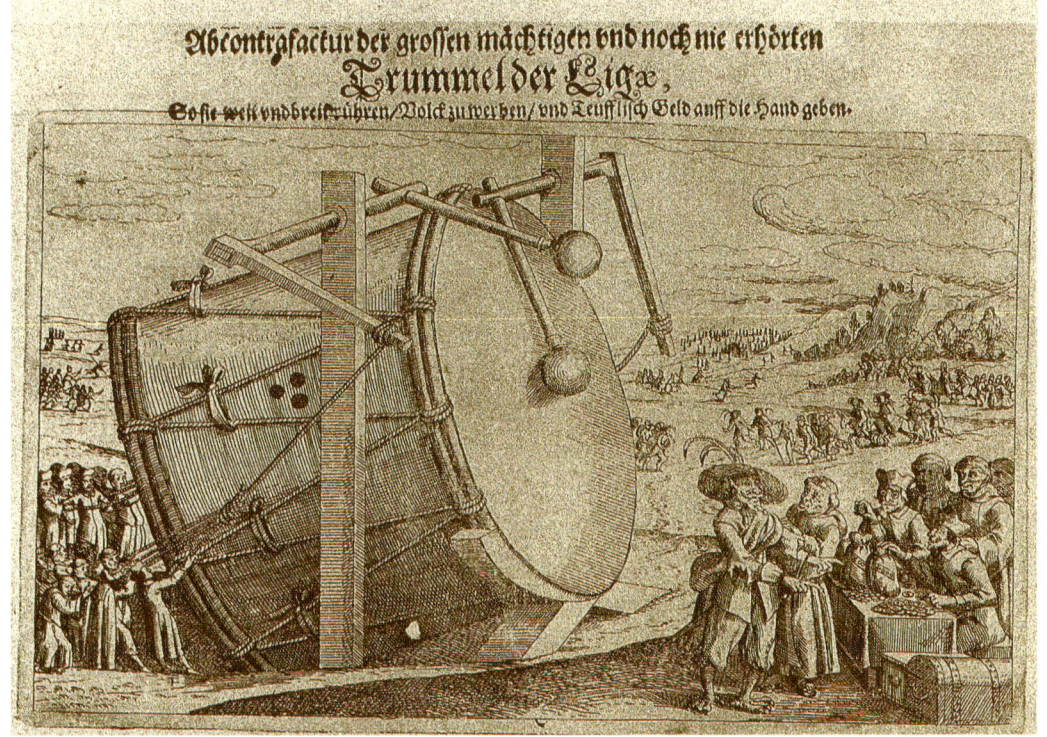

einen Tisch auf, der Feldschreiber packte sein Handwerkszeug aus, und das eigentliche Werbungsgeschäft begann. Wer sich als Söldner verdingen wollte, nannte Namen und Herkunftsort und erhielt eine Prämie, das Hand- oder Laufgeld. Damit war der Vertrag zwischen ihm und dem Unternehmer im Wesentlichen vollzogen. Sobald der Kriegsmann »hat Geld empfangen, hat er sein Haut, Leib und Leben alleweit verkauft«, heißt es in einer Kriegsordnung von 1575.

Das Handgeld war ursprünglich nicht besonders hoch und betrug nur den Bruchteil eines Monatslohnes. In dem Maße aber, wie im Verlauf des Krieges das Angebot an wehrfähigen Männern zurückging, setzten die Kriegsherren größere Beträge aus – das Handgeld wurde zum Werbegeld. Zum Teil stieg es gar auf das Dreifache des ausgelobten monatlichen Soldes. Profitieren konnte der einfache Söldner auch von den saisonalen Schwankungen; wurde im Frühjahr geworben, musste man die Taxen erhöhen, im Herbst hingegen sanken sie. Das lag daran, dass sich in der warmen Jahreszeit mehr Arbeit im zivilen Bereich bot und die Erwerbssuchenden nicht unbedingt auf das Militär angewiesen waren, oft genug aber nicht wussten, wie sie über den Winter kommen sollten. Viele sahen die Söldnerexistenz daher nicht als Möglichkeit zum dauerhaften Broterwerb an sondern verließen bei Frühjahrsanbruch die Armee, um anderweitig Geld zu verdienen.

HATTE SICH EIN SÖLDNER anwerben lassen, musste er sich zum Musterplatz begeben. Der konnte unter Umständen weit entfernt sein, etwa bereits in der Nähe des künftigen Operationsgebiets des Heeres gelegen. Da man fürchtete, dass der Soldat in spe sich mit seinem Vorschuss auf Nimmerwiedersehen davonmachte, wurde angeordnet, dass der Marsch zum Musterplatz in einer Gruppe und unter Aufsicht erfolgen musste. Dort angekommen hatte sich der Kandidat mit seiner Ausrüstung, sofern er diese schon besaß, der kritischen Beurteilung durch einen Kommissar zu stellen. Nach einer Darstellung des zeitgenössischen Zeichners Jost Amman geschah das unter einem Joch, das aus zwei in den Boden gerammten Hellebarden und einem quer darüber gelegten Spieß gebildet war. Symbolisch vollzog der Söldner mit dem Durchschreiten des Joches den Eintritt in eine Gemeinschaft eigenen Rechts.

Dabei konnte es turbulent zugehen, wenn etwa der Neuzugang versuchte, eigene Vorstellungen von seinem künftigen Dienstverhältnis durchzusetzen. In Johann Jakob Wallhausens »Kriegskunst« wird so eine Situation anschaulich geschildert: »Wann er die Knechte mustern soll und ihre Besoldung machen, mit was Schnarchen, Poltern, Fluchen und Schwören wird den Kommissarien oft das Gewehr von manchem losen, leichtfertigen Halluncken für die Füße geworfen, wann ihm nicht eben doppelter Sold zugelegt wird ...«

Auf allen Stufen der Militärhierarchie waren Betrug und Bereicherung an der Tagesordnung. Jeder, der Geld zu verwalten und weiterzugeben hatte, versuchte davon etwas für sich abzuzweigen. So auch diejenigen, die die Musterungen veranstalteten. Sie nahmen Jugendliche auf, obwohl das Eintrittsalter auf zwanzig Jahre festgelegt war, sie ließen als Söldner auch Marketender, Huren und Reiterbuben aus dem Tross registrieren, oder sie setzten erfundene Namen mit auf die Listen. Der Sold für diese Karteileichen – man nannte sie »Passavolanten« – wurde in die eigene Tasche gesteckt. Auch die Söldner fanden Gelegenheit, Musterungsbetrug zu begehen, etwa indem sie sich auf dem Muster-

Bunte Fahnen halfen, Freund und Feind zu erkennen – einheitliche Uniformen gab es noch nicht.

Mit wehendem Banner und klingendem Spiel zogen die Landsknechte in den Krieg.

platz in mehreren Fähnlein einschrieben und überall Vorschüsse kassierten. Soll- und Ist-Stärken der Einheiten klafften auf diese Weise oftmals weit auseinander.

AN DIE MUSTERUNG SCHLOSS sich die Verlesung des »Artikelsbriefs« an, der die hierarchischen Verhältnisse regelte; danach wurden die Befehlshaber vorgestellt: der Hauptmann oder Rittmeister mit seinem Leutnant, der Fähnrich und der Feldwebel oder Wachtmeister, die Unteroffiziere und Gefreiten, zuletzt der Profoss, der als Chef der Militärpolizei erklärte, was dem Kriegsvolk verboten war: Würfel- und Kartenspiel, Saufen, Raufen, Fluchen. In einer feierlichen Zeremonie mit klingendem Spiel wurden den Fähnrichen die Paniere (Banner)

Söldnerideologie

Friedrich Schiller (1759–1805) befasste sich intensiv mit dieser dunklen Phase in der deutschen und europäischen Historie. Die gründlichen Quellenstudien schlugen sich in seiner »Geschichte des Dreißigjährigen Krieges«, der ersten populären Geschichtsdarstellung in Deutschland, und in seiner »Wallenstein«-Trilogie nieder. Deren Prolog, »Wallensteins Lager«, enthält die Versatzstücke der Söldnerideologie alter und neuer Zeiten. Der Dichter legt seinen Figuren – herumlungernden Soldaten, die darauf warten, dass ihr in Ungnade gefallener Feldherr entscheidende Schritte zur Rettung der Armee unternimmt –, Sätze in den Mund, mit denen sie die Besonderheit ihrer Existenz zu begründen versuchen: »Freiheit« ist immer das erste Wort, Freiheit macht den Soldaten,

> *Der dem Tod ins Angesicht schauen kann,*
> *Der Soldat allein ist der freie Mann.*

Die Abenteuerlust kommt zu Wort:

> *Flott will ich leben und müßig gehn,*

> *Alle Tage was Neues sehn.*

Die Freude an derben Genüssen:

> *Soff und Spiel und Mädels die Menge!*

Die Lust an Macht und Gewalt:

> *Da tret ich auf mit beherztem Schritt,*
> *Darf über den Bürger kühn wegschreiten,*
> *Wie der Feldherr über der Fürsten Haupt.*
> *Es ist hier wie in den alten Zeiten,*
> *Wo die Klinge noch alles tät bedeuten.*

Die Gleichgültigkeit gegenüber dem Ende:

> *Des Lebens Ängsten, er wirft sie weg,*
> *Hat nicht mehr zu fürchten, zu sorgen;*
> *Er reitet dem Schicksal entgegen keck,*
> *Triffts heut nicht, trifft es doch morgen.*

Das ständische Ehrgefühl:

> *Der Soldat muß sich können fühlen.*
> *Wers nicht edel und nobel treibt,*
> *Lieber weit von dem Handwerk bleibt.*

Und die Verachtung dem Zivilisten gegenüber, am klarsten ausgesprochen in der Begrüßungsrede, die der Wachtmeister dem Rekruten hält:

> *Es treibt sich der Bürgersmann, träg und dumm,*
> *wie des Färbers Gaul, nur im Ring herum.*
> *Aus dem Soldaten kann alles werden,*
> *Denn Krieg ist jetzt die Losung auf Erden.*

Im letzten Teil, »Wallensteins Tod«, spricht der Mörder Devereux schließlich das Motto des Söldners aus:

> *Wir sind Soldaten der Fortuna, wer*
> *Das meiste bietet, hat uns.*

Schillers Werke prägen bis heute das Bild vom »Krieg aller Kriege«.

übergeben. Schließlich sprach die versammelte Mannschaft die Eidesformel nach. Damit war der Vertrag zwischen Kriegsherr und Söldner vollständig geschlossen.

»Nackend, bloß und ausgemattet«

Uniformen gab es kaum, sie wurden erst im Zeitalter der stehenden Heere zur Regel. Die Militärhandbücher empfahlen dem Söldner derbes Schuhwerk, dicke Socken, kräftige Beinkleider, grobe Hemden, ein Wams aus Büffelleder und einen Umhang gegen Regen, dazu einen breitkrempigen Hut. Die Kleidung sollte weit geschnitten sein, ohne Pelzbesatz und mit möglichst wenig Nähten, damit sich kein Ungeziefer festsetze. Als Erkennungszeichen in der Schlacht dienten farbige Armbinden, Zweige oder Federn – was gerade verfügbar war.

Pomp und ein gewisser Luxus bei der Kleidung gehörten aber durchaus zum Soldatenleben dazu. Es gab Wämser in schreienden Farben, kunstvolle Spitzenkragen, große Federhüte, farbige Bänder an Hose und Strümpfen, gewaltige Stulpenstiefel und Zierwaffen, mit denen sich der Soldat von den Arbeitern und Bauern abhob. Von der Pracht blieb allerdings auf den Feldzügen wenig übrig – am Ende einer Kampagne sahen die Männer wie Vogelscheuchen aus, besaßen sie doch zumeist nichts zum

Nach dem ersten Feldzug waren von den bunten Joppen und Schärpen nur noch Fetzen übrig.

Wechseln, schliefen, marschierten, kämpften immer in denselben Sachen. Manche trugen sogar Frauenkleider oder die Hosen und Jacken, die sie auf dem Schlachtfeld den Gefallenen abgezogen hatten. »Man kann sich die Zerrissenheit der Soldaten, was ihre Kleidung angeht, nicht extrem genug vorstellen. Nackend, bloß, ausgemattet sind die zeitgenössischen Begriffe«, so der Militärhistoriker

23. Fig. Der a

23. Le

Von der Pike auf gelernt: In den Kriegshandbüchern war der Umgang mit den Waffen genau beschrieben.

Termin.
temps.

24 *fig.* Dasdritte
Termin.
24. Le troisiesme
temps.

Taf. 12.

Ein Schütze zeigt die Handhabung einer Muskete:

Er schüttet Schwarzpulver in den Lauf,

fügt eine mit Stoff umwickelte Bleikugel hinzu

und stopft die Ladung fest.

Professor Bernhard Kröner. »Es gibt Hinweise, dass Soldaten sogar Wäsche von der Bleiche stahlen, um ihre Blöße zu bedecken.«

Der Lohn des Söldners konnte da kaum Abhilfe schaffen. Anhaltspunkte dafür, was ein Soldat damals verdiente, liefert ein kaiserliches Mandat von 1630. Danach war ein gewaltiger Unterschied zwischen »Gemeinen« und Offizieren vorgesehen. Ein Fußknecht sollte im Monat 6 Gulden 40 Kreuzer erhalten, ein Korporal 12, ein Feldwebel 21 Gulden. Ein Fähnrich war besser gestellt, er bekam 50, ein Leutnant 60 Gulden. Richtig zugelangt wurde in den oberen Etagen. Der Sold des Hauptmanns eines Fähnleins betrug 160 Gulden. Dem Obristen als Regimentsinhaber standen 500 Gulden zu.

Der Monatssold des einfachen Soldaten lag zwar weit höher als das Einkommen eines Arbeiters, aber ein fürstliches Gehalt war es nicht. Hinzu kam, dass immer wieder unregelmäßig oder gar nicht gezahlt wurde. In vielen »Artikelsbriefen« fanden sich deswegen Klauseln, die dem Söldner eine »Arbeitsniederlegung« untersagten, falls der Kriegsherr mit seinen Zahlungen in Verzug gerate. Meutereien gab es dennoch, wenn auch nicht in dem Maß, wie man es bei der miserablen Zahlungsmoral in den Heeren erwarten könnte. Es gelang den Befehlshabern erstaunlich oft, die Söldner Monate, wenn nicht Jahre hinzuhalten. Die Soldaten verschafften sich dann durch ungezügeltes Plündern, manchmal sogar mit Duldung der Herrführung, Ersatz für den ausgebliebenen Lohn.

D ER SÖLDNER MUSSTE, zumindest in der Anfangszeit des Dreißigjährigen Krieges, seinen Lebensunterhalt selbst bestreiten, zuweilen sogar Ausrüstung und Waffen stellen. Der Werbebetrieb und die Einrichtung eines Musterplatzes brachte daher sofort Händler und Handwerker auf die Beine. Binnen kurzem bildete sich um den Musterplatz ein ziviles Anhängsel, der Tross, der sich dem Militärverband bei den weiteren Unternehmungen an die Fersen heftete. Die lokalen Behörden, so erfreut sie mit Sicherheit zunächst über die Ankurbelung der Konjunktur durch die Söldnerwerbung waren, atmeten vermutlich auf, wenn sich das Kriegsvolk wieder auf den Weg machte. Denn aufgrund der Gewaltbereitschaft des Militärs pflegten sich die Musterplätze rasch zum Schrecken ganzer Landstriche zu entwickeln. »Die Musterplätze verderben das Land in Grund und Boden«, so fasst zum Beispiel ein schwedischer Bericht vom September 1632 die Lage in Nordwestdeutschland zusammen.

Die militärische Gesellschaft

Vor den Feldzügen hatten sich die angeheuerten Fußsoldaten einem ermüdenden Drill zu unterziehen. Wie eine Pike auf dem Marsch zu tragen war, wie sie benutzt wurde, musste buchstäblich eingebimst werden. 21 verschiedene Griffe sah ein Exerzierreglement aus dem Jahr 1615 für den Pikenier vor. Hartes Training war auch nötig, ehe

Dann gibt er Schwarzpulver auf die Zündplatte,

spannt die Lunte in die Zündvorrichtung

und feuert, bis das Pulver verschossen ist.

Zufallsschuss: Treffsicher ist die Muskete nicht.

Einige Feldherren erlangten mit ihren waghalsigen und gekonnten Attacken zu Pferd Berühmtheit.

sich eine Truppe auf dem Gefechtsfeld im geschlossenen Verband bewegen konnte. Die Handhabung einer Schusswaffe erforderte erst recht eine äußerst gründliche Ausbildung. In einem zeitgenössischen Kriegshandbuch werden dem Musketier 143 verschiedene Handgriffe vorgeschrieben, die er beim Laden und Abfeuern seiner Waffe beherrschen musste. Die Vielzahl der einzelnen Griffe ist nicht weiter verwunderlich, waren die Schießgeräte von damals doch ganz anders beschaffen als heutige Gewehre; der Schütze hantierte mit Brenn- und Explosivstoffen im Rohzustand, musste sich sozusagen als sein eigener Feuerwerker die Geschosse selbst zusammenbauen.

DIE REITEREI MACHTE in den Heeren des Dreißigjährigen Krieges zunächst nur ein Fünftel der jeweiligen Gesamtstärke aus, am Ende des Krieges gab es aber fast mehr Reiter als Fußsoldaten. Das lag sowohl an den veränderten taktischen Konzepten als auch an der immer schlechter werdenden Versorgungslage; nur zu Pferd war es noch möglich, rasch das Terrain zu wechseln um neue Nahrungsquellen aufzutun.

Eine Sonderform der Reiterei waren die Dragoner. Sie saßen zum Gefecht ab und führten den Kampf als Infanteristen, ausgestattet mit Musketen oder verkürzten Lanzen. Man verwendete die Dragoner als Schutztruppen für die reguläre Reiterei. Sie waren zumeist schlechter beritten als die anderen Reitertruppen, da von ihren Pferden nur Marschleistungen, keine Gefechtsqualitäten verlangt wurden. Die Pferde der Kürassiere hingegen mussten sorgfältig ausgesuchte Tiere sein, beweglich, ausdauernd und vor allem unempfindlich gegen das Getöse der Schlacht. Langes Training war nötig, bis ein Pferd Kampftauglichkeit erreicht hatte. Der Verschleiß war ungeheuer, in den Schlachten und mehr noch auf den Märschen gingen in jeder Saison Zehntausende Pferde zugrunde. Geeigneten Ersatz zu finden wurde, je länger der Krieg dauerte, zu einem immer größeren Problem. Die Pferdehändler – aufgrund der hohen Anzahl benötigter Tiere recht wohlhabende Leute – reisten in den Hochphasen des Krieges bis nach Polen und Ungarn, um geeignete Tiere aufzutreiben.

Wer sein Handwerk nicht beherrschte, musste damit rechnen, dass die Muskete in der Hand explodierte.

Vom stolzen Landsknecht zum Almosenempfänger

In der Lagergesell-schaft fanden die entwurzelten Lands-knechte Halt in einer haltlosen Welt.

Die Söldnerexistenz war voller Unwägbarkeiten. Krankheit, Verwundung und Tod waren allgegenwärtig. Oft wurden die Söldner von ihren Vertragspartnern hereingelegt, es gab keine Alterssicherung, nicht einmal die medizinische Versorgung war gesichert. Mochte er auch unter seinesgleichen geachtet sein und sich in der soldatischen Gemeinschaft mit ihrer eigenen Sprache und ihren eigenen Bräuchen aufgehoben fühlen, so sank das gesellschaftliche Ansehen des Söldners im Verlauf des Dreißigjährigen Kriegs auf den Nullpunkt – die Armeen wurden bald nur noch als grauenvolle Landplage empfunden.

Wenn für den Winter keine Quartiere zur Verfügung standen, wenn ein Feldzug zu Ende oder den Kriegsherren schlicht das Geld ausgegangen war, wurden die Truppen auf den so genannten Abdankplätzen aus dem Heer entlassen. Dann gab es Halbsold oder auch gar nichts, Meuterei und Krawall lagen in der Luft. Das alte Landsknechtswesen hatte für die beschäftigungslose Zeit des Söldners den Begriff der »Gart« geprägt. Wer »auf der Gart« lief, stellte ein Sicherheitsrisiko für Land und Leute dar. Massenhafte Bettelei war die Folge, oft genug mit vorgehaltener Waffe. Der eben noch stolze Kriegsmann wurde zum Almosenempfänger.

GENAU WIE SEINE SÖLDNER hatte auch der Condottiere kein Interesse am Ende des Krieges. Für ihn war die Truppe sein ganzes Kapital, deshalb gab er sie nicht gern aus der Hand. Das konnte im Extremfall dazu führen, dass ein Krieg nur deshalb weitergeführt wurde, weil eine Armee Beschäftigung suchte. Zu so einer Situation kam es etwa im Winter 1620/21. Der Krieg hätte zu diesem Zeitpunkt beendet sein können. Die aufständischen Böhmen waren in der Schlacht am Weißen Berg bei Prag von den kaiserlichen Truppen besiegt worden, ihr protestantischer Herrscher, der Winterkönig Friedrich V. von der Pfalz, befand sich auf der Flucht ins niederländische Exil. Doch warum gab es trotzdem keinen Frieden?

Ein Grund war das Söldnerheer, das Graf Ernst von Mansfeld für den Kampf um Böhmen aufgestellt hatte. Nun verfügte er zwar über eine Armee, aber es fehlte der Krieg. Wohin mit den Soldaten? Ganz der typische Condottiere, bot Mansfeld überall in Europa seine Dienste an – zunächst vergebens. Seine beschäftigungslose Armee wurde zu einem Unruhefaktor ersten Ranges. Der Feldherr drohte schließlich seinem ehemaligen Auftraggeber: Von der Luft könnten seine Leute nicht leben, sie verlangten nach Geld und wenn sie keines bekämen, dann würden sie es sich nehmen, wo sie es fänden, und zwar auch mit Gewalt. Nach einigem Hin und Her nahm Friedrich von der Pfalz Ernst von Mansfelds Söldnerheer mit Geldmitteln aus den Niederlanden wieder unter Vertrag, um mit neuen Verbündeten gegen das Haus Habsburg zu rüsten. Der Krieg wurde fortgesetzt.

In einem bewegenden
Tagebuch erzählt ein
unbekannter Soldat
von seinem Leben im
großen Krieg.

ZWISCHEN HIMMEL UND HÖLLE

ERINNERUNGEN AN EIN SÖLDNERLEBEN

Er ist ein »Gefrorener« – einer, dem der Tod nichts anhaben kann. Er überlebt das Kugelgewitter der Schlachten, Hungersnöte, Pest und rohe Gewalt mehr als zwanzig Jahre. Der Krieg ist sein Handwerk, der Krieg hält ihn am Leben.

Was aber macht ein Söldner wie er, als endlich Frieden ist und die Waffen schweigen? Er zieht weiter auf seinem langen Weg, der ihn bislang 25 000 Kilometer kreuz und quer durch Deutschland geführt hat – vielleicht einem neuen Krieg entgegen, weil er ohne ihn nicht leben kann. Von Babenhausen nach Günzburg an der Donau, von dort nach Gundelfingen, Nördlingen und weiter bis Öttingen. Dann verliert sich sein Weg. Doch in seinen Gedanken durchlebt er alles noch einmal von vorn. Mit seinem Sold erwirbt er zwölf Bogen feines Papier, faltet sie sorgsam zu Lagen und bindet sie mit derben Fäden zusammen. Dann beginnt er seine Kriegserlebnisse aufzuschreiben, in schnörkelloser Reinschrift auf 192 Blättern mit meist zwölf geraden Zeilen – das Tagebuch eines Söldners, der zwanzig Jahre davon gelebt hatte, zu töten. Aber die nummerierten Kreuze in seinem Manuskript machen schon nach wenigen Seiten klar, dass der Täter auch Opfer war: *„Dieses Mal, während ich bin weg gewesen, ist meine Frau wieder mit einer jungen Tochter erfreut worden. Ist auch in meiner Abwesenheit getauft worden, Anna Maria. Ist auch gestorben, während ich weg gewesen bin. † 2. Gott verleihe ihr eine fröhliche Auferstehung."*

Lebenslang Hauen und Stechen

Es sind die Erinnerungen eines Grenzgängers zwischen Leben und Tod, der stets den Mut für eine neue Episode des Schicksals bewahrt. Sieben Kinder und die erste Frau raubt ihm der Krieg. Bald aber heiratet er wieder. Er schanzt und belagert, friert und erkrankt. Er gerät in Gefangenschaft und kommt wieder frei. Es ist eine Existenz zwischen wochenlangem Hunger und plötzlichem Überfluss, zwischen ausbleibendem Sold und unverhoffter Beute. »Totschlagen und wieder zu Tode geschlagen werden, jagen und gejagt werden, rauben und beraubt werden, Jammer anstellen und wieder jämmerlich leiden, sich fürchten und wieder gefürchtet werden – das war ihr ganzes Tun und Wesen«, so beschrieb es auch Christoph von Grimmelshausen in seinen Geschichten über die Abenteuer des Simplicissimus.

Lange galt der berühmte Roman über den Dreißigjährigen Krieg als authentischer Bericht – bis der Historiker Jan Peters im Jahr 1993 im Handschriftenverzeichnis der Preußischen Staatsbibliothek in Berlin das Tagebuch des anonymen Söldners entdeckte. Die Chronik ist einzigartig. Es existierten zwar Selbstzeugnisse von Reisenden, Predigern und gebildeten Bürgern, aber was die wahren Akteure des Krieges betraf, so stammten fast alle Verlautbarungen aus der Feder der Mächtigen. Erstmals offenbarte ein bewegendes Protokoll das Denken und Fühlen jener Namenlosen, für die der Krieg ein alltägliches Handwerk und nicht selten die einzige vorstellbare Realität war.

Wer er ist, verrät der Schreiber nicht, doch Jan Peters hat in der Chronik nach Indizien für die Identität des Verfassers gesucht. Wie ein Buchhalter des Schicksals notiert der Söldner Persönliches und Details über Kriegsereignisse akribisch mit Ort und Datum – wann seine Kinder geboren und wo sie getauft werden, woher seine Frau stammt und wo sie stirbt. Der Historiker Peters hat an den Lebensstationen des Tagebuchschreibers recherchiert, in Archiven und Pfarrämtern, in ellenlangen Registern, die seit ewigen Zeiten wohl niemand mehr gesichtet hat. Die meisten Kirchenbücher aus dem Dreißigjährigen Krieg aber sind vernichtet, und für Peters ist es ein glücklicher Zufall, dass er dem unbekannten Söldner tatsächlich auf die Spur kommt. In seinem Tagebuch spricht der Anonymus von seiner Tochter Margreta, die am 3. November 1645 im süddeutschen Pappenheim zur Welt kommt. Dort gehört er in jenen Tagen zur Besatzung der Burg. In einem Kirchenbuch des evangelisch-lutherischen Pfarramtes der Stadt findet Jan Peters den Namen des Vaters: ein gewisser Peter Hagendorf. Zwar ist als Geburtsdatum der Tochter der 26. Oktober verzeichnet, doch Peters vermutet, dass Hagendorf den Tag der Taufe angegeben hat. Jedenfalls stimmt der Vorname der im Kirchenbuch aufgeführten Mutter mit dem seiner zweiten Frau überein: Anna Maria.

Alltag im Tross

Hagendorf zieht nicht allein in den Krieg. Unmittelbar nach seiner Musterung – mit erstem Sold in der Tasche und einer sicheren Zukunft vor Augen – sucht er sich eine Gefährtin. Längst führt der Krieg zu einer wachsenden Verelendung im ganzen Land, und wie Hagendorf flüchten immer mehr Menschen vor der existenziellen Bedrohung in die wachsenden Haufen der Heere. »Die Kompanie, die Brotgemeinschaft, stellte den Schutz dar, den man sich nach dem Verlust der Heimat suchte, um zu überleben«, meint der Berliner Militärhistoriker Bernhard Kröner. Wie sich das Leben einer einzelnen Söldner-Familie inmitten des Infernos gestaltet hat, wissen die Historiker erst, seit das Tagebuch von Hagendorf entdeckt wurde: *»In diesem Jahr 1627 im April den 3. habe ich mich unter das Pap-*

penheimsche Regiment zu Ulm lassen anwerben als einen Gefreiten, denn ich bin ganz abgerissen gewesen. Von da aus sind wir auf den Musterplatz gezogen, in die Obermarkgrafschaft Baden. Dort in Quartier gelegen, gefressen und gesoffen, dass es gut heißt. Acht Tage nach Pfingsten, auf die heilige Dreifaltigkeit, habe ich mich mit der ehrentugendsamen Anna Stadlerin von Traunstein aus dem Bayernland verheiratet und Hochzeit gehalten.«

Für die Jungvermählten wird der Tross, der dem Heer getreulich folgt, zur zweiten Heimat. »Noch nie hat man einen so langen Schwanz an einem so kleinen Körper gesehen: eine so kleine Armee mit so vielen Karren, Gepäck- und Reitpferden, Marketenderinnen, Lakaien, Frauen und Kindern und hinterdrein einem Pöbelhaufen, der weit mehr Köpfe zählte als die Armee selbst«, heißt es in einem Bericht aus dem Jahr 1622. Was die zeitgenössische Quelle »Schwanz« und »Pöbelhaufen« nennt, war der Tross, auch Bagage genannt, das zivile Anhängsel des Heeres. Immer mehr Menschen geraten in den Sog des Krieges, eine ganze Generation wächst im Krieg auf. In manchen Armeen kommen drei oder vier Zivilisten auf nur einen Bewaffneten – Hunderttausende ziehen kreuz und quer durch das ganze Land.

Es war nicht ungewöhnlich, dass ein Söldner seinen Hausstand mit ins Feld brachte – nicht zuletzt, um versorgt zu sein, wenn er krank oder verwundet war. Die Soldatenfrauen behandelten Verletzungen, wechselten Verbände und verabreichten Heiltränke nach den Rezepturen der Volksmedizin, sie kochten, zogen die Kinder groß und ertrugen die Prügel, die ihnen »um leichter Ursachen willen«, wie es in einer militärischen Lehrschrift heißt, verabreicht wurden. Sie verdienten nebenher Geld, indem sie die Wäsche der Offiziere wuschen und Handlangerdienste versahen, und sie eilten mit ihren Männern auf die Schlachtfelder, um die Toten auszuplündern. Ein zeitgenössisches Kriegshandbuch lobt die Frauen dafür, dass sie den Soldaten »mit tragender Notdurft sowohl in Wartung und Krankheiten sehr nützlich« seien, und zählt auf, womit sich ein Soldatenweib auf dem Marsch abzuschleppen hatte: »Selten findet man eine, die unter fünfzig oder sechzig Pfund trägt. Da etwa der Soldat mit Viktualien und anderen dergleichen Waren versehen, so lädt er ihr Stroh und Holz dafür auf, davon zu schweigen, dass manche ein, zwei oder mehr Kinder auf dem Rücken trägt.« Dazu plagt sie sich noch mit dem Kleider- und Schuhvorrat der Familie, mit Pfannen, Töpfen, Schüsseln und der Zeltbahn, und als wäre das nicht schon Mühsal genug, führt sie noch ein Hündlein am Strick oder nimmt es gar bei schlechtem Wetter unter den Arm. »Ohne die Frauen und die heranwachsenden Kinder wäre der Dreißigjährige Krieg nicht zu führen gewesen«, sagt Professor Bernhard Kröner. »Sie waren für ihre Ehemänner und Gefährten eine Art Lebensversicherung. Sie trugen den gesamten mobilen Hausrat des Soldaten ins Lager. Sie sorgten für sein leibliches Wohl, sie richteten die Kleidung, und sie pflegten den noch marschfähigen Kranken oder Verwundeten. Die Kinder im Lager dienten als Pferdejungen und konnten sich über diese Tätigkeit dann auch über die Jahre hinweg in den Beruf des Soldaten hineinfinden.«

Heirat um der Beute willen

Romantische Momente gab es in der Soldatenehe nur selten. Sie funktionierte als »Beutegemeinschaft«, so pragmatisch beschreibt es auch Hagendorf in seinem Tagebuch. Im Mai 1631 wird er bei der Erstürmung von Magdeburg angeschossen und schwer verletzt ins Lager gebracht. Dort hütet er das kranke Kind, während seine Frau für ihn das Geschäft des Plünderns übernimmt: *„Wie ich nun verbunden bin, ist mein Weib in die Stadt gegangen, obwohl sie überall gebrannt hat, und hat wollen Kissen holen und Tücher zum Verbinden und worauf ich liegen könnte. So habe ich auch das kranke Kind bei mir liegen gehabt. Ist nun das Geschrei ins Lager gekommen, die Häuser fallen alle übereinander, so dass viele Soldaten und Weiber, welche mausen wollen, darin müssen bleiben. So hat mich das Weib mehr bekümmert, wegen des kranken Kindes, als mein Schaden. Doch Gott hat sie behütet. Sie kommt nach anderthalb Stunden gezogen mit einer alten Frau aus der Stadt. Die hat sie mit sich hinausgeführt, ist eines Seglers Weib gewesen und hat ihr helfen tragen Bettgewand. So hat sie mir auch gebracht eine große Kanne von 4 Maß mit Wein und hat außerdem auch 2 silberne Gürtel gefunden und Kleider, so dass ich dafür 12 Taler eingelöst habe zu Halberstadt. Am Abend sind nun meine Gefährten gekommen, hat mir ein jeder etwas verehrt, einen Taler oder halben Taler.”*

Kaum ein Jahr nach ihrer Vermählung mit Hagendorf bringt Anna Stadlerin ihr erstes Kind zur Welt – *„ist ein junger Sohn gewesen"*. Er stirbt bald nach der Geburt, doch wenig später wird sie zum zweiten Mal schwanger. Im Quartier schenkt sie einem Mädchen das Leben, Anna Maria – das Kreuz für ihren Tod steht noch im gleichen Absatz *„†2"*. Viel mehr als neun Monate (und ein Marsch von Stralsund bis nach Wiesbaden) können es nicht gewesen sein, bis zur Geburt einer zweiten Tochter – *„ist getauft worden Elisabet"*. Es ist das Kind, das Peter Hagendorf noch zwei Jahre später im Lager von Magdeburg bei sich hat. Doch auch dieses Kind stirbt, ausgerechnet im Quartier in Halberstadt, wo die Versorgung vergleichs-

Ohne Frauen und Kinder wäre der Krieg nicht zu führen gewesen.

weise gut war. Dem nächsten Töchterlein *„mit Namen Barbara"* folgt die junge Mutter nach einem fünf Jahre währenden Überlebenskampf in einem Münchner Spital in den Tod. Angesichts der immensen Strapazen von Schwangerschaft und Geburt ist es kein Wunder, dass Soldatenfrauen häufig selbst krank wurden, auf den Märschen entkräftet zusammenbrachen oder gar vor Erschöpfung starben. Einträge in den Kirchenbüchern von »unbekannten Soldatenweibern«, die man auf der Straße aufgefunden und bestattet habe, künden vom Schicksal solcher Frauen, die bei einem Truppendurchzug tot am Wegesrand liegen blieben.

TROTZ ALLEN ELENDS ist so viel Nachwuchs da, dass Schwedenkönig Gustav Adolf Schulen für die Lagerkinder einrichtet. Als zwei Jahre nach Kriegsende im sächsischen Köthen vier schwedische Kompanien verabschiedet werden, stellt sich heraus, dass zu den 690 Soldaten insgesamt 650 Frauen und 900 Kinder gehören. Ein französischer Diplomat erzählt in seinen 1663 erschienenen Erinnerungen, er habe Soldatenkinder gesehen, die ihren Vätern im Kugelregen die Suppe in die Laufgräben trugen, und andere, die in der Lagerschule nicht einmal von der Bank aufstanden, wenn nebenan Kanonenkugeln einschlugen. Aus diesen abgebrühten Halbwüchsigen rekrutierte sich die nächste Generation von Soldaten.

Die unverwüstliche Courage

Soldatenfamilien waren Familien auf Zeit, oft wurden die Partner getrennt, dann musste sich die Frau mit den Kindern allein durchschlagen, und wenn der Mann fiel, konnte sie kaum eine Altersversorgung erwarten. Das klassische Porträt einer Frau, die den Grund ihrer Existenz ausschließlich im Soldatenmilieu sucht, hat Christoph von Grimmelshausen, der selbst auf Erfahrungen als Trossbube im Dreißigjährigen Krieg zurückblicken konnte, in seiner

»Lebensbeschreibung der Ertzbetrügerin und Landstörtzerin Cou-rasche« (1670) geliefert: Alt geworden, erzählt eine Landstreicherin vom Auf und Ab ihres Lebens im Krieg, »wie sie anfangs eine Ritt-meisterin, hernach eine Hauptmännin, ferner eine Leutnantin, bald eine Marketenderin, Musketierin und letztlich eine Zigeunerin ab-gegeben«, und lässt in ihrer schonungslosen »Haupt- und General-beichte« keine »Bubenstücke und begangne Laster« aus.

BERTOLT BRECHT ENTWICKELTE die Figur in seiner Ballade »Mutter Courage und ihre Kinder« (1939) weiter: Es geht ihm um das »rein merkantile Wesen des Krieges«. Die Marketenderin Courage hat dieses Wesen erkannt. Sie glaubt an den Krieg, merkt allerdings nicht, »dass man eine große Schere haben muss, um am Krieg seinen Schnitt zu machen«. Am Ende hat sie ihre Kinder und fast alle Habe verloren. Aber unverdrossen spannt sie sich selbst vor ihren zerlumpten Wagen, und während der Soldatenchor singt »Die Toten ruhn! / Und was noch nicht gestorben ist / Das macht sich auf die Socken nun«, zieht Courage ihr Gefährt an. »Ich muss wieder in'n Handel kommen«, sind ihre letzten Worte.

Brecht beschreibt auch das Schicksal der jungen Prostituierten Yvette, die von einem Soldaten verführt und im Stich gelassen wird. Auf dem Planwagen fährt sie ihm nach, fünf Jahre lang, doch sie trifft ihn nie wieder. Der Autor lässt Yvette das »Lied vom Fraterni-sieren« singen: »Ich war erst siebzehn Jahre / Da kam der Feind ins Land / Er legte beiseit den Säbel / Und gab mir freundlich seine Hand. / Und nach der Maiandacht / Da kam die Maiennacht / Das Regiment stand im Geviert / Dann wurd getrommelt / wies der Brauch / Dann nahm der Feind uns hintern Strauch / und hat fra-ternisiert.« Der Volksmund prägte damals den Begriff der »Maien-ehen«, wenn so begonnene Beziehungen für eine Weile Bestand hatten: »Im Meyen gehen hurn und bueben zu kirchen ... Im Win-ter so sie weder hauß noch hoff haben, lauffet eins hie das ander dort hinauß. Deren Meyen ehe haben auch vil die frommen lands-knecht.«

NUR WENIG ABER ist über das wahre Leben der Trosshuren und ihren Weg in die Heere bekannt. Nicht selten waren es wohl Marketenderinnen, die ihren Körper an die Soldaten verkauften und in der Prostitution ein Nebengeschäft sahen, mit dem sich so manche Notsituation überbrücken ließ. Ihre Tätigkeit wurde von den Befehlshabern meist stillschweigend geduldet – lediglich von Gustav Adolf ist bekannt, dass er Dirnen aus dem Lager verbannte, doch bald nach seinem Tod ging es im schwedischen Heer in puncto Prostitution zu wie anderswo auch.

Viele Mädchen und Frauen kamen nach Eroberungen als Beute der Soldaten in die Lager; auch Hagendorf schildert dies freimütig in seinen Aufzeichnungen. Er habe *»ein hübsches Mädelein bekommen und 12 Taler an Geld, Kleider und Weißzeug genug«*, berichtet er nach der Erstürmung von Landshut. Was er mit ihr anfing, behält der Söldner für sich. Vielleicht war er nach dem Tod seiner Frau auf der Suche nach einer neuen Gefährtin. Das geraubte Mädchen scheint seinen Vorstellungen am Ende doch nicht entsprochen zu haben: *„Wie wir sind aufgebrochen, habe ich sie wieder nach Landshut zurückgeschickt."* In Durlach entführt er wieder ein Mädchen und gibt Auskunft über sein Motiv: *„... sie hat mir müssen Weißzeug heraustragen, welches mir oft ist leid gewesen, denn ich hatte diesmal kein Weib."* Auch dieses Opfer lässt Hagendorf aber gleich wieder gehen.

»Der Raub von Frauen und Mädchen kam sicherlich häufig vor. Interessant ist aber bei vielen Geschichten, dass das Ende nicht erzählt wird«, sagt Dr. Maren Lorenz von der Hamburger Stiftung zur Förderung von Wissenschaft und Kultur. »Es ist für einen Soldaten eigentlich sehr unpraktikabel, sich mit Gewalt eine neue Partnerin zu suchen, mit der er längere Zeit zusammenleben möchte, weil er darauf angewiesen ist, eine Vertrauensbeziehung zu dieser Frau aufzubauen. Es ist nicht möglich, eine Beutegemeinschaft zu leben, wenn man eine Frau entführt und möglicherweise auch sexuell misshandelt hat. Außerdem waren die Soldaten gar nicht in der Lage, in einer mobilen Lagergesellschaft, in der man ständig von Ort zu Ort zog, rund um die Uhr eine Gefangene zu bewachen. Die Frauen hätten unzählige Chancen zur Flucht gehabt. In Berichten ist auch überliefert, dass Soldaten diese Frauen und Mädchen von sich aus nach kurzer Zeit und vielleicht auch ohne Gewaltakte wieder freigelassen haben, eben weil ihnen genau diese Situation klar war.«

Von der Landsknechtsliebe

Am 23. Januar 1635 geht unser Söldner zum zweiten Mal den Bund der Ehe ein. Im Winterquartier in Pforzheim gewährt der Krieg ihm den Atem für eine neue Beziehung. Hagendorf genießt sein flüchtiges Glück – *„habe auch hier Wein genug gehabt, umsonst"* – und trifft die *„ehrentugendsame Anna Maria Buchlerin".* Ein unerschütterliches Vertrauen muss die beiden vom ersten Moment an verbunden haben. Wie sonst hätten sie die Prüfungen meistern können, die der große Krieg ihnen auferlegte? Guten Mutes ziehen sie am 25. April ihrem ungewissen Schicksal entgegen: von Tübingen nach Hohenzollern, von Löffingen durch den Schwarzwald bis nach Freiburg. Die Aufzeichnungen des ewigen Söldners gleichen in diesen Passagen einer romantischen Reisebeschreibung: *„Darauf nach Donaueschingen. Hier am Schloß entspringt die Donau. Darauf nach Neustadt im Schwarzwald. Danach ins Himmelreich, danach in die Hölle. Denn es ist ein Wirtshaus, das heißt so, weil man zu gehen hat eine Stunde tief ins Tal. Das wird „In die Hölle" genannt. Hier ist ein wildes Land, lauter Berg und Tal und Wald. ... Sind schöne frische Wasser, gibt gute Forellen darin."*

Es ist ein Leben zwischen Himmelreich und Hölle – und fast scheint es, als habe der Tagebuchschreiber diese Stationen als Metapher seines unbeständigen Daseins gewählt. Dem kurzen Vergessen von Angst und Tod folgt das Inferno: *„Haben den Bewohnern von Colmar das ganze Getreide um die Stadt herum verdorben durch Schneiden, Mähen, Reiten und Brennen. Da haben sie aus der Stadt mit Kanonen brav auf uns herausgeschossen. Da ist mir mein Weib bald erschossen worden, denn sie und mein Junge haben auch geschnitten."* Sachlich und ohne moralische Bedenken schildert Hagendorf das Verderben des Landes als eine militärische Aufgabe, die er fast unbekümmert gemeinsam mit seiner Frau erfüllt. Auch die Angehörigen der Söldner werden militärisch eingesetzt, selbst wenn es wie hier darum geht, die Ernte des Feindes zu vernichten – die Menschen des Trosses sind Zivilisten unter Landsknechtrecht.

Was wir in den Aufzeichnungen des Söldners vermissen, ist das Nachdenken über das eigene Tun und den Sinn – wenn Klöster und Dörfer geplündert, Bauernhöfe mitsamt ihren Insassen nieder-

Alß die von blieben ...
nicht der zu Mainz ...
wo nicht brachen ...
zogen auß ...
völligsten landen, auch ...
aber die beiden, ein ...
lande, darunter auch ...
und zwar ... nicht ...
ein sehr großes ...
ein schönes landt,

3   6
    3   6

Erinnerungen eines Mannes, der zwanzig Jahre davon lebte, zu töten – in schnörkelloser Reinschrift zu Papier gebracht.

gebrannt werden. Zünftlerischer Stolz spricht aus seinen Worten, wenn man *„brav mit Kanonen spielte"*. Ob er sich auch schuldig fühlte, verschweigt er indessen. Reichten die eigene Not und der Befehl der Obrigkeit tatsächlich als Legitimation für das Rauben und Morden? Eine Antwort des Historikers Bernd Roeck: »Am Schluss ging es für die meisten Söldner vermutlich nur noch darum, irgendwie zu überleben, irgendwie durchzukommen, und sich zur Wehr zu setzen, nicht nur gegen den Feind, sondern zum Beispiel gegen Bauern, die sich zusammengerottet hatten und ihrerseits auf Selbsthilfe aus waren. Das heißt man kämpfte mit allen Mitteln und musste irgendwie noch durchkommen. Ich denke, dass dieses direkte Gewalterlebnis, der Kampf um die eigene Haut, zu dieser beispiellosen Verrohung geführt haben.«

Halt in einer haltlosen Welt suchte der abgestumpfte Söldner in seiner Familie, die selbst aufs Äußerste gefährdet war. Um seine Frau zu retten, war Hagendorf bereit, zusätzliche Strapazen auf sich zu nehmen: *„Von Straubing nach Paring. Zu Paring ist mein Weib krank geworden und hat solche Schmerzen im Schenkel bekommen, daß ich sie nicht habe können fortbringen. ... Das Weib samt dem Kind und Pferd ist zurück verblieben. Nach 14 Tagen bin ich wieder hin, habe sie geholt. Da hat sie ebenso wenig gehen können als zuvor, doch habe ich sie auf dem Pferd geführt. Bin hergezogen wie Joseph in Ägypten reist. ... sie konnte nicht weiter, als ich sie getragen habe. Den 19. Mai im Jahr 1641 ist meine Tochter gestorben zu Ingolstadt. † 3. Der liebe Gott verleihe ihr eine fröhliche Auferstehung. Barbara."*

Der Krieg hat seine Frau zum Krüppel gemacht. Doch Hagendorf gibt nicht auf und verkauft sein Pferd für ihre Pflege: *„Des Henkers Weib hat sie mit Baden in 7 Wochen wieder zurecht gebracht"*, notiert er am 26. Mai 1641 in sein Tagebuch. Und später: *„Die war wieder frisch und gesund, hat aber viel Geld gekostet."* Man kann sich heute kaum vorstellen, wie sich solche Fürsorge mitten im Krieg bewerkstelligen ließ, die Suche nach einem Quartier für die Kranke, die Bemühungen um die Ausstellung eines »Passports« für die privaten Wege des Soldaten, nächtliche Märsche, die vielleicht durch feindliches Terrain führten. Seinen Sohn Melchert Christoff, der am 8. August 1643 im Feldlager das Licht der Welt erblickt, bringt Hagendorf ganze vier Jahre durch den Krieg. Im Herbst 1647 übergibt er den Jungen für zehn Gulden im Jahr einem Schulmeister, um ihn nach Kriegsende zurückzuholen: *„Er ist alt gewesen 5 Jahre 9 Monate als ich ihn aus Ägypten zurückgeholt habe"* – wohl nur mit einem biblischen Bild kann er seinen Stolz und seine Freude in Worte fassen.

ÜBER DIE MENSCHEN, die der Krieg im Tross zusammengewürfelt hat, erzählt Hagendorf wenig. Für ihn mag diese unbeständige Gesellschaft so selbstverständlich gewesen sein, dass er ihre Eigenheiten und Gesetze nicht einmal für erwähnenswert hielt. So konnte kein Tross bestehen ohne die Marketender und Marketenderinnen. Das Wort leitet sich ab vom italienischen »mercato« und »mercatante« (Markt und Händler). Sie handelten mit allem, was der Soldat brauchte, und bei ihnen versilberten die Landsknechte ihre Beute. Marketender konnten größere Unternehmer mit mehreren Planwagen sein, aber auch kleinere, die ihre Waren auf Karren oder einem Esel beförderten oder sie selbst auf dem Buckel trugen. Sie mussten ihr Gewerbe beim Obristen beantragen, der die Ware einschätzen, Höchstpreise festsetzen, Maße und Gewichte überprüfen ließ. Marketender lebten gefährlich, wenn der Tross bei einem Feldzug vom Gegner kassiert wurde, waren sie und ihre Waren als Erste dran. Übergriffe konnten ihnen aber auch von den eigenen Kunden drohen. Mancher, der bei ihnen schwer verschuldet war, löste sein Zahlungsproblem mit Gewalt.

Städte auf Wanderschaft

Zur Bagage gehörten Fuhrleute, Handwerker aus verschiedensten Berufen sowie Menschen, die sich um die Verpflegung kümmerten. Gemietete oder mit Gewalt verpflichtete Wagenführer und Fuhrknechte kutschierten mit ihren Pferde- oder Ochsengespannen das Militärmaterial und die Lebensmittel hinter der Truppe her. Bootsbesitzer erledigten die Schifftransporte, die angesichts des meist schlechten Straßenzustands hohe Bedeutung für Truppenbewegungen hatten. Stellmacher und Zimmerleute halfen beim Auf- und Abbau der Geschützbatterien. Schanzknechte erledigten anstrengende Erdarbeiten bei Belagerungen. Schmiede, Büchsenmacher, Sattler und Drechsler reparierten Waffen und Gerät. Bäcker, Metzger, Köche und Schankwirte sorgten für das leibliche Wohl der Soldaten. Hirten hüteten das in riesigen Herden mitgeführte Vieh.

Selbst Dienstpersonal durfte im Tross nicht fehlen, denn mancher Befehlshaber mochte auch im Feld nicht auf lieb gewordene Gewohnheiten verzichten. Da wimmelte es in seinem Stab dann von Hofschranzen, Lakaien und Mägden, und selbst Luxusköche, Pastetenbäcker und Kellermeister waren dabei. Die unteren Chargen hielten sich Trossbuben, nach den Worten Gustav Freytags »ein abgefeimtes hartes Geschlecht von Taugenichtsen«, geübt in allen Künsten des Stehlens und der Spionage, die ihrem Herrn verschafften, was er haben wollte, sein Pferd pflegten und ihn aus dem Kampfgewühl zogen, wenn er verwundet war. Auch Peter Hagendorf hatte so einen Trossbuben, wenn die Zeiten gut waren: *„Von Straubing nach Regensburg. Unterwegs habe ich 2 schöne Pferde wieder bekommen, denn ich habe einen guten Jungen gehabt, mit Namen Bartelt. Der hat sie mir alle 2 zuwege gebracht. Von Regensburg nach Dinkelsbühl. Hier habe ich einen Vetter angetroffen, mit Namen Adam Jeligan, ein Glockengießer. Mit dem habe ich das eine Pferd versoffen. Haben uns recht lustig gemacht, 3 Tage lang. Da hat der Junge geweint um das Pferd."*

»Wir haben uns toll und voll gesoffen«

Rohe Bedürfnisbefriedigung, der Genuss des Augenblicks, Schwelgen in materiellen Genüssen – das entspricht einer Existenz im Angesicht des gewaltsamen Todes, der den Soldaten jederzeit treffen kann. Jedes Gelage scheint für Hagendorf ein erinnerungswürdiges Ereignis in der grauen Tristesse seines Söldnerdaseins zu sein und ist ihm eine kurze Notiz in seinem Tagebuch wert: *„Hier haben wir Kommißwein bekommen, uns toll und voll gesoffen."* Man trank Bier und Wein, wenn irgend vorhanden, in ungeheuren Mengen. Es war, wie Gustav Freytag sagt, »das alte deutsche Laster«. So verzeichnet das Ausgabenbuch der Stadt Ochsenfurt am Main im Jahr 1632, das schwedische Kriegsvolk, das teils dort gelagert, teils durchmarschiert sei, habe in sechs Monaten 950 Fuder alten und neuen Weines ausgetrunken, was die Stadtkasse den monströsen Betrag von 22 800 Talern gekostet habe. Das Fuder zu 1000 Liter (rheinisch) oder 1500 Liter (badisch) gerechnet, entsprach das 950 000 beziehungsweise 1,425 Millionen Litern. Bei der Belagerung von Brünn 1646 sorgten die in der Region üppig zusammengeraubten Weinvorräte dafür, dass sich zahlreiche Soldaten buchstäblich zu Tode tranken. Dass jeder Mann für seinen täglichen Bedarf mehrere Liter eines alkoholischen Getränkes haben musste, galt als normal – der eigentliche Suff fing wahrscheinlich erst darüber an. Er ist wohl gemeint, wenn Hagendorf davon spricht, dass er es da und dort *„lustig"* gehabt oder es *„Wein genug"* gegeben habe.

DIE STÄNDIGE UNSICHERHEIT ihres Daseins macht es verständlich, dass ein Soldat jede Gelegenheit wahrnahm, über die Stränge zu schlagen und Vergnügungen gleich welcher Art nachzujagen. Es fiel ihm umso leichter, als er anders als Bürger oder Bauern keine soziale Kontrolle durch Nachbarn, Geistliche oder andere Obrigkeiten fürchten musste. Der Soldat befand sich in einer abgeschlossenen Welt unter seinesgleichen, und seine Vorgesetzten teilten seine Schwächen und Laster eher, als dass sie dagegen einschritten. So erwarben sich die Heere ihren Ruf als Sündenbabel und Brutstätten sittlicher Verwahrlosung. Natürlich waren die Soldaten von einem dichten Netz an Verboten umgeben, und nimmt man die diversen »Kriegsordnungen« wörtlich, hatte der Kriegsmann sein Lebtag nichts zu lachen. Aber viele erhaltene Berichte aus dem Dreißigjährigen Krieg zeigen, dass es mit Durchsetzung und Einhaltung der Verbote nicht weit her war, jedenfalls wenn es um die alltäglichen Freuden ging.

Eines der als Laster verschrienen Vergnügungen war das Glücksspiel. Die Landsknechte früherer Zeiten hatten noch Karten gespielt, im Dreißigjährigen Krieg regierte der Würfel. Wenn man Grimmelshausens »Simplicissimus« glauben darf, besaß der Spielteufel massenhaft Anhänger, ungeheure Summen wurden gesetzt, und das »Raßlen« wurde fortgesetzt, bis mancher sein letztes Hemd und womöglich auch noch die Essensration drangegeben hatte. Die Spieler versammelten sich auf großen Plätzen innerhalb der Lager und breiteten Mäntel aus, auf denen gewürfelt wurde – unter den Augen der Lagerverwaltung, die es besser fand, wenn das Spiel öffentlich abgehalten wurde, als irgendwo hinter dem Busch, wo die »Hauptwacht« nicht zur Stelle sein konnte, um »Mord und Totschläg« zu verhindern. Dass Streit über dem Spiel ausbrach, gehörte dazu, weil nach Kräften gemogelt wurde. Grimmelshausen zählt eine ganze Reihe von Tricks auf, mit denen Betrüger dem launischen Glück nachhalfen: Sie manipulierten die Würfel, füllten sie mit Material von verschiedenem Gewicht, zerschnittenen Haaren, Schwämmen, Spreu oder Kohlen für die leichte Seite, Blei für die

Söldner überfallen einen gegnerischen Tross. Die Beute sicherte das eigene Überleben – und das der vielen Frauen und Kinder des eigenen Trosses.

schwere. Sie sägten die Würfelkanten an oder schliffen sie rund und entwickelten bestimmte Wurftechniken, um die besonderen Eigenschaften ihrer Spielgeräte zur Geltung zu bringen. Der »Niederländer« wurde schleifend gerollt, den »Oberländischen« ließ man aus großer Höhe fallen. Und mit solchen »Schelmenbeinern«, die immer »zween Fünfer oder zween Sechser« oder genauso regelmäßig »zwei Äß oder zwei Dauß [zwei Augen]« zeigten, »zwackten, lauerten und stahlen sie einander ihr Geld ab. ... Einmal ist auf dem Spielplatz solch Fluchen und Schwören gewesen, so tut sich einer nach dem Würfel bücken, denn sie haben auf einem Tisch gespielt, wo ihm ein Würfel entfallen gewesen. So sieht er am Tisch einen stehen mit Kuhfuß. Dieser fängt an: Oh, Herr Jesu, was sind hier für Spieler am Tisch! Dann ist er alsbald verschwunden beim Tisch und hat einen großen Gestank hinter sich gelassen«.

Wie man sich »gefroren« machte

Wenn die Sinne vom Alkohol und vom verbotenen Spiel verwirrt waren, blühte der Aberglaube unter den Soldaten. Am nächtlichen Lagerfeuer kursierten Legenden von Waffen, denen Wunderkräfte innewohnten: König Artus' Schwert Excalibur, der Balmung, Siegfrieds Schwert in der Nibelungensage oder die Klinge namens Joyeuse, die Karl der Große geführt hatte. Geheimnisvolle Zeichen auf den Waffen, Einreibungen mit Zaubermitteln – eine Generation von Kriegsmännern reichte solche Rezepte an die nächste weiter. Wer hätte nicht die Waffe haben wollen, die immer trifft?

Der Dreißigjährige Krieg gab den phantastischen Vorstellungen zusätzlich Nahrung, denn inzwischen waren die Feuerwaffen weit verbreitet. Man kannte die ungeheure Wirkung dieses Kriegsmittels, aber über seine chemisch-physikalischen Voraussetzungen war kaum jemand unterrichtet. Unheimlich waren die Mängel der neuen Waffen: sie konnten im entscheidenden Moment versagen, dem Schützen in der Hand explodieren oder den Falschen treffen. Da half nur, sich des Beistands der Hölle zu versichern: Der Satan lieferte Kugeln, die nie fehlgingen, aber er tat es nicht umsonst. In Carl Maria von Webers »Freischütz« (1821), der nach Angabe des Librettos »in Böhmen nach Beendigung des Dreißigjährigen Krieges« spielt, ist der Pakt mit dem Satan zu einer Opernhandlung ausgebaut: Sechs der vom Teufel spendierten »Freikugeln« werden das vom Schützen gewünschte Ziel treffen, die siebte aber eines, dessen Auswahl sich der Teufel vorbehält.

WEIT BEDEUTSAMER ABER als die todsichere Waffe zu besitzen war, selbst heil aus der Schlacht zu kommen. Auch hierfür gab es Überlieferungen aus alter Zeit, zum Beispiel die Sage von Siegfried, der in Drachenblut gebadet und seitdem eine Haut aus undurchdringlichem Horn hatte, an der jedes Schwert und jede Speerspitze abprallte. Unter den Landsknechten waren Rezepte, wie man sich »fest« oder »gefroren« gegen Hieb und Stich und schließlich auch gegen die Kugel machen konnte, sehr begehrt. Zahlreich waren die Mittel, die zum Unverwundbarmachen taugen sollten: Man zog sich »Nothemden« über, die von Mädchen unter sieben Jahren gesponnen, gewebt und mit besonderen Kreuznähten versehen sein mussten, rieb sich mit Spezialsalben ein, in die allerlei Hexenkräuter eingerührt waren, und steckte sich »Passauer Zettel«, mit Fledermausblut geschriebene Sprüche, ins Wams oder hängte sich Amulettmünzen und Talismane um. Ein Stück von einem gebrauchten Henkersstrick war dazu geeignet oder der Bart eines Bockes, die Augen eines Wolfes, der Kopf einer Fledermaus, eingenäht in einen Beutel aus schwarzem Katzenfell. Beliebt war auch die Gemskugel, eine gehärtete Masse aus dem Magen des Tiers.

Im Dreißigjährigen Krieg gingen wilde Geschichten um: Von einem Soldaten etwa, der bei der Belagerung von Pilsen 1618 mit einem Bierhumpen in der Hand an die Wälle herangelaufen sei, um den Belagerten zuzuprosten und von fünf Musketenkugeln getroffen worden sei, die er sich in aller Seelenruhe hinterher aus dem Hemd geschüttelt habe. Von einem österreichischen Offizier, an dem schon zwanzig Kugeln abgeprallt seien, und von einem Anführer aufständischer Bauern, den eine Kanonenkugel nur ein paar Schritt zurückgeworfen, ansonsten aber unversehrt gelassen habe.

Dass so mancher im Bund mit den Mächten der Finsternis stehe, nahm der Soldat nicht nur von einigen seiner Kameraden an, sondern auch von Offizieren und Feldherren. Gustav II. Adolf wurde der Besitz eines Zauberschwertes nachgesagt, General Tilly galt lange Zeit als »fest«, General Holk soll der Teufel persönlich geholt haben. Albrecht von Wallenstein schließlich lieferte den meisten Stoff für abergläubische Mutmaßungen: Die dürre Gestalt mit dem dunklen, später durch seine vielen Krankheiten fast schwarzen Teint, der Hang des Friedländers zur Astrologie und das rasante, den meisten Zeitgenossen unerklärliche Auf und Ab seiner Karriere beschäftigten die Gemüter unablässig.

Auch unser Söldner Peter Hagendorf muss für seine Kameraden ein »Gefrorener« gewesen sein. Er selbst aber steht dem grassierenden Aberglauben wohl eher skeptisch gegenüber – aber auch kirchlichen Wundern begegnet er mit leichter Ironie: *„Auf dem Platz*

steht eine Kapelle, da brennt eine Kerze Tag und Nacht. Sie soll, sagen sie, schon 300 Jahre gebrannt haben. Die selbige Kerze ist doch noch nicht verbrannt. Ich lasse es dabei bleiben, glaube wer da will, ich glaube es nicht."
Gott bittet er vor allem um die Auferstehung seiner Liebsten, die er im ewigen Leben wiedersehen will. Nur einmal dankt er dem Allmächtigen, weil er der Schlacht mit heiler Haut entkommen ist. Wenn es ums Überleben geht, vertraut Hagendorf lieber auf ganz pragmatische Strategien, etwa als sein Regiment vor Straubing auf die Schweden trifft: *„Die haben uns willkommen geheißen. Da sind von den 300 Mann nicht mehr als 9 von uns hereingekommen, die andern sind alle gefangen und niedergemacht. Ich bin aber in eine Hecke gefallen, und wie es vorüber ist gewesen, bin ich in die Stadt zurückgekommen."*

HAGENDORF IST EIN Meister der Improvisation. Mit den Jahren lernt er alle Unwägbarkeiten des Söldnerlebens zu berechnen – die Not des Augenblicks macht ihn erfinderisch. »Er hatte riesiges Überlebensglück, aber er gestaltete es auch selbst«, sagt der Historiker Jan Peters, der die Söldnerchronik entdeckte. Eines Tages etwa wird Hagendorf mit zwölf Mann von einer Festung abkommandiert, um für seine hungrigen Kameraden Nachschub an Fisch zu holen. Als sie in einem Wald auf Schafe stoßen, ergreifen sie die Gelegenheit das Vieh zu stehlen beim Schopf. Hier scheint er sich – mit einem Anflug von Ironie – fast ein wenig mit seiner Tat zu brüsten: *„Wie wir sie auf die Ebene gebracht, haben sie angefangen zu schreien und zu blöken. Da sind alle die Schafe, die es gehört, aus dem Wald zugelaufen, so dass 2000 Schafe zusammengekommen sind, dass mir Angst und Bange gewesen ist. Doch wir sind dem Lager zu. Da hat das ganze Lager Schafe genug gehabt. Ich für meine Person habe 2 genommen und geschlachtet."* Die Zahl von 2000 Tieren mag übertrieben sein, doch man kann den Triumph nachempfinden, den die Männer bei ihrer Rückkehr mit der erbeuteten Herde empfanden.

Auffallend oft ist Hagendorf vorbereitet, wenn unter den Soldaten der Hunger grassiert. Als sich sein Regiment im September 1640 bei Fritzlar verschanzt, versorgt er sich gleich zu Beginn mit einem *„ganzen Sack Gerste und Roggen"*, den er mit seiner Frau selbst gedroschen hat. Als Nahrung nach einiger Zeit zur Mangelware wird und das Brot auf dem Lagermarkt kaum noch erschwinglich ist, meistert der Söldner die Misere und macht daraus ein Geschäft: *„Ich für meine Person und mein Weib haben Brot genug gehabt. Haben noch verkauft, denn wir haben uns eine Mühle gemacht von 2 Schleifsteinen und haben in die Erde einen Backofen gegraben und Brot gebacken."* Für den Historiker Jan Peters könnte das häufig erwähnte Brotbacken ein Indiz für die Herkunft des Söldners sein – vielleicht war Hagendorf der Sohn eines Bäckers oder Müllers. Immer wieder bekundet er in seiner Chronik auch sein Interesse für Mühlen, deren Technik er kennt und deren malerische Anmutung er bewundert: *„Zu Würzburg unter der Brücke hat es eine schöne Mühle mit 8 Gängen, nur 4 Wasserräder, aber mit Vorgelege gebaut. ... Eine schöne Mühle, wohl anzusehen."*

Vom Frieden aus der Bahn geworfen

Falls sein Vater ein Handwerk ausübte, gehörte Hagendorf einer gehobenen Gesellschaftsschicht an – eine mögliche Erklärung für seine gute Schulbildung. Er kannte das Hildebrandslied, die Wilhelm-Tell-Sage und die Bibel; und als er nach Italien kam, erstand er als Erstes – im Tausch gegen seinen Mantel – ein Wörterbuch. Dass er Lesen und Schreiben konnte, mag ihm zu mancher Nebentätigkeit verholfen haben, die ihn zeitweise fern vom Kriegsgeschehen hielt. Zur festen Aufgabe wurde etwa die Betreuung von Kranken und Verwundeten. Dabei musste Hagendorf Abrechnungen über verbrauchte Lebensmittel vorlegen, Verzeichnisse über Genesene und Gestorbene führen und oft weite Strecken mit den Verwundeten zurücklegen, in Gegenden, wo die erforderliche Versorgung möglich war. So schreibt er im September 1646: *„Den 4. bin ich wieder mit den Kranken und Geschädigten nach Würzburg geschickt worden. Von allen Regimentern sind es gewesen 143 Mann, von dieser Mannschaft sind gestorben 42 Mann."* Durch seine Sonderaufgaben kann er zudem seinen Lohn aufbessern und sich vielleicht auch »Extraeinnahmen sichern«, vermutet Jan Peters. »Warum sollte nicht auch er, ganz so wie die Offiziere, der Versuchung erliegen, ›tote Seelen‹ zu führen und für sie Unterhalt zu kassieren?«

Mehr als zwanzig Jahre Krieg machen die Unbeständigkeit zum obersten Lebensprinzip unseres Söldners. Zeit für dauerhafte Freundschaften bleibt da kaum. Nur zu dem Feldmediziner Melchert Bordt scheint er während des Pflegedienstes in den Lazaretten eine Bindung aufgebaut zu haben. Zweimal macht der Söldner den Feldscher zum Paten seiner Kinder. Ansonsten ist alles ein ewiges Auf und Ab: Betteln und Kranke pflegen, backen, Schreibdienste erledigen und Kinder versorgen – all das ist ihm ebenso vertraut wie Schanzen, Kämpfen, Marschieren und Marodieren. Kann einer wie er ohne den Krieg überhaupt noch leben? Mit leiser Ironie kommentiert Hagendorf gegen Ende seiner Aufzeichnungen, wie er im bayerischen Memmingen den Frieden erlebt: *„Im Jahr 1648 den 16. November ist das Freudenfest wegen des Friedens gehalten worden von den Bürgern, als wenn es Ostern oder Pfingsten gewesen wäre."* Er hat unvorstellbares Glück: Auch seine zweite Frau überlebt den Krieg, noch im Januar desselben Jahres schenkt sie einer Tochter das Leben, Anna Maria. Seinen inzwischen fünfjährigen Sohn Melchert Christoff holt Hagendorf nach Kriegsende aus Altheim zurück: *„Bis München habe ich ihn lassen tragen, von München habe ich ihn lassen fahren"* – wie kostbar muss ihm dieses junge Leben erschienen sein.

Doch fast scheint es, als habe der Frieden den erfahrenen Kriegsmann aus der Bahn geworfen. Seine Schrift wirkt fahrig, er berichtet immer wieder über kleinere und größere Unfälle, die vermutlich auf Trunkenheit zurückzuführen sind. Einmal bricht er durch einen Boden und schlägt mit dem Kopf auf, zwei Wochen später stürzt er von einem Tor und verrenkt sich das Knie – ärgerliche Unachtsamkeiten, die ihm in den ganzen langen Kriegsjahren zuvor nicht widerfahren sind.

Am 25. September 1649 wird Peter Hagendorf in Memmingen abgedankt und zieht mit seiner Frau, seinen beiden Kindern und einem Esel einer ungewissen Zukunft entgegen. *„Ich für meine Person bekam drei Monate Sold, des Monats 13 Gulden. ... Den 26. gezogen nach Babenhausen, den 27. nach Günzburg an der Donau, den 28. nach Gundelfingen, den 29. nach Nördlingen, den 30. nach Öttingen"*, so endet das Tagebuch des Söldners.

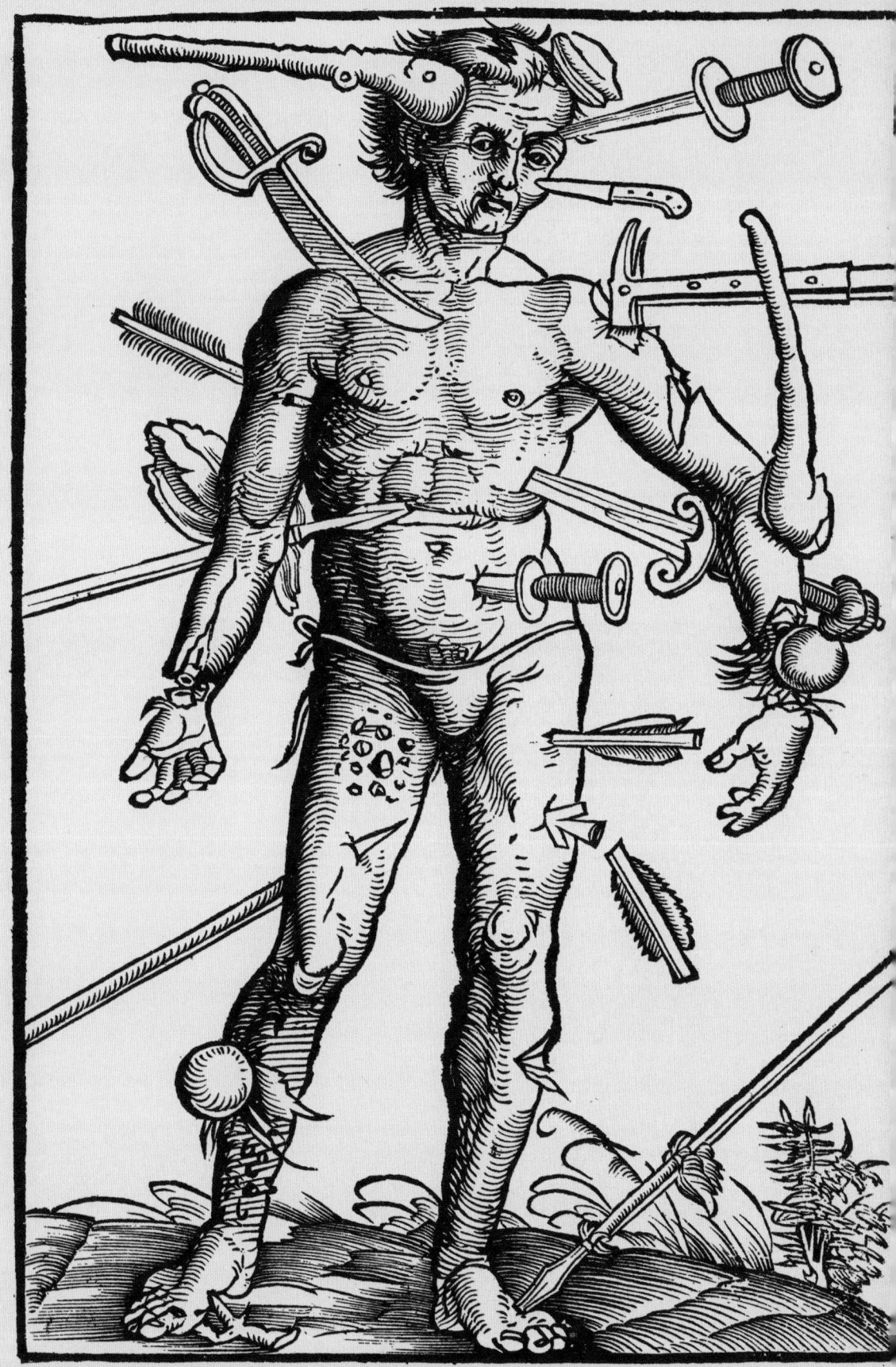

VOM SEGEN DER OHNMACHT

DAS HANDWERK DER FELDCHIRURGEN

Einmal bin ich durch den Bauch vorne durchgeschossen worden, zum andern durch beide Achseln, sodass die Kugel im Hemd gelegen ist«, notiert der Söldner Peter Hagendorf nach der Erstürmung von Magdeburg in sein Tagebuch. »Also hat mir der Feldscher die Hände auf den Rücken gebunden, um den Meißel einzubringen. So bin ich in meine Hütte gebracht worden, halbtot.« Kein Sterbenswort verliert er über die Schmerzen der Operation – sie müssen ihm durch Mark und Bein gegangen sein. Nur eines mag in diesem Augenblick für den Landsknecht gezählt haben: mit Leib und Leben davonzukommen und nicht wie zahllose andere verstümmelt zum Krüppel zu werden.

Was nach den Schlachten des Dreißigjährigen Krieges in den Feldlazaretten geschah, mutet uns heute – im Zeitalter der High-Tech-Medizin – barbarisch an. Man bedeckte den Verwundeten mit einem Tuch die Augen, band ihnen die Hände fest und schnitt ihnen ohne Narkose mit einer Knochensäge die verletzten Extremitäten ab. Wie konnten die Menschen diese Tortur ertragen? »Ein Söldner im Dreißigjährigen Krieg hat eine Amputation etwa des Beines sicher genauso wenig ausgehalten, wie wir das heute kön-

Sinnbild des Schmerzes: Der »Wundenmann« illustriert die Vielfalt möglicher Kriegsverletzungen.

Serratura.

Die Amputation war für die Feldchirurgen alltägliche Routine – ohne Betäubung für die Verwundeten eine Tortur.

nen«, sagt der Chirurg Dr. Detlef Rüster. »Der Schmerz muss so erheblich gewesen sein, dass das Schockerlebnis ihm das Bewusstsein raubte. Von diesem Moment an hat er die Qualen kaum noch gespürt. Es gab Versuche, ihm den Schmerz zu erleichtern; das probateste Mittel war eine halbe Flasche Branntwein und ein Stück Leder zwischen den Zähnen. Ich weiß aber nicht, inwieweit das dem Söldner wirklich geholfen hat.«

Rüster, der ein Buch über »Alte Chirurgie« geschrieben hat, versucht sich in die Patienten von damals hineinzuversetzen. Dass die Menschen früher – wie häufig angenommen – schmerzunempfindlicher gewesen sein sollen, hält er für einen Mythos. »Es gibt Beschreibungen aus der Vergangenheit, in denen deutlich geschildert wird, wie sich Patienten bei einer Operation unter Schmerzen wanden, wie sie geschrien, wie sie gewimmert haben«, so Rüster. »Bildliche Darstellungen zeigen die schmerzverzerrten Gesichter der Kranken, die ihren Blick von den Peinigern abwenden.« Verändert habe sich nur das Erlebnis des Schmerzes: »In der Mitte des 19. Jahrhunderts hat die chirurgische Narkose ihren rasanten Siegeszug durch die Welt angetreten. Etwa fünfzig Jahre später konnte Aspirin zum ersten Mal industriell in gewaltigen Mengen hergestellt werden. Seither hat sich die Einstellung zum Schmerz geändert. Schmerz stört, Schmerz muss nicht sein, Schmerz muss weg.«

ABERTAUSENDE VON SCHWER VERWUNDETEN Soldaten starben auf den Schlachtfeldern einen elenden Tod, nur wenige erreichten – oft erst nach Tagen – die Zelte der Feldchirurgen. Meist infizierten sich in dieser Zeit die Wunden, es drohte der gefürchtete Wundbrand, der sich begleitet von hohem Fieber im ganzen Körper ausbreitete und sehr schnell zum Tod führte. Hatte man den Transport ins Lazarett überlebt, war die Gefahr längst nicht vorüber.

Eine Beschreibung der überfüllten Krankenlager ist im Tagebuch des bayerischen Feldpredigers Pater Jeremias Drexel erhalten geblieben: »Der Zustand der Kranken ist beklagenswert. Das Bettstroh ist mit Mist gefüllt und Läusen, die die Beine anfressen. Viele liegen auf blankem Holz. Täglich werden zwei oder drei Tote gefunden, die schon verwesen. Das Unglück in diesen Ställen ist unvorstellbar.« Doch die Feldmediziner der damaligen Zeit kannten die Folgen fehlender Hygiene nicht, ahnten nichts von unsichtbaren Erregern und waren oft selbst die Verursacher weiterer Infektionen: Wieder und wieder benutzten sie die blutverschmierten Instrumente und trugen die tödlichen Keime von einem Opfer zum anderen. In Streifen gerissene verschmutzte Hemden, vom Kampf getränkt mit Schweiß und Blut, dienten zum Verbinden offener Wunden. Ganz schlimm konnte es für den Verletzten kommen, wenn die Chirurgen noch höchst fragwürdige »Heilmittel« auf die Wunde gaben – etwa Gerstenschleim mit pulverisierten Regenwürmern.

Begünstigt wurde der Wundbrand auch durch die oft daumendicken, unregelmäßig geformten Bleikugeln der damaligen Zeit, die von den Söldnern am Lagerfeuer mit Hilfe von Kugelzangen gegossen wurden. Beim Herausklopfen blieben meist scharfkantige Ränder an den Geschossen zurück, die besonders schlecht heilende Wunden verursachten. Diese Kugeln sind mit den heutigen Dumdum-

Kranke und Verstümmelte warten vor einem Spital – doch nur die wenigsten Söldner kamen in die Obhut der Krankenhäuser.

Israel excud. cum priuil. Reg.

geschossen vergleichbar, die etwa von verbrecherischen Kriegsbanden präpariert werden, um Menschen auf besonders grausame Weise zu verletzen. Mit ihren abgefeilten Graden reißen sie das Gewebe der Opfer regelrecht auseinander. »Die Kugeln des Dreißigjährigen Krieges führten im Gegensatz zu den meist glatten Durchschüssen heutiger Pistolen- und Gewehrgeschosse zu erheblichen Zertrümmerungen der Knochen und Verletzungen der Weichteile«, bestätigt Dr. Rüster. »Diese massiven Wunden in denen sich oft Gewebereste fanden, waren der ideale Nährboden für schwerste Infektionen.« An mancher Kugel mag zudem noch der Pferdemist des Lagers geklebt haben.

VOR DER ERFINDUNG DER ANTIBIOTIKA gab es nur ein Gegenmittel gegen Wundbrand und andere Infektionen: die sofortige Abtrennung der infizierten Extremität vom Körper, wobei der Schnitt möglichst weit in das gesunde Gewebe hinein durchgeführt werden musste. Daher war die Amputation der häufigste Eingriff in der Feldchirurgie des Dreißigjährigen Krieges. In zeitgenössischen Berichten ist gar die Rede davon, dass »kompagnieweise« amputiert wurde. Nur so konnte das Leben der Verletzten – wenn überhaupt – gerettet werden.

Momentaufnahmen vom Todesschuss

An der Wehrtechnischen Erprobungsstelle in Meppen wurde für dieses Buch- und Filmprojekt genau untersucht, welche Verletzungen die Waffen der damaligen Zeit verursachten. Für das Experiment kam eine authentische, noch schussfähige Muskete zum Einsatz – eine Leihgabe aus dem Museum des Dreißigjährigen Krieges in Wittstock. Aus 100 Metern Entfernung wurde damit ein Block aus Gelatine beschossen, dessen Festigkeit der menschlicher Muskulatur entspricht. Als Ersatz für die Kleidung der Soldaten diente ein über die Probe gespanntes Stück Stoff. Zunächst mussten die Waffentechniker die grellen Scheinwerfer für die Hochgeschwindigkeitskamera justieren. Mit 1500 Bildern pro Sekunde machten sie sichtbar, was das menschliche Auge nicht sehen kann: Was passiert, wenn das 18-mm-Projektil in den Gelatineblock, sprich in den menschlichen Körper, eindringt? Das Stakkato der Hochgeschwindigkeitskamera erschien als Film auf dem Monitor der so genannten Camera Control Unit. Der Moment des Aufpralls wurde zur Zeitlupe gedehnt; mancher mag den Todesschuss damals wohl auch so erlebt haben. Die Musketenkugel wurde sichtbar, ein winziger schwarzer Punkt, der mit geballter Wucht auf den Gelatineblock traf. Die Masse vibrierte, die Kugel schien darin zu explodieren. Sie erzeugte einen Krater von doppelter Kalibergröße – etwa 36 Millimeter. Rund um den Schusskanal waren massive Zertrümmerungen sowie verstreute Partikel zu erkennen, Verunreinigungen durch den Stoff, der tief in die »Wunde« gerissen wurde. Eine schwere Infektion ist bei solchen Verletzungen vorprogrammiert.

Zum Vergleich führten die Experten den Versuch auch mit der High-Tech-Waffe G 36 durch. Der Durchmesser der 45 Millimeter langen Projektile beträgt nicht einmal sechs Millimeter. Der Eintritt erfolgte zwar mit höherer Energie, führte aber zu einem glatten Durchschuss. Rund um den Schusskanal waren kaum Verunreinigungen zu sehen: Eine solche »Verletzung« bekommen die Ärzte heute relatv leicht in den Griff. Für die Feldmediziner des Dreißigjährigen Krieges wäre aber auch ein glatter Durchschuss eine große Herausforderung gewesen.

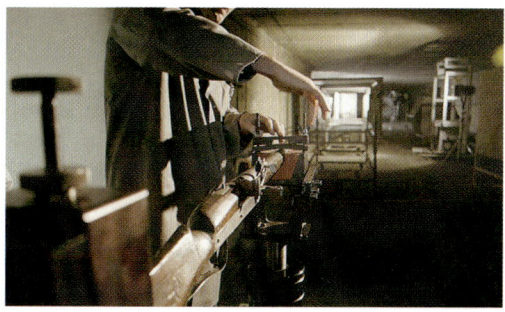

Die Schusswirkung einer Muskete wird an einem

mit Stoff bespannten Gelatineblock simuliert.

Der große Schusskanal ist mit Stoff verunreinigt.

Heutige Waffen bewirken glatte Durchschüsse.

»Ich verband ihn, Gott heilte ihn«

Die Feldchirurgen waren damals keine studierten Ärzte mit fundierten medizinischen Kenntnissen. Es waren Handwerker, bestenfalls organisiert in Zünften und Gilden etwa der Bader und Barbiere. Selbst desertierte Soldaten, entlaufene Mönche und Henker betätigten sich als Chirurgen – Leute, die kein rechtes Auskommen im zivilen Bereich gefunden hatten. »Eine sachgemäße Betreuung ist von diesen Chirurgen sicher nur in Ausnahmefällen zu erwarten gewesen«, so Rüster.

Einer der wenigen »Feldärzte«, der sich mit seinem Können einen Namen machte, war Hans von Gernsdorf. Bereits 1517 beschrieb er seine Erfahrungen als Kriegschirurg in seinem »Feldtbuch der Wundtartzney«. Zur Entfernung von Geschossen verwandte er sinnvolle Instrumente. So erweiterte er den Schusskanal mit einer Schere, deren Schneiden nach außen zeigten. »Die Kugel suchte er mit Sonden und entfernte sie mit langen Fasszangen. Feststeckende Geschosse bohrte er an, um sie danach, auf die Bohrerspitze aufgeschraubt, herauszuziehen«, erläutert Rüster.

Das Wissen und Können der Handwerker-Chirurgen beruhte einzig auf Erfahrung. Auf einem Feldzug beobachtete etwa der Franzose Ambroise Paré (1510–1590) nach zahllosen Behandlungen, dass sich Kugeln einfacher entfernen ließen, wenn die Verletzten in die Haltung gebracht wurden, die sie im Augenblick der Verwundung innehatten. So konnte Paré dem Schusskanal mit der Sonde oder Zange leichter folgen und bis zur Kugel vordringen. Zur Vorbeugung des Wundbrandes vertraute Paré zunächst auf eine Methode, die noch im Dreißigjährigen Krieg von fast allen Feldärzten angewandt wurde. Die tödlichen Infektionen führte man laut »Lehrmeinung« der Handwerker-Chirurgen auf Vergiftungen durch Pulver und Blei zurück. Als Gegenmittel behandelten sie die Wunden mit siedendem Öl und brannten sie mit Glüheisen aus, eine äußerst schmerzhafte Prozedur, die fatale Folgen für die Verwundeten hatte. »Ich sah nun, wie sie das Öl so siedend als nur möglich mit Wieken und Haarseilen in die Wunde brachten, und wag-

Nur wenige Feldchirurgen bezogen damals ihr Wissen aus Büchern wie etwa dem »Feldtbuch der Wundtartzney«.

Feldtbůch der wundtartzney.

¶ Mit Keyserlicher freyheit getruckt zů Straßburg durch Joannē Schott.

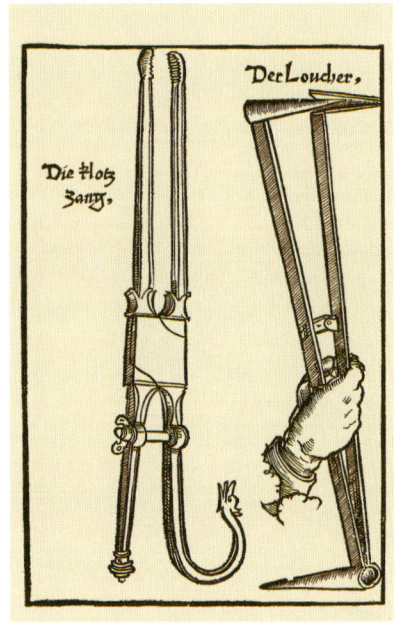

Die Holz Zang.

Der Loucher.

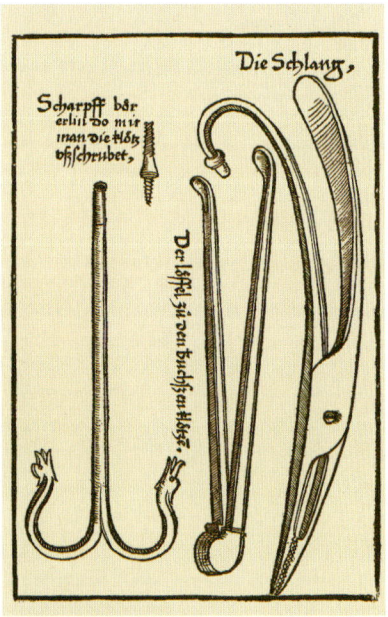

Scharpff bör erlit do mit man die Holtz offschreibet.

Die Schlang.

Der löffel zu den buchssen kuglen.

Schraub- und Fass-
zangen dienten zum
Entfernen von Kugeln
aus dem Körper.

te es daher, ein gleiches zu tun«, schreibt Ambroise Paré. »Schließlich ging mir das Öl aus, und ich war gezwungen, stattdessen ein Digestivum von Eigelb, Oleum rossatum und Terpentin aufzulegen. In der Nacht konnte ich kaum schlafen, im Gedanken, ich könnte die Verwundeten, die ich nicht mehr kauterisieren konnte, wegen dieser Unterlassung vergiftet und tot vorfinden. ... Doch wider Erwarten sah ich, dass diejenigen, die ich mit dem Digestivum behandelt hatte, nur wenig Schmerz in der Wunde fühlten, dass sie keine Entzündungen, keine Schwellung aufwiesen und in der Nacht recht gut geruht hatten. Den anderen dagegen, die man mit dem siedenden Öl behandelt hatte, traf ich fiebernd, mit heftigen Schmerzen, Schwellungen und Entzündungen in der Umgebung der Wunde. Ich beschloss daher, die armen Verwundeten nie mehr auf so grausame Weise zu brennen.«

Ambroise Paré hatte seine medizinische Laufbahn als einfacher Barbierlehrling begonnen und setzte seine Ausbildung später bei den Wundärzten am Hôtel Dieu, einem Pariser Hospital, fort. Auf seinen ersten Feldzug ging er mit dem Heer des französischen Königs und schon bald war er so erfolgreich, dass jüngere Feldwundärzte kamen, um von ihm zu lernen. Selbst im Krieg führte er Sektionen durch, um den menschlichen Körper zu studieren und seine chirurgischen Fähigkeiten zu trainieren. Sein Können machte ihn zur Legende. Als er sich bei einer Belagerung unter die Soldaten mischte, sollen sie gerufen haben: »Wir können nicht sterben, wenn wir auch verwundet werden. Paré ist mitten unter uns!« Wenig später avancierte der versierte Feldwundarzt sogar zum Chirurgen des Königs. Dennoch blieb er zeit seines Lebens ein bescheidener Mann, der für seine Erfolge eine einfache Formel fand: »Ich verband ihn, Gott heilte ihn.«

Obskure Kuren

Wo das Wissen fehlte, wie bei den Laienchirurgen des Dreißigjährigen Krieges, suchte man sein Heil im Aberglauben. »Übermächtig erschien das Schreckgespenst des Wundfiebers«, so Rüster, »und ohnmächtig stand der Wundarzt dem gegenüber. So ziemlich jeder schwor auf seinen Wundtrank, dessen oft obskure Zusammensetzung als Geheimnis gehütet wurde.« Noch abenteuerlicher war die Waffensalbe, die »Arkebusade«, zu deren Ingredenzien Bärenfett, Eberschmalz und Moos von den Schädeln Gehenkter gehörten. »Diese Salbe war, glücklicherweise muss man sagen, nicht dazu gedacht, damit die Wunde zu bestreichen, sondern die Waffe, die die Wunde verursacht hatte – Zeichen der Hilflosigkeit gegenüber der Wundbehandlung in jener Zeit«, meint der Chirurg Rüster.

Scharlatenerie verbarg sich auch hinter der wissenschaftlichen Bezeichnung »Kur per transplantationem«. Dabei wurde ein Stück Holz mit Blut oder Eiter aus der Wunde bestrichen und auf einen Baum gepfropft. So wie das präparierte Holz mit dem Baum verwuchs, sollte angelblich die Wunde verheilen. Und wie das »Transplantat« durfte die auch verwundete Stelle nicht berühren, sondern allenfalls mit einem neuen Verband versehen werden. »Dieses Vermeiden des ansonsten so beliebten Manipulierens der Wunde mit Sonden, Pinzetten oder Mitteln, die ›guten‹ Eiter hervorrufen sollten, mag der Grund für manch bescheidenen Erfolg der Transplantationskur gewesen sein«, so Rüster.

Die eiserne Faust des »Tollen Halberstädters«

Einer einmaligen medizinischen »Innovation« aus der Zeit des Dreißigjährigen Krieges kamen Wissenschaftler im Jahr 1995 auf die Spur, als in der Fürstengruft der Hauptkirche in Wolfenbüttel der Zinnsarg des Söldnerführers Christian von Braunschweig geöffnet wurde. Das Skelett des »Tollen Halberstädters«, wie man den draufgängerischen Herzog einst nannte, war weitgehend zerfallen – bis auf den linken Arm. Bedeckt von einer mit Gold- und Silberfäden durchwirkten Schärpe lagen die Knochen wie von einem Tragetuch gehalten auf der Brust des Toten. Dieser Arm war dem Herzog im Jahr 1622 nach einer Schlacht amputiert worden. »Ihm wurden drei Pferde unter dem Leib erschossen und eine Kugel zerschmetterte ihm den linken Arm vier Finger breit über dem Ellenbogen«, heißt es. »Da er anfangs die Wunde gering achtete, wurde der Arm brandig und musste abgenommen werden. Ohne einen Schmerzenslaut von sich zu geben, ließ er die Operation unter Pauken- und Trompetenschall im Angesicht des Heeres vollziehen.«

NACH DER AMPUTATION befreiten die Chirurgen den abgesägten Arm von den verweslichen Bestandteilen und fertigten aus den Knochen eine »Prothese« für den adeligen Feldherrn an. Alle Teile, auch die einzelnen Fingerknochen, wurden mehrfach durchbohrt und mit Kupferdrähten verbunden. Noch heute sind sie als »Ersatzgelenke« deutlich zu erkennen. Ein Ersatz für den verlorenen Arm war die Knochenprothese sicher nicht, sie diente dem Herzog wohl eher als exzentrisches Symbol seines Heldenmutes und seiner edlen Herkunft. Zeitgenössische Gemälde zeigen ihn mit seinem »Arm ohne Fleisch und Blut«, den man bis zur Öffnung des Sarges zahlreichen Überlieferungen zufolge für einen tatsächlich funktionierenden Ersatz aus Metall hielt. »Nach der Zeit hat ihm ein Holländischer kunstreicher Bauer einen eisernen Arm, der sich mit der Hand rühren und bewegen, auch alles regieren und fassen können, gemacht, welcher ihm mit Gold angeheftet worden«, heißt es etwa in einer Abhandlung aus dem Jahr 1745 – wohl nur eine Legende. So zeugt die »Eisenhand« des Christian von Braunschweig im Licht moderner Wissenschaft vor allem vom Erfindergeist der damaligen Chirurgen, wenngleich sie die Amputation nicht verhindern konnten.

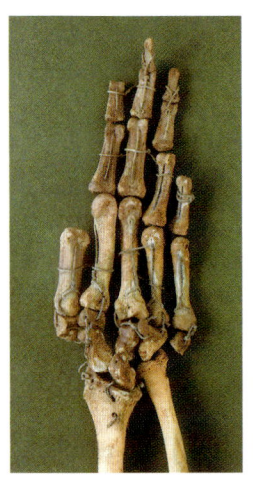

Aus den Knochen seines amputierten Arms ließ sich der »Tolle Halberstädter« eine »Prothese« anfertigen.

Vom Zufall des Überlebens

Tod oder Verwundung auf dem Schlachtfeld war nicht das Einzige, was dem Soldaten des Dreißigjährigen Krieges drohte. Immer wieder wurden die Heere von Seuchen heimgesucht – kein Wunder bei den hygienischen Verhältnissen, die in den Lagern und auf Feldzügen herrschten: Tausende Menschen lebten auf engstem Raum, in Zelten, Laubhütten oder Erdhöhlen, und wenn es überhaupt Betten gab, mussten gleich mehrere Söldner darin nächtigen. Es waren keine Waschgelegenheiten vorhanden, die Latrinen waren binnen weniger Tage unbrauchbar und überall wimmelte es von Ungeziefer und Ratten. Grippe, Fleckfieber, Diphtherie (die so genannte Bräune der zeitgenössischen Quellen), Typhus, Ruhr und Beulenpest waren die Seuchen, die damals am häufigsten grassierten, aber auch die Syphilis, die teuflische Lustseuche, war unter den Soldaten weit verbreitet.

SEUCHEN KONNTEN ÜBER DEN Ausgang ganzer Feldzüge entscheiden. Das böhmische Heer verlor im Winter 1618/19 zwei Drittel seiner Soldaten durch Krankheiten. 1631 mussten die an der Oder stationierten Schotten durch Pest und Typhus wöchentlich Verluste von 200 Mann hinnehmen. Aus Mailand wurde im selben Jahr gemeldet, es sei wegen einer Pestepidemie unmöglich, Söldner anzuwerben. Und als schwedische Truppen im August 1645 kurz vor Wien standen, brachen Pest und rote Ruhr aus, sodass es nicht

Die völlig ausgebrannten Soldaten fielen auf Feldzügen und während langer Belagerungen reihenweise Seuchen zum Opfer.

zum Sturm auf die Residenzstadt des Heiligen Römischen Reichs Deutscher Nation kam. Auch Mangelerkrankungen machten den Soldaten ständig zu schaffen, insbesondere der »Scharbock«, der Skorbut. Dazu kamen die Leiden eines Lebens im Freien: Kälte und klamme Kleidung führten zu Erfrierungen und rheumatischen Beschwerden. Zu guter Letzt führten auch Arbeitsunfälle zu manchmal tödlichen Verletzungen, etwa beim Aufbau einer Geschützbatterie oder beim Anlegen von Feldbefestigungen.

WENN AUCH NUR BRUCHSTÜCKE von Militärstatistiken erhalten sind, ist aus diesen immerhin abzulesen, dass die Chance, heil davonzukommen, eher gering war. So ist für ein Dorf in Nordschweden ermittelt worden, dass in den Jahren 1621 bis 1639 von 230 jungen Männern, die für Gustav Adolf in den Krieg zogen, 215 fielen und fünf als Krüppel zurückkehrten. Unter den englischen Söldnern, die der König von Dänemark angeheuert hatte, fiel die Mannschaftsstärke von 5013 Mann im November 1626 in nur drei Monaten auf knapp die Hälfte. Manche Regimenter verloren monatlich zehn Prozent ihrer Söldner. Blitzfeldzüge und Riesenmärsche durch halb Europa kosteten ganze Mannschaften das Leben; von denen, die losmarschierten, kam oft nur ein kleiner Teil ans Ziel. So begann Albrecht von Wallenstein im Jahr 1626 nach der Schlacht an der Dessauer Brücke die Verfolgung des Söldnerführers Mansfeld mit 20 000 Mann; in Ungarn angelangt, lebte kaum noch ein Viertel seiner Soldaten. Die französische Armee zog 1635 mit 26 000 Mann gegen die Niederlande, nur 8000 überlebten. Am schlimmsten waren die Rückzüge, bei denen die ohnehin meist prekäre Versorgungslage katastrophal wurde. General Gallas, der sich den passenden Schimpfnamen »Heeresverderber« erwarb, verlor gleich zweimal fast sein ganzes Heer: 1636 beim Rückzug aus Burgund und 1644, als ihn der schwedische Feldherr Torstensson aus Dänemark jagte. Wie viele Soldaten insgesamt im Dreißigjährigen Krieg starben, kann man aus den wenigen überlieferten Zahlen allenfalls erahnen.

Gleichwohl griffen die Künstler des Dreißigjährigen Krieges das Motiv der verkrüppelten Landsknechte in ihren Werken auf. Ein Indiz, dass viele die Schlachten überlebten und die elenden ausgemusterten Gestalten das Bild in den Straßen prägten. Aus erhaltenen Selbstzeugnissen lässt sich zudem ablesen, dass Söldner durchaus extreme Hungersituationen, Verwundungen und sogar leichte Pestinfektionen überleben konnten. Von einem wahren Heilungswunder berichtet etwa Peter Hagendorf in seiner Chronik. Gleich nach einer schweren Operation bringt er die Kraft auf, sich in seiner Hütte um seine kranke, knapp zwei Jahre alte Tochter zu kümmern, während seine Frau zum Plündern in das eroberte Magdeburg zieht. Als sie am Abend mit »4 Maß Wein« ins Lager zurückkehrt, feiern die Eheleute mit einigen »Gefährten« im Feuerschein der brennenden Stadt das wunderbare Überleben des Söldners Peter Hagendorf. Vier Tage später wird er mit anderen Verwundeten ins Quartier nach Halberstadt verlegt. »Da sind von unserem Regiment 300 in einem Dorf gelegen und sind alle wieder geheilt worden. Hier habe ich einen gar guten Wirt bekommen, hat mir kein Rindfleisch gegeben, sondern lauter Kalbfleisch, junge Tauben, Hühner und Vögel. So bin ich nach 7 Wochen wieder frisch und gesund gewesen.«

Apokalypse: Im Mai 1631 wurde Magdeburg im Namen des Glaubens in Schutt und Asche gelegt.

Die Elbe Flür

Ein »Teutsches Jerusalem«: Gläubige Protestanten deuteten die Katastrophe als Strafe Gottes.

EIN DEUTSCHES TRAUMA
DER FALL VON MAGDEBURG

E s war ein Tag, der die Welt veränderte. Am 20. Mai 1631 legte eine entfesselte Soldateska das protestantische Magdeburg »für die katholische Sache« in Schutt und Asche. Dabei kam es zu einem Massaker, das Abscheu und Entsetzen in ganz Europa auslöste. Das Ausmaß des Grauens konnte »mit Worten nicht genugsam beschrieben und mit Thränen nicht beweint werden«, so Augenzeugen des Infernos. »Etwas Böses und Finsteres, das stärker war als der menschliche Wille, war in Deutschland entfesselt worden«, schreibt der schwedische Historiker Peter Englund, »etwas, das aus Geschehnissen wie diesem Energie gewann und nun wie ein großes schweres Rad zu rotieren begann – sich drehte und drehte – in immer schnellerem Tempo.« Zwanzig Zeitungen, 41 illustrierte Flugblätter und 205 Pamphlete verbreiteten die Nachricht über den Kontinent – es war das erste große Medienereignis in der deutschen Geschichte. Das Geschehene muss so beispiellos gewesen sein, dass unsere Sprache ein neues Verb dafür fand: »Magdeburgisieren« wurde zu einer Metapher des größtmöglichen Schreckens, zum Maßstab, an dem

Ein gewaltiges Massaker: Die Gräueltaten der katholischen Soldateska erregten Abscheu in ganz Europa.

die Menschen im Dreißigjährigen Krieg ihre Ängste und Erwartungen orientierten. Ob Freund oder Feind – jedermann stand vor Augen, dass sich der GAU des Grauens jederzeit wiederholen konnte.

Anders als in unserer multimedialen Welt gab es damals keine authentischen Bilder vom Schauplatz der Katastrophe. Und doch sind vage Szenen dieser Hölle bis heute im kollektiven Gedächtnis der Menschen erhalten geblieben: ein Fluss, rot von Blut, auf dem Knäuel von verkohlten Körpern treiben; Straßen, übersät mit Leichen, an denen streunende Hunde nagen; ein Feuersturm, der in zuckenden Stößen zum Himmel aufsteigt und eine schöne Stadt verschlingt; eine Kirche, die wie eine schwarze Nadel aus Trümmern und Asche ragt; Kinder, die hinter den Leibern ihrer getöteten Mütter Schutz suchen; Frauen, die von betrunkenen Soldaten zu Tode vergewaltigt werden; ganze Familien, die wahnsinnig vor Angst in den Selbstmord flüchten.

Gestern wie heute sind es die Berichte der Opfer, die uns am meisten bewegen, auch wenn ihnen für den Schmerz, für ihre Ver-

> Wir sind doch nunmehr ganzt / ja mehr denn gantz verheeret!
> Der frechen Völcker
> Schaar / die rasende Posaun
> Das vom Blutt fette Schwerdt / die donnernde Carthaun /
> Hat aller Schweiß / und Fleiß / und Vorrath auffgezehret.
> Die Türme stehn in Glutt / die Kirch ist umgekehrt.
> Das Rathauß ligt im Grauß / die Starcken sind zerhaun /
> Die Jungfern sind geschänd't / und wo wir hin nur schaun
> Ist Feuer / Pest / und Tod / der Herzt' und Geist durchfähret.
> Hir durch die Schantz und Stadt / rinnt allzeit frisches Blutt.
> Dreymal sind schon sechs Jahr / als unser Ströme Flutt /
> Von Leichen fast verstopft / sich langsam fortgedrungen.
> Doch schweig ich noch von dem / was ärger als der Tod /
> Was grimmer denn die Pest / und Glutt und Hungersnoth /
> Das auch der Seelen Schatz / so vilen abgezwungen.
> Thränen des Vaterlandes, Andreas Gryphius, 1636

zweiflung und Trauer die Worte fehlen. Was er als Zwölfjähriger auf der Flucht aus der brennenden Stadt erlebte und wohl niemals mehr loswerden konnte, schildert Daniel Friese, der Sohn des Magdeburger Stadtschreibers: »Als wir nun ... durch ein paar Gassen gangen waren, sahen wir unterschiedliche Todten an einander liegen, musten offt im grossen Gedräng über die toten Cörper lauffen und schreiten. Unter andern sahen wir auch einen Bauer oben aus einem Giebel herunter werffen, welcher mit heissem Wasser verbrennet war, und gewaltig rauchte. Dieser lag auf der Gasse, weltzte sich und schrie erbärmlich. ... Wir sahen ettliche Weibs-Persohnen gantz entblösset liegen, welche mit dem Kopff in ein grosses Brau-Faß, so in der Gasse voll Wasser stund, gestürtzt und ersäufft waren, aber mit halben Leibe und Beinen heraus hungen; welches ein erbärmlich spectacul war.«

WAS GENERIERTE DIESE TEUFLISCHE Energie, die das schwere Rad der Gewalt immer weiter antrieb, bis es zu solchen Exzessen kam? Was machte die Landsknechte, die meist selbst vom Elend in die Armeen getrieben wurden, zu derart skrupellos mordenden Bestien? Bis heute suchen Wissenschaftler nach einem Erklärungsmodell – von religiösem Fanatismus bis zu den genetischen Wurzeln des Bösen.

Unzählige Opfer: Schwelende Asche senkte sich wie ein gewaltiges Leichentuch über Tausende tote Leiber.

Dr. Maren Lorenz von der Hamburger Stiftung zur Förderung von Wissenschaft und Kultur hat sich in jahrelanger Forschungsarbeit mit den Formen der Gewalt im Krieg auseinander gesetzt: »Jede Tat hat ihre individuelle Geschichte, es gibt keine Schablone für Gewalt, die für alle Fälle anwendbar wäre«, sagt sie. »Begriffe wie ›Blutrausch‹, die schlicht dunkle Jagdinstinkte unterstellen, greifen zu kurz, scheinen eher moderne Entlastungsargumente für die Täter zu sein und fungieren als Schutz für Zivilisationstheorien. Jeder einzelne Soldat hat seine eigene Sozialisation und Biographie, die sein Verhalten in so einer Situation mitbestimmt. Jemanden außerhalb einer direkten Notwehrsituation zu töten, ist eine Sache. Jemanden über Stunden hinweg zu quälen, eine ganz andere – und mit Sicherheit kein unbewusster spontaner Akt. Immer steckt ein Motiv dahinter. Sei es Freude am Tabubruch, Abbau von Anspannung, Gier nach Macht oder Bereicherung, sadistische Freude an der Ohnmacht und Erniedrigung anderer, vor allem als Kompensation für frühere eigene Misshandlungen oder Demütigungen. Nicht zu unterschätzen ist der Ausnahmecharakter solcher Extremsituationen. Nachträglich lässt sich kaum nachweisen, wer in einem solchen Chaos was getan hat. Bei derartigen Gelegenheiten werden ja gelegentlich auch Feinde innerhalb der eigenen Truppe beseitigt.«

Der Rächer: Kaiser Ferdinand II. wollte die Bastion des Protestantismus mit aller Macht bezwingen.

Die Rache der religiösen Fundamentalisten

Nur das verhängnisvolle Zusammenspiel der Ereignisse lässt sich rekonstruieren, das jene Eskalation der Gewalt in Magdeburg möglich machte.

Es ist die erste Stadt im Reich, die sich mit dem Schwedenkönig Gustav Adolf verbündet hat, dem rettenden »Löwen aus Mitternacht«, der Deutschland vom Joch des Katholizismus befreien will. Als

»unseres Herrn Gottes Canzelei« wird sie verklärt, eine Bastion des Protestantismus, die sich »wider den Kaiser wohlgehalten« hat. Sie trotzte der Belagerung durch Wallenstein, bis der Generalissimus seine Truppen abziehen ließ – er schonte die blühende Hansestadt, die eine wichtige Lebensader des Krieges war. Nach der Absetzung des Feldherrn aber will der Kaiser das aufständische Magdeburg mit aller Macht bezwin-

gen. Die Herrschaft über die Stadt an der Elbe ist für die katholische Seite zum »Zentrum und Fundament des Krieges« geworden, zum Angelpunkt für eine konfessionelle Rückeroberungswelle im Norden und Osten des Reiches. Nicht ganz uneigennützig will Ferdinand II. in Magdeburg ein Exempel statuieren und von Tillys Truppen das gerade erlassene Restitutionsedikt vollstrecken lassen. Mit der Beschlagnahmung protestantischer Besitztümer möchte der Herrscher seinem Sohn zu einem Bischofssitz verhelfen.

Der Erstürmung der Stadt geht eine monatelange Belagerung durch die kaiserlichen Truppen unter Tilly und Pappenheim voraus. Tag und Nacht werden Schanzen und Laufgräben gebaut, Kilometer um Kilometer graben sich die Söldner an die befestigte Stadt heran. In den Gräben schützen sie sich durch schwere, mit Steinen gefüllte Körbe vor dem gegnerischen Kugelhagel, doch viele kommen bei dem gefährlichen Unterfangen ums Leben. »Da ist unser Hauptmann vor einer Schanze, neben vielen anderen totgeschossen worden. An einem Tag haben wir 7 Schanzen eingenommen«, schreibt der Söldner Peter Hagendorf in seinem Tagebuch. »Danach sind wir dicht davor gezogen, haben mit Schanzen und Laufgräben alles zugebaut, doch es hat viele Leute gekostet. Den 22. März ist uns Johan Galgort als Hauptmann vorgestellt worden, den 28. April ist er im Laufgraben wieder totgeschossen worden.«

Die Arbeit ist hart und entbehrungsreich, und die Männer fiebern der reichen Beute in der feindlichen Stadt entgegen – am Ende müssen sie fast rasend und ausgehungert gewesen sein. Ausgerechnet jetzt kommt es zu einem bedrohlichen Versorgungsengpass bei den Truppen. Der abgesetzte Wallenstein verweigert seinem Nachfolger Tilly die Lieferung von Getreide aus seinen Herzogtümern Mecklenburg und Friedland – von »Heeressabotage« ist die Rede. Die Situation spitzt sich immer weiter zu, die kaiserliche Armee vor Magdeburg erleidet beträchtliche Verluste. Nur die Aussicht auf die Eroberung einer der reichsten Städte Deutschlands verspricht den Soldaten ein Ende des zermürbenden Darbens und heizt ihren Kampfesmut bis zum Äußersten an.

Zur selben Zeit ist die Stimmung in Magdeburg von einer apokalyptischen Erwartungshaltung geprägt. Viele Gläubige sehen in der drohenden Eroberung der »festen Burg«, herbeigeführt durch den katholischen »Antichrist«, eine strafende Heimsuchung

Gnade: Doch kein Flehen und Bitten half. Wie einst Jerusalem ging Magdeburg unter.

Gottes. Der Stadt wird eine historische Rolle zugeschrieben, die der Jerusalems gleichkommt – ein warnendes Beispiel für die Magdeburger. »Gott wolle gnädigst abwenden, dass dies nicht ein böses Omen sei und es Magdeburg wie Jerusalem gehen möge«, verkündet der Dompprediger Reinhard Blake am 1. August 1630 in seiner Predigt auf die Bibelverse Lukas 19, 42–44. Darin sagt Christus den Untergang der heiligen Stadt mit folgenden Worten voraus: »Denn es wird die Zeit über dich kommen, dass deine Feinde ... dich belagern und an allen Orten ängstigen [werden]; und werden dich schleifen und keinen Stein auf dem anderen lassen, darum, dass du nicht erkannt hast die Zeit, darin du heimgesucht wirst.«

Bereits Monate vor der Belagerung wird der mögliche Fall der Stadt in Zeitungen und Flugschriften, in Liedern und Predigten in den Rang eines weltgeschichtlichen Ereignisses erhoben. Meldungen über die tatsächliche Gefahr, in der sich die Stadt befindet, erreichen den verbündeten Schwedenkönig allerdings erst am 22. April 1631 in Frankfurt an der Oder, rund 250 Kilometer von Magdeburg entfernt. Noch wenige Tage zuvor hatte Gustav Adolf in einem Brief an seinen schwedischen Stadtkommandanten Dietrich von Falkenberg geäußert, es lägen wohl nicht mehr als 4000 Mann vor der Stadt. In Wirklichkeit haben sich mehr als 32 000 Soldaten dicht vor den Mauern von Magdeburg verschanzt. Aufs Allerhöchste alarmiert, erteilt der König den Befehl, umgehend nach Westen aufzubrechen, um die eingeschlossenen Glaubensgenossen zu befreien. Doch der Schwede kommt zu spät. Seine Kavalleriepatrouillen stehen vierzig Kilometer vor Magdeburg, als ihn die fürchterliche Nachricht erreicht.

Am Nachmittag des 19. Mai verstummt das Bombardement der kaiserlichen Kanonen – ein Zeichen für den bevorstehenden Sturm. Die letzten Verhandlungen über eine Kapitulation sind gescheitert. Oberst Falkenberg ermutigt die Verteidiger der Stadt zum Durchhalten, gebraucht starke Worte. Jede Stunde, die man sich noch halte, sei nicht mit einer Tonne Gold zu bezahlen – mit dem Entsatz durch die schwedischen Truppen sei stündlich, ja augenblicklich zu rechnen. Die Nacht verbringt Falkenberg wachend auf den Wällen, doch sie geht ruhig vorüber. Rund 35 000 Menschen halten sich zu diesem Zeitpunkt innerhalb der Stadtmauern Magdeburgs auf. Viele Bürger verbarrikadieren sich mit ihren Familien in ihren Häusern, vernageln Türen und Fenster. Zwischen 2000 und 4000 Menschen suchen Zuflucht im Dom und bitten um göttlichen Beistand. Sie warten und bangen – bis es am frühen Morgen zur Katastrophe kommt.

»Den 20. Mai haben wir mit Ernst angesetzt und gestürmt und auch erobert. Da bin ich mit stürmender Hand ohne allen Schaden in die Stadt gekommen. Aber in der Stadt, bin ich zwei mal durch

Asyl: Abertausende suchten Zuflucht in Kirchen und hofften auf göttlichen Beistand.

den Leib geschossen worden, das ist meine Beute gewesen«, so der Söldner Hagendorf über den gefährlichen Sturm auf die Stadt. Nur drei Stunden vergehen, bis die unterlegenen Verteidiger auf den Mauern überwältigt sind. Aber noch immer weigert sich Falkenberg, den angebotenen Pardon anzunehmen. Zum Letzten entschlossen wirft er sich mit seinen Leuten dem Feind entgegen und fällt in einem desperaten Straßenkampf. »Er starb wie ein Held und fühlte sich als Märtyrer für das Evangelium«, schreibt der Historiker Felix Berner.

»Da ist nichts als Morden, Brennen und Plündern gewesen«

Tillys Soldaten schlagen in blinder Wut alles nieder, selbst kaisertreue Bürger, die ihre vermeintlichen Befreier freudig begrüßen. Nichts kann das Töten aufhalten. Selbst das uralte Asylrecht der Kirchen wird außer Kraft gesetzt. Die Mörder werfen brennende Fackeln durch die Fenster, lassen die Schutzsuchenden qualvoll ersticken und verbrennen. Ihre größte Rache und Demütigung aber ist die Vergewaltigung der Frauen und Mädchen – ein Akt totaler Machtdemonstration gegenüber dem unterlegenen, andersgläubigen Feind. Nicht einmal der Tod ihrer Opfer kann den Tätern Einhalt gebieten. Sie zerstückeln die Leichname, schneiden den getöteten Frauen Brüste und Köpfe ab. »Da ist nichts als Morden, Brennen, Plündern, Peinigen, Prügeln gewesen«, schreibt der Magdeburger Ratsherr und Naturforscher Otto Guericke (1602–1686) in seinem bewegenden Augenzeugenbericht über das Massaker. »Insonderheit hat ein Jeder von den Feinden nach vieler und großer Beute gefragt. ... Endlich aber, wenn es alles hingegeben und nichts mehr vorhanden gewesen, alsdann ist die Noth erst angegangen. Da haben sie angefangen zu prügeln, ängstigen, gedrohet zu erschießen, spießen, henken etc. ... Mit den Weibern, Jungfrauen, Töchtern und Mägden aber, ... ist es mit vielen fast übel abgelaufen, sind theils genothzüchtigt und geschändet, theils zu Concubinen behalten worden.«

D R. MAREN LORENZ BESCHÄFTIGT seit langem mit den Formen der Gewalt in den Kriegen der Frühen Neuzeit. Anhand der Erkenntnisse, die sie aus der Analyse ganzer Berge von zeitgenössischen Quellen gewonnen hat, versucht sie zu erklären, was Soldaten zu solchen Exzessen treibt: »Nach Schlachten oder Eroberungen von Städten wurde es bei den siegreichen Parteien oft ein oder zwei Tage geduldet, wenn sie zerstörten, stahlen, sich total betranken – und vergewaltigten. Sexuelle Gewalt wurde durchaus als ›Belohnung‹ eingesetzt, natürlich nie offiziell, denn im Gegensatz zum Plündern war Vergewaltigung in den Militärordnungen auch nach einer Eroberung streng verboten. Es verstieß gegen die Ehre des ›miles christianus‹, des christlichen Soldaten, wie es damals hieß. Das Militärrecht maß hier mit zweierlei Maß. Geduldet wurde, was die Motivation der Truppe hob; dazu gehörten auch gele-

Vergewaltigung: Die Militärführung duldete, was die Motivation der Truppe hob.

Mein Manheit zeig ich hier, Dü schandhut sage ahn
Wo ist der schelm Der dieb, der hund, dein Loser Man,

gentliche Exzesse, so lange sie von der Militärführung kontrolliert werden konnten. Bestraft wurde nur – oft sogar mit dem Tod –, was der Kriegsführung schadete, etwa Feigheit vor dem Feind, Desertion oder Kameradendiebstahl. Vergewaltigung gehörte nicht dazu.«

Das Magdeburger Inferno erreicht seinen Höhepunkt in einem großen Feuer, das sich rasch ausbreitet. Bereits um zehn Uhr vormittags steht die ganze Stadt in Flammen. Eine wogende Masse aus Rauch, Glut und Feuer wälzt sich durch die Straßen, Abertausende ersticken erbärmlich in ihren Verstecken. »Da diese so herrliche, große Stadt, die gleichsam eine Fürstin im ganzen Lande war, in voller brennender Gluth und solchem großen Jammer und unaussprechlicher Noth und Herzeleid gestanden, sind mit gräulichem, ängstlichen Mord- und Zetergeschrei viel tausend unschuldige Menschen, Weiber und Kinder kläglich ermordet und hingerichtet worden, also dass es mit Worten nicht genugsam kann beschrieben und mit Thränen beweint werden«, schreibt Otto Guericke.

Selbstopfer: Haben fanatische Protestanten ihre Stadt aus Verzweiflung selbst angezündet?

Die geschändete Jungfrau Magdeburg

Bis heute spekulieren Historiker über die Frage, wer dieses infernalische Feuer eigentlich gelegt hat. Waren es Tillys Truppen, die den Protestantismus ausmerzen wollten? Haben die Bürger ihre Stadt selbst angezündet, um sie vor der Herrschaft des »Bösen« zu bewahren?

Die Indizien deuten auf Feldmarschall Falkenberg, den Führer der schwedischen Partei in der Stadt. Seine fanatischsten Leute sollen Pulverladungen in den Häusern versteckt und im Moment der höchsten Gefahr entzündet haben. »Von der Persönlichkeit Falkenbergs her gesehen, wirkt eine Tat, die an die Zerstörung Moskaus nach der Eroberung durch Napoleon erinnert, völlig folgerichtig«, schreibt der Historiker Felix Berner. Er sei nicht nur ein fähiger Offizier gewesen, sondern vor allem ein feuriger Protestant und glänzender Agitator, der sich lieber selbst geopfert habe, als den Widerstand aufzugeben. Und der Sturm auf Magdeburg war die Stunde seiner Bewährung – entweder für den König der Schweden siegen oder für ihn unterzugehen. Falls Falkenberg die Stadt wirklich zerstören ließ, so hat er damit seinem Herrn militärisch einen letzten Dienst erwiesen. Als Trümmerfeld hatte die Festung jeglichen strategischen Wert verloren.

Der Brandstifter: Die protestantische Propaganda gab Tilly die Schuld an dem grauenvollen Inferno.

Im Nachhinein verherrlichte auch die protestantische Propaganda die Selbstaufopferung der Stadt und verglich die Tat der »Jungfrau Magdeburg« mit dem Selbstmord der Lucretia. So heißt es in einem Gedicht, das nach der Zerstörung der Stadt geschrieben wurde: »Die Magd und Burg, die feste Stadt / An Gott durch eine römische Tat / Ihr Jungfrauschaft geopfert hat. / So Luthrische Lucretia, / Aufrechte deutsche Constantia / Bin ich in ewiger Gloria.« Beweise für die »Selbstmord-Theorie« gibt es indessen nicht.

PROTESTANTISCHE FLUGSCHRIFTEN klagten dagegen Tilly als Brandstifter an. Doch die meisten Historiker sind davon überzeugt, dass diese Tat den Interessen des Generals völlig widersprach. Er brauchte in Norddeutschland eine reiche, lebendige Stadt als militärischen Stützpunkt, und ihre Einäscherung war ein nicht wieder gutzumachender Verlust für die kaiserliche Seite. Die Forschung ist sogar der Meinung, dass Tilly gar nicht in der Lage gewesen sei, dieses Inferno zu entfachen. Zwar war er zu diesem Zeitpunkt der meistgefürchtete Feldherr in ganz Europa, doch seine strenge persönliche Moral und Frömmigkeit hatten ihm den Beinamen »Mönch in Rüstung« eingebracht. Als er am Tag nach der Zerstörung die rauchenden Ruinen von Magdeburg erblickte, soll er aufrichtig schockiert gewesen sein. »Aus verkohlten Trümmerhaufen stank es nach verbranntem Fleisch, Hunde streunten umher und nagten an den Leichen, und betrunkene Soldaten gruben in der Asche und in den mit Leichen angefüllten Kellergewölben nach noch mehr Beute«, schreibt Peter Englund über das endzeitliche Szenario. »Es blieb nichts anderes übrig, als die Toten einfach in die Elbe zu werfen; vierzehn Tage lang rollten mit verkohlten Körpern vollbeladene Wagen zwischen der Stadt und dem Fluss hin und her.«

Ewiges Trauma: Zurück blieben Berge von verkohlten Körpern.

Die wohl eindringlichste Beschreibung der Zustände in der Stadt überliefert der Ratsherr und Physiker Otto Guericke in seiner Chronik: »Die abgestorbenen Leichname, so das Wasserthor hinaus in die Elbe geführt worden, haben, weil an dem Orte alle Wege ein Kräusel oder Wirbel ist, nicht bald wegfließen können oder wollen, also dass viele da lange herumgeschwommen, die theils die Köpfe aus dem Wasser gehabt, theils die Hände gleichsam gen Himmel gereckt und dem Anschauer ein fast grausam Spectakel gegeben haben, davon denn viel Geschwätzes gemacht worden, gleich als hätten solche todte Leute noch gebetet, gesungen und zu Gott um Rache geschrien.«

WER DIE STADT TATSÄCHLICH angezündet hat, wird sich wohl niemals beweisen lassen. Vermutlich wirkten viele Faktoren zusammen – zumal das Feuer laut Augenzeugenberichten »an mehr als fünfzig Orten« auf einmal ausbrach. Für den Historiker Englund ist entscheidend, »dass am Ende ein Ergebnis stand, das eigentlich niemand gewollt hatte. Das Geschehene war unheilverheißend, denn es offenbarte nicht nur, dass der Krieg im Begriff war, brutalisiert zu werden, sondern auch, dass die Kriegsherren die Kontrolle über die Ereignisse verlieren konnten.«

Von den rund 30 000 Bürgern der Stadt starben etwa zwei Drittel. Noch ein Jahr nach dem Inferno fand man verkohlte Körper in den verfallenen Kellern. Die überlebenden Protestanten wurden zu Kriegsgefangenen erklärt, teils an Pferde gebunden und durch die schwelenden Gassen geschleift. Männer erhielten die Möglichkeit, sich und ihre verschleppten Frauen freizukaufen. Wer nicht über entsprechende Mittel verfügte, musste als Diener bei der Armee bleiben. Ein Verzeichnis aus dem Jahr 1632 belegt, dass nur etwa 200 Überlebende in die zerstörte Stadt zurückkamen und einen Neuanfang wagten.

Rettungsgeschichten von Davongekommenen

Von einem Akt der Menschlichkeit inmitten der Hölle erzählt eine bewegende Geschichte – wir wissen allerdings nicht, was daran wahr und was Legende ist. Als Tilly zwei Tage nach der Katastrophe die Öffnung des Domes anordnete, stellte sich der erste Domprediger Magdeburgs, Pastor Reinhard Blake, dem Feldherrn entgegen und warf sich vor ihm auf die Knie. Mit einem ergreifenden Vers des Dichters Virgil – übertragen auf die untergegangene Elbestadt – bat er um Gnade für die in dem Gotteshaus eingeschlossenen Bürger: »Das ist der Tag des Verderbs und das unabwendbare Schicksal Magdeburgs! Troier waren wir, Ilion war und der Elbestadt strahlender Ruhm!« Beeindruckt von den Worten des Geistlichen soll Tilly die Bürger verschont und in die Freiheit entlassen haben. Der Dom muss für die Soldaten das letzte Tabu gewesen sein, das sie

Szenen aus der Hölle: Künstler und Chronisten verglichen das Inferno der Stadt Magdeburg mit dem Jüngsten Tag.

nicht zu brechen wagten. Der Dom war die einzige Kirche, die nicht von den Flammen verschlungen wurde und die Geretteten müssen an einen von Gott gesandten Schutzengel geglaubt haben.

Nicht jeder Soldat wurde bei dem Massaker zum Mörder, auch das überliefern die Berichte der Augenzeugen. Es sind »Rettungsgeschichten von Davongekommenen«, so Hans Medick vom Göttinger Max-Planck-Institut für Geschichte, die dem »Plot der wunderbaren Errettung mit göttlicher Hilfe aus einer extremen Not- und Gewaltsituation« folgen. Wie anders, wenn nicht durch ein Wunder, war es zu erklären, wenn ein Soldat mit erhobenem Schwert innehielt, weil ein Kind für das Leben seiner Eltern bettelte, weinte und bezahlen wollte? In seinen Aufzeichnungen schreibt der damals zwölfjährige Daniel Friese: »Indessen kam er auf den Vater loß mit dem Spitzhammer. Die Mutter lief alsbald zu mit Schreyen, und wir Kinder alle um den Soldaten herum, bitten und ruffen: Er solle doch nur den Vater leben lassen. Christian, mein vierdter Bruder, so damahls ein kleines Kind, das nährlich ein wenig lauffen und lallen kunte, spricht in der großen Angst zu dem Soldaten: ach last doch nur den Vater leben, ich will euch gerne meinen Dreyer, den ich auf den Sonntag bekomme, geben. ... Welches von diesem unerzogenen damahls einfältigen Kinde dem Soldaten vielleicht durch Gottes gnädige Schickung sein Hertz bewegte, daß er alsobald sich änderte und aus einem grausamen ein freundliches Gemüthe zu uns wendete. Er sah uns Kindern an, wie wir da um ihn stunden, und sagte: ey das seynd feine Bübel, dann er war ein Nürnberger und sagte hernach zu dem Vater: Wiltu mit denen Kindern heraus kommen, so gehe alsbald fort, denn die Croaten werden über eine Stunde herein kommen, so wirst du mit deinen Kindern schwerlich leben bleiben.«

Das Wunder von Magdeburg: Der Dom blieb von den verheerenden Flammen verschont, Bürger, die dort Zuflucht gesucht hatten, überlebten.

IM LICHT DIESER SELBSTZEUGNISSE trete ein »Rest an menschlicher Infrastruktur« zutage, so Hans Medick. In den Urhebern erkennt der Historiker »einerseits Opfer von Gewalt, Ausplünderung und Erpressung, nie jedoch gänzlich ohnmächtige Opfer, sondern stets auch Handelnde und Reagierende, die selbst in extremer Bedrängnis nicht darauf verzichten, verbleibende Handlungsspielräume zu nutzen«. Es war nicht der angebotene Sonntagsdreier, der für Familie Friese lebensrettend war, obwohl selbst die Kinder den Wert des Schutzgeldes für das Überleben im Krieg erkannt hatten: Es war die »Beute-Ökonomie«, die für begrenzte Zeit ein Miteinander zwischen zivilen Opfern und gewaltbereiten Söldnern möglich machte. Gegen ein Zahlungsversprechen von 200 Talern gewährte der Soldat der Familie des Stadtschreibers militärischen Schutz und führte sie während Mord und Totschlag tobten aus der brennenden Stadt heraus ins Lager. Rückblickend schreibt der erwachsene Daniel Friese: »Diese Nacht, ungefähr um 11 Uhr, stunde die gantze Stadt Magdeburg im Feuer, und führte uns der Vater seelig aus der Hütten, damit wir die Zeit unsers Leben davon sagen könten. Es war im Lager, welches doch eine große Weite von der Stadt gelegen, alles helle, daß man eien Brieff darbey lesen kunte, von der grossen Feuers-Gluth.« Als »soziale« Gegenleistung für die Eskorte aus der Stadt musste die Frau des Stadtschreibers als Köchin und Kinderfrau für den Söldner und dessen Familie arbeiten.

Eine zweite Möglichkeit zu überleben war die Kooperation mit den Eroberern beim Plündern – als Träger von Beutegut, als ziviler Pfadfinder, der die Eindringlinge durch die fremde Stadt führte, als Lieferant von »local knowledge« (Hans Medick), mit wertvollen Informationen handelnd. So berichtet der Söldner Peter Hagendorf in seinem Tagebuch, dass seine Frau beim Beutemachen in der brennenden Stadt eine Gehilfin fand, die mit ihr das geraubte Gut – Wäsche, Wein, silberne Gürtel und Kleider – ins Lager trug.

Diese Geschichten von Davongekommenen belegen, dass nicht immer alle Tabus außer Kraft gesetzt wurden. Das Beute-Prinzip etwa wirkte als »Gewalt-Bremse«, meint Medick. War die »Geschäftsfähigkeit« der Zivilisten jedoch nicht gegeben, so »wurde die Gefahr der Exponierung gegenüber Gewalt zum tödlichen Risiko«.

Zeichen der Apokalypse

Die Welt war aus den Fugen geraten, und Christophorus Thodaenus, Pfarrer an der Magdeburger Katharinenkirche, sprach angesichts der »Stadtverwüstung« von einem »total ruin der gantzen Welt« – das sei der Jüngste Tag. Als »Strafe Gottes« fand die Katastrophe im Nachhinein eine religiöse Erklärung und es kursierten Berichte über Warnzeichen, deren rechtzeitiges Erkennen den Untergang hätte verhindern können: glühende Feuerzeichen am Himmel, Monstergeburten und Stürme, die Kirchturmspitzen zerstörten. Als »Orientierung im Erleben eines ansonsten undurchschaubaren und überwältigend wirkenden Zeitgeschehens« deuten Historiker heute solche Berichte – als Bewältigungsstrategie. Durch die »vergangenen Zukunftszeichen« sah sich auch der einfache Mensch in die Lage versetzt, »mit eigenen Augen die Botschaften Gottes wahrzunehmen«, so die Historikerin Benigna von Krusenstjern vom Max-Planck-Institut für Geschichte. »Wenn für ihn die erlebten Schrecken als Gottesstrafen erkennbar waren, so war er diesen nicht blindlings ausgeliefert. Es gab mit Gott eine Instanz, an die er sich als Gläubiger im Gebet wenden und um ein Ende des Schreckens flehen konnte.« Gott war in allem Chaos der Garant dafür, dass sich alles – wenn auch nicht in diesem Leben – zum Guten wenden würde.

Kurz nach dem 20. Mai 1631 versuchte etwa der Bäckermeister Steffan Neuwirdt im benachbarten Eisleben, dem »großen Unglück« Magdeburgs im Lichte der »Vaticinien« nachträglich Sinn zu verleihen: »Vor diesem grossen Unglücke seindt unterschiedliche grosse Sturmwinde, item das Zeichen an dem Mond den 4. Maij zuvor geschehen, welche gleichsam dies grosse Unglücke zuvor verkündiget haben. Der fromme Gott wolle sein armes Häufflein in seinen göttlichen Schutz nehmen und vor der antichristlichen Tyrannei behüten, sonst ist es mit uns verlohren. ... Als vor Jahren ist auf dem Stadtgraben Blutt aus dem Walle gequollen, daß das Wasser im Stadtgraben ganz blutroth ist worden, ... item etzliche Tage vor der Eroberung ist ein weißer geharnischter Mann über der Stadt am Himmel gesehen worden, so sich in bluthroth

verwandelt gehabt. Solche undt andere Zeichen hatt Gott zuvor geschicket, seinen gerechten Zorn, so er über die Stadt Magdeburck
hatt ergehen lassen, zuvor damit zu verkündigen, und habe solches
gleichwohl hierher mit verzeichnen wollen.«

Bereits im Jahr 1618 war ein Komet am Himmel erschienen,
den die Menschen in ganz Deutschland als Indiz für eine bevorstehende Katastrophe deuteten. Als im selben Jahr der Dreißigjährige
Krieg ausbrach, fand sich dieser Glaube bestätigt, und die einfachen
Leute sahen in dem flammendes Himmelsphänomen die eigentliche Ursache des Infernos. »Die Menschen nahmen wahr, was um
sie herum vorging, aber sie verstanden es nicht. Das einzige Erklärungsmodell, das sie hatten, war, sich als Opfer göttlicher Züchtigung zu begreifen«, so der Züricher Historiker Professor Bernd
Roeck. »Sie sahen sich in ihrer Schuld vor dem Herrn und wussten,
dass Pest, Hunger und andere Übel kamen, um sie heimzusuchen.
Die Menschen der damaligen Zeit wussten sich in einer Ordnung
aus Strafe und Gnade, und allein gottgefälliges Leben hätte sie da-

> Noch neulich rühmte man, der Tilly sei beschrieen
> Von dreien Tugenden, vor andern ihm verliehen.
> ...
> Nachdem er aber sich an Blutschuld voll gesoffen
> Und an der Sachsen Magd die Keuschheit abgelassen,
> So kann er in der Schlacht nicht mehr, wie vor, bestehn
> Und muß vor seinem Feind in stetem Fliehen gehen.
> Denn wer sich Blut voll säuft, hat gar kein recht Geschicke,
> Und wer Jungfrauen schändt, hat weder Stern noch Glücke.
> Drum heißt er billig nun, wie er's verdienet hat,
> Ein Hurer, Trunkenpolt und flüchtiger Soldat.
>
> Georg Gloger

Mahnung: Die ersten
Bilder des Grauens –
festgehalten von zeit-
genössischen Malern.

raus befreien können. Das war ihre Überzeugung, deshalb suchte der Herr sie auch
mit dem Krieg heim.«

DER FALL VON MAGDEBURG hatte
eine regelrechte Flut von protestantischen Flugschriften zur Folge, mit denen
man versuchte, der Niederlage des »teutschen Jerusalem« Sinn zu verleihen. Einerseits wurde die Zerstörung der Stadt als
verdiente Strafe Gottes dargestellt, andererseits als besonders grausames Werk des
katholischen Feindes. Ein Teil der Propaganda deutete den Untergang als Zeichen der Hoffnung, dass sich aus der Zerstörung des
»Magdeburgischen Israel« die zukünftige Wiederauferstehung evangelischer Freiheit ergeben möge. Mit dem Schicksal der »Jungfrau
Magdeburg« beschwor man die Befreiung und Rettung des Protestantismus herauf – durch Gustav II. Adolf, den »Löwen aus Mitternacht«. Damals wie heute förderte die gezielte Propaganda eine
militante Einstellung der Bevölkerung und verlieh dadurch dem
Krieg neuen Antrieb. Tatsächlich verbündeten sich zahlreiche protestantische Städte und Fürstentümer nach der grauenvollen Zerstörung von Magdeburg mit dem Schwedenkönig. Eine einzigartige
Rückeroberungswelle begann.

Eine Flugschrift beschreibt die Ankunft Gustav Adolfs in der
verheerten Stadt. Was der Schwede dort vorfindet, ist nur mit der
düsteren Unterwelt des Hades vergleichbar. In seinem von Schuld-
gefühlen durchdrungenen Monolog wird der König von einer weiblichen Stimme unterbrochen. Sie gibt sich als Jungfrau von Magdeburg und als Verlobte Gustav Adolfs zu erkennen, die nun als
Elbnymphe am Ufer des Stromes lebt. Sie beschreibt ihr geschän-
detes Aussehen, ihren vergangenen Ruhm und ihre einstige Schönheit. Den schwedischen König verklärt sie als Rächer, als Geliebten
und Hoffnungsträger zugleich, der zum Kampf und zur Vergeltung
gerüstet ist. Sie fordert ihn auf, nicht zu ruhen, bis der Feinde »ver-
fluchtes Blut dies Wasser färben wird«. Dafür wolle sie »zu Gottes
Thron mit Herz und Munde flehen«.

Schwedischer Zug/
Das ist:
Guter Anfang zu der instehenden Göttlichen Hülffe/
vnd Exempel der rechten Buß.

Als mit frolocken der A. Vogel sein Beuth gebracht
An jetzt gemelten B. orth/man das sehr wenig lacht/
   Weil man nachfahren sah den C. Held von Gott er-
      kohren/
Zu D. erobern all das/was man bißher verlohren.
So das Gott selbst E. regiert seins Wagens F. geschwinden lauff/
Gotts G. eyfer raumbt hinweg/was ihn möcht halten auff/
   Der H. an dem Weg auch saß/war fro daß er hätt friede/
   Am Wagen war sein Span I. von Tugent vnterschieden
K. Großmütig/L. schnell M. vñ listig/N. fürsichtig von geschlecht/
Er selber führt den Nam/hoch Adelich gerecht/ (Gust. Adol.)
   O. Wind vnd P. Meer müssen ihm stets stehen zu geboten/
   Weil er Christi Schifflein/erretten will auß nöthen.
Vom Frieden Q. ihm viel wurd gesagt/da er auffbrach/
Doch merckt er wol/daß sich nicht so verhielt die Sach/
   Da er das vorig R. Weib am Weg weinendt hört flehen/
   Würcklich zu trösten sie/Er keins wegs kundt vmbgehen.

Weil zur bedrengten schutz/Gott ihm segnet sein S. Schwerdt/
Als braucht ers zu Gotts Ehr/wo mans an ihn begehrt:
   Weil er thut in sein Reich löblich das Recht T. handha-
   Als wolt er solches gern an allem Ort so haben. (ben)
Darzu ihm auch sein Freund/V. die noch leyden vnrecht
Nicht wenig jammern thun/daß er ihn hülff zu recht.
   Wiewol vnansehlich sein Mittel seind zu achten/
   Sol man doch nicht den Feind/ob schon gering/verachten/
Dann was er mangel hat/kan ihm W. Gott schicken zu/
Heimlich durch die/so ihm bißher noch X. sehen zu.
   Deß Himmels Y. Geister all ihm Sieg thäten nachsingen/
   Vnd für freud in der lufft sich hoch vnd nieder schwingen/
Für sein verlust ein Z. Krantz/von Lohrbeer schön gemacht/
Brachten sie ihm entgegen/den er gar nicht veracht.

Gedruckt im Jahr M. DC. XXXII.

Der Retter: Das Schicksal der »geschändeten Jungfrau« Magdeburg rief Gustav Adolf auf den Plan.

Menid.

Der tief gläubige Herr-
scher Gustav II. Adolf
von Schweden wurde
zum Retter des Prote-
stantismus stilisiert.

◄ Der Löw' aus Mit-
ternacht reißt den
Zaun ein, den die Papi-
sten um Leipzig gezo-
gen haben.

DER LÖW' AUS MITTER-NACHT

DER SIEGESZUG DES SCHWEDEN-KÖNIGS

An Bord der Schiffe, die im Frühsommer 1630 in Schweden die Segel setzen, sind die best-ausgebildeten Krieger ihrer Zeit. Ihr Führer ist ein zu allem entschlossener Mann, ein mutiger Soldat und genialer Stratege, ein charismatischer Herrscher, tief beseelt von der Idee seines göttlichen Auftrags. Seinen Soldaten gilt er als unverwundbar, seine prote-stantischen Glaubensbrüder sehen ihn später als Befreier, als eine Art Messias. »Im 16. Jahrhundert gab es eine Prophezeiung: Ein Löw' aus Mitternacht, mit Mitternacht ist der Norden gemeint, wer-de kommen, um den Adler, den Kaiser, zu bekämpfen. Als Löwe konnte man sich diesen blonden König wunderbar vorstellen. Hin-zu kam, dass der Tag der Landung der schwedischen Armee auf Usedom nahezu zeitgleich mit der Hundertjahrfeier der Augsburger Konfession, der wichtigsten Bekenntnisschrift der reformatorischen Kirche, stattfand. Auch das ließ sich mythisch überhöhen und zu Propagandazwecken ausschlachten«, erläutert Dr. Michael Busch.

D IE SZENE, DIE sich dem Betrachter am 26. Juni 1630 am Strand der Ostseeinsel Usedom bietet, könnte Hollywood nicht dramatischer inszeniert haben. Über dem bleifarbenen, aufgewühlten Meer spannt sich ein dräuender Himmel, Regen peitscht durch die Wellentäler, Blitze tauchen die Umgebung in geisterhaftes Licht. Vor dieser Kulisse gibt Gustav II. Adolf das Kommando zum Ausschiffen. »Vor den Augen seiner Mannschaften geht er inbrünstig betend auf die Knie während über ihm Sturm und Blitz tobt«, so berichten zeitgenössische Darstellungen von der folgenden Landung auf Usedom. Und Johann Philipp Abelinus schreibt in seinem Werk »Theatrum Europaeum«: »Es ist in der Luft hergewiesen worden ein großer goldfarbener Löwe, welcher von Mitternacht gegen Deutschland gezogen und in seinen vorderen Pfoten ein großes Schwert gehalten und damit die Verfolgten beschützet, die Verfolger aber grimmig darniedergeschlagen.«

Nach der Landung an der Küste Pommerns kniet der Schwedenkönig nieder, um zu beten.

Mit dem König kommen 14 000 Mann – gemessen an der militärischen Stärke des Feindes, der Katholischen Liga, eine kleine Truppe. Dr. Michael Busch erläutert, warum der König der Schweden sogar eine Niederlage riskierte: »Ein Motiv war sicherlich die Religion. Gustav Adolf sah sich selbst als Werkzeug Gottes und wollte seinen bedrohten protestantischen Glaubensbrüdern im alten Reich zu Hilfe eilen. Wichtiger ist aber die Tatsache, dass der Katholizismus bereits bis an die Ostsee vorgedrungen war und damit eine direkte Bedrohung für das schwedische Herrschaftsgebiet darstellte.«

Das einfache Volk in Schweden weiß nichts von der politischen Großwetterlage und den Zielen seines Herrschers. Es glaubt, was die Priester von der Kanzel predigen, was Flugblätter und Propagandaschriften verbreiten: Der König zieht in einen heiligen Krieg, um die Brüder im Glauben vom Joch der Papisten zu befreien! Schweden kämpfen und sterben, um die lutherische Kirche zu retten! Eine Botschaft, die der Bettler ebenso versteht wie der Bauer, der Handwerker genau wie der Soldat, der für Glauben und König seine Haut zu Markte trägt. Eine Botschaft, die sich wie ein Lauffeuer verbreitet und von Schweden nach Deutschland schwappt. Die komplizierten politischen Zusammenhänge, die tatsächlichen Gründe für den Kriegseintritt der Schweden werden überstrahlt vom vermeintlichen Kampf für den wahren Glauben.

Der Schwertarm Gottes

Uppsala am 12. Oktober des Jahres 1617: Mit majestätischen Schritten und stolzem Blick schreitet er durch das Spalier seiner Ritter in den Dom. Die Heerespauken dröhnen wie ferner Donner, die Trompeten schmettern, die Chöre erklingen – dann herrscht gespannte Stille: »Gelobt sei, der da kommt im Namen des Herrn!« Mit diesen Worten beendet der Bischof von Linköping den ersten Akt der Krönung von Gustav II. Adolf von Schweden – und jeder der Anwesenden spürt die Einzigartigkeit dieses Augenblicks.

Wenige Minuten nach seinem Einzug in den Dom wird Gustav Adolf in einer überwältigenden Zeremonie zum König gesalbt. Ein Kupferstich hat diesen bewegenden Moment festgehalten: der junge König sitzend auf dem Thron, blond, hoch gewachsen, voller Würde und Kraft, auf dem Haupt die Krone, in den Händen Zepter und Reichsapfel; gekleidet ist er in einen weiten Mantel mit 429 aufgestickten Kronen, an das Knie ist ein großes Schwert gelehnt.

Gustav II. Adolf ist ein König, der sich perfekt in Szene zu setzen weiß: In goldener Rüstung auf einem gepanzertem Ross sitzend, präsentiert sich der junge Regent nach der Krönungszeremonie seinen jubelnden Untertanen als »Berik«.

Über diesen sagenhaften König der Goten weiß Johannes Magnus in seiner Historia zu berichten, dass er als erster Herrscher über das Meer gezogen sei, Pommern, Mecklenburg und Polen erobert und schließlich sogar das ferne Spanien erreicht habe. Gustav Adolf aus dem Geschlecht der Wasa sieht sich als legitimen Nachfolger jener heidnischen Gotenkönige. Von frühester Kindheit an wurde ihm von seinen Lehrern vermittelt, dass die Goten bis zu den biblischen Anfängen der Menschheit zurückreichen – bis zu den Enkeln von Noah.

»Dieser Mythos wurde später zu einer maßgeblichen Triebfeder für die Eroberungspläne des Schwedenkönigs. Gustav Adolf fühlte sich von höchster Warte berufen, das Erbe der Goten anzutreten, die er als älteste Nation der Welt betrachtete. Insofern ging es ihm 1630 bei seinem Eintritt in die Kampfhandlungen des Dreißigjährigen Krieges um viel mehr als nur um den protestantischen Glaubenskampf«, erläutert der Historiker Dr. Michael Busch.

Lehrjahre
eines Helden

Am 9. Dezember 1594 erblickt Gustav Adolf
im Stockholmer Schloss Tre Kronor das Licht
der Welt. Sein Vater ist der Herzog von Söder-
manland und spätere König Karl IX., seine
Mutter Christine von Holstein-Gottorp ist
eine enge Verwandte des dänischen Königs-
hauses. Die Eltern, die überzeugt sind, dass
ihr Sohn zu Höherem bestimmt ist, steuern
die Erziehung ihres Sohnes sehr bewusst.
Als Gustav acht Jahre alt ist, holen sie den
25-jährigen Johan Schroderus an den königlichen Hof. Schroderus, der aus einfachen Verhältnissen stammt und später geadelt den

Namen Skytte annimmt, gilt als äußerst gebildet und vor allem progressiv.

Der junge Mann hat maßgeblichen Anteil an der Entwicklung von Gustav Adolfs
Persönlichkeit. Sein Credo: Gott verleiht dem
Fürsten das Amt und somit die Macht. Der
König muss sein Tun aber Gott gegenüber
verantworten. Immer wieder betont der Lehrer, dass es die besondere Aufgabe des Fürsten sei, für das Wohl der kleinen Leute zu
sorgen. Er wird nicht müde, dem Thronfolger
historische Beispiele für die Segnungen einer
guten Regierung aber auch für die fatalen
Folgen einer schlechten vor Augen zu führen.
Der Unterrichtsstil des Schulmeisters orien-
tiert sich an den Methoden des Calvinisten

Pierre de la Ramée, der bereits in den dreißiger Jahren des 16. Jahrhunderts das sture Büffeln heftig attackiert hatte. Der »Ramismus« propagiert eine Veranschaulichung des Lernstoffs durch Beispiele aus der Literatur und dem täglichen Leben. Auf welche Weise der junge Lehrer dies umsetzte, zeigt die einzige Schularbeit, die von Gustav Adolf erhalten geblieben ist: eine Anklageschrift gegen einen rebellierenden Aristokraten, verfasst in lateinischer Sprache. Skytte verknüpfte hier den klassischen Sprachunterricht mit einem tagesaktuellen Ereignis, dem Prozess gegen Hogenskild Bielke. In der Arbeit mit dem Titel »Invectiva Gustavi Adolphi Prinicipis in Hogenschildum Bielke« bringt der Kronprinz 26 Anklagepunkte gegen den abtrünnigen Adeligen vor. Der Fall muss den Thronerben so sehr bewegt haben, dass er einem Kameraden mit einem Holzschwert die Mütze vom Kopf geschlagen und dabei laut verkündet haben soll: »Da liegt das Haupt des Verräters, des Herrn Gustav Banér, des Herrn Erik Sparre, des Herrn Hogenskild.«

Neben Literatur, Geschichte, Naturwissenschaften und Militärwesen war die gute sprachliche Ausbildung des jungen Kronprinzen Lehrer Skytte ein besonderes Anliegen. Und der Schüler dankte es ihm mit großem Engagement. Deutsch sprach und schrieb er von Kindesbeinen an, er beherrschte Latein, Griechisch, Französisch, Italienisch und Niederländisch, er verstand Spanisch und Englisch und konnte »einige Brocken« Russisch und Polnisch. Seine sprachlichen Fähigkeiten wurden zusätzlich in Rhetorikstunden ge-

schult und bei Reden vor Publikum geprüft. Schon als Achtjähriger hält der kleine Gustav Adolf gemeinsam mit seinem Cousin Johan eine Rede in lateinischer Sprache. Und auf der Hochzeit von Johan Skytte 1606 kommt ihm die ehrenvolle Aufgabe zu, die Braut seines Lehrers zu preisen – auch ein Zeichen dafür, wie nah sich der Lehrer und sein Schüler standen.

Nach Johan Skytte gilt der Universalgelehrte Johannes Buraeus als einflussreichster Lehrer des jungen Kronprinzen. Buraeus spricht eine Vielzahl von Sprachen, sein beeindruckendes Wissensspektrum reicht von den Naturwissenschaften bis in die Tiefen der christlichen Mystik. Ihm verdanken die Schweden auch die Entzifferung der Runen, der Schrift ihrer Väter. Buraeus verfasst eine schwedische und eine altnorwegische Grammatik, er erfindet eine eigene Stenographie, musiziert, fertigt Radierungen und Holzschnitte, schleift Diamanten und wird schließlich als Königlicher Altertumsforscher am Hof tätig.

Für den jungen Thronfolger ist er mehr als nur ein Lehrer – Buraeus ist der väterliche Freund, bei dem Gustav Rat einholt und mit dem er über Glauben und Mystik diskutiert. Die »Vier Bücher vom wahren Christentum« von Johann Arnd, die Schriften der Rosenkreuzer und des Paracelsus, die Bibel und die alten Sagen der Goten zählen zur gemeinsamen Lektüre. Hier wird auch der Grundstein für die Inszenierung der Krönungszeremonie und für Gustavs spätere Rolle als »Schwertarm Gottes« gelegt.

Gegen all die Theorie setzt Vater Karl praktische Übungen: Als Gustav Adolf zehn Jahre alt ist, nimmt ihn der Vater bereits zu Ratsversammlungen mit. »Ihm wurde vom Herrn Vater aufgetragen, den Gesandten zu antworten und sich so an wichtige Dinge zu gewöhnen«, schreibt der Kanzler des Reiches Axel Oxenstierna. Drei Jahre später, 1607, lässt sich Karl in einer prunkvollen Zeremonie zum König krönen. In dieser Zeit notiert der Kronprinz folgende Zeilen: »Die eingesetzt sind, das Schwert zu führen müssen sich um Weisheit bemühen. Wer aber im Herrn regiert, der regiert weislich. König Karl regiert weislich.« Und weiter heißt es: »Göttliches und menschliches Recht verpflichten die Könige und alle Regierenden, sich für die Unschuldigen einzusetzen, vor allem für jene, die um ihrer Religion willen verfolgt werden.« Es sind nicht nur Stolz und Vertrauen in die Fähigkeiten des Vaters, die aus diesen Worten sprechen, sondern auch die feste Verbindung von Glaube und Herrschaft.

Nach einem schweren Schlaganfall des Vaters tritt Gustav Adolf mit gerade 15 Jahren immer mehr ins Rampenlicht. Nur ein Jahr später führt er eine Armee gegen Dänemark und mit 23 Jahren besteigt er selbst den Thron – seine Gedanken von einst über den Glauben und die Religion scheint er nicht vergessen zu haben: Groß, stattlich und noch unbelastet von der Leibesfülle späterer Jahre steht er am 18. Januar 1617 in Örebro vor den rund 500 Vertretern der schwedischen Stände und führt sein erstes beeindruckendes (Wort-)Gefecht gegen den Katholizismus: »Mit ihrer Inquisition haben diese Leute weder Hoch noch Niedrig, weder Weib noch Mann verschont. Ihre Verbrennungen in Spanien sind grässlich gewesen. ... Der heilige Mord, wie ihn die Papisten nennen, den die Ratgeber des polnischen Königs in Paris in Frankreich anstifteten und dann in die meisten Teile des Königreiches trugen, lehrt uns, wie tyrannisch die Jesuiten und jene Könige, die auf ihren Rat hören, gegen unsere Religion verfahren. ... Denn dort in Polen ... haben sie unseren Religionsverwandten Böses genug angetan, dort wird eine evangelische Kirche

Johannes Buraeus: Für den Prinzen war er Lehrer und väterlicher Freund zugleich.

Kön. Maÿ.t in Schweden Gustaÿ Adolphi Ankunfft in Pommern. Anno 1630.

»Wortgefechten«
folgen Taten: Gustav
Adolf landet 1630 mit
seinen Truppen an der
Küste Pommerns.

des Herrn Namen streitet, kämpft mannhaft. Amen.« Im Jahr 1630 offenbart sich Gustav Adolf mit dem Kriegseintritt Schwedens seinen Gegnern als »Schwertarm des Protestantismus«. Konsequent duldet er anfangs nur protestantische Söldner an seiner Seite, erst später auf dem Höhepunkt des Krieges, ist er weniger wählerisch. Er achtet auch darauf, dass seine Truppen religiös gefestigt in den Kampf ziehen. Seit Juli ist die Pflicht zum Gebet in den schwedischen Kriegsartikeln verankert, jede Kompanie verfügt über einen Geistlichen, der dafür zu sorgen hat, dass zwei-

nach der anderen in Brand gesteckt. ... Ihre Zusammenkünfte um die Predigt zu hören, erfolgen unter den größten Gefahren, obwohl nach Landes Brauch und Gesetz und nach des Königs eigenem Versprechen die Freiheit der Religion anerkannt und gewährleistet ist.«

Der junge König tritt als Ankläger des Katholizismus vor die Stände, als Verteidiger der Rechte seiner protestantischen Glaubensbrüder und als aufrichtiger Christ. »Wer in

mal täglich gebetet und einmal in der Woche ein Gottesdienst gehalten wird. Das gemeinsame Gebet vor der Schlacht wird zum unverzichtbaren Bestandteil seiner Heereszüge. Aus diesem Bild des blonden Hünen, der inmitten der andächtigen Schar seiner Soldaten betet und an ihrer Spitze kämpft, wird ein Mythos geboren, der sich über ganz Europa verbreitet und den König zum Befreier des Protestantismus verklärt.

Regensburger Zwischenspiel

Während sich Gustav Adolf anschickt mit seinen Truppen in das Territorium des Reiches einzudringen, halten die deutschen Fürsten mit dem Kaiser in Regensburg, dem Sitz des höchsten Entscheidungsgremiums des Heiligen Römischen Reichs Deutscher Nation, einen Reichstag ab. 25 000 Menschen finden sich ein: ungezählte Gesandte, Diplomaten, Prälaten, geistige und weltliche Würdenträger, Lobbyisten und Spione – viel mehr als die altehrwürdige Reichsstadt an Einwohnern zählt. Hoffnungen werden geboren, es wird spioniert, intrigiert und verraten, wie immer auf einem Kurfürstentag.

Regensburg war das politische Zentrum im Reich. Während der Kurfürstentage platzte die Stadt aus allen Nähten.

Alles beginnt mit einem diplomatischen Fauxpas: Die protestantischen Kurfürsten aus Sachsen und Brandenburg sind nicht persönlich erschienen, sondern lassen sich vertreten. Der Grund für ihre Haltung ist das demütigende Restitutionsedikt, das selbst einigen katholischen Fürsten zu weit geht. Zu weit gehen den Machthabern, Würdenträgern und Lobbyisten auch die Befugnisse eines Mannes, der mit der geballten Wucht seiner Truppen die Fürsten des Landes hinwegfegen könnte wie trockenes Laub: Albrecht von Wallenstein, Herzog von Friedland und Mecklenburg, Generalissimus der kaiserlichen Truppen. Er verleiht dem Haus Habsburg eine ungeheure Macht, die den Fürsten zutiefst widerstrebt. »Ist der Kaiser schwach, sind die Fürsten stark«, so lautet ihr Credo.

GUSTAV II. ADOLF hätte für seine Invasion keinen besseren Zeitpunkt wählen können: Ausgerechnet jetzt fordern die Fürsten, der Nuntius des Papstes und der Gesandte vom Hof des französischen Königs die Reduzierung der kaiserlichen Armee und die Absetzung Wallensteins, des »dictator imperii«, wie sie ihn nennen. Der Kaiser gibt klein bei, Wallenstein wird geopfert. Ist die Angst vor dem finsteren Friedländer so groß, dass ihr sogar die Verteidigung des Reiches preisgegeben wird? Als die Nachricht von der Landung der Schweden in Usedom Ferdinand II. kurz nach der Absetzung

Kurfürst Maximilian
von Bayern – einer der
mächtigsten Widersa-
cher Wallensteins.

seines treusten Dieners erreicht, bemerkt er selbstbewusst: »Sie [die kaiserliche Majestät] wäre mit einer solchen Armee gefasst und versehen, dass sie durch Gottes Gnade die widerwärtigen Waffen wohl abzutreiben verhoffte.« Kaiser und Fürsten scheinen dem schwedischen Vorstoß keine allzu große Bedeutung beizumessen und überstellen dem Eindringling lediglich einen Brief, in dem sie seine Kriegsgründe zu widerlegen suchen, verbunden mit der Aufforderung das Reichsterritorium zu verlassen. Nur ein erfahrener alter Krieger nimmt die Bedrohung aus dem Norden überaus ernst: »Der König von Schweden ist ein Feind von ebenso großer Klugheit wie Tapferkeit, abgehärtet vom Krieg, in der besten Blüte seiner Jahre. Seine Anstalten sind vortrefflich, seine Hilfsmittel nicht gering … Seine Armee, aus Schweden, Deutschen, Livländern, Finnländern, Schotten und Engländern zusammengeschlossen, ist zu einer einzigen Nation gemacht, durch blinden Gehorsam. Dies ist ein Spieler, gegen welchen nicht verloren zu haben schon überaus viel gewonnen ist.« So urteilt Graf Johann Tserclaes von Tilly über Gustav Adolf; der 71 Jahre alte General ist nach Wallensteins Absetzung der neue Kommandeur der ligistischen und kaiserlichen Truppen.

Der Werbefeldzug des Wasa

Juni 1630: Seit zwei Wochen wartet die schwedische Invasionsflotte in Älvsnabbe auf günstigen Wind. Durch die Verzögerung sind Freund und Feind im Ostseeraum bestens über die Stärke und Ausrüstung der Invasoren informiert. Der pommersche Herzog Bogislaw XIV. hatte, die Zwangspause ausnutzend, auf diplomatischem Wege versucht, seinem Land die Neutralität zu sichern. Er will vermeiden, dass die Truppen des großen Wasa nach Stettin ziehen. Doch sein Anliegen ist von vornherein zum Scheitern verurteilt. Schon bevor die schwedischen Truppen deutschen Boden betreten, arbeiten die Agenten des Königs an der »richtigen« politischen Großwetterlage. Längst sind zahlreiche Flugblätter im Umlauf, machen Gerüchte die Runde, wird die Prophezeiung vom »Löwen aus Mitternacht« bemüht. Der Boden ist daher bestens bereitet, als der König in den Morgenstunden des 10. Juli 1630 mit 10 000 Mann auf

Booten und Kähnen das Haff in Richtung Stettin überquert. Nach dem Donnerhall zweier Kanonenschüsse betritt der König gesäumt von zwei Regimentern Soldaten die Bühne. Als Kulisse hat er eine farbenfrohe Truppe von Paradiesvögeln ausgewählt, Kavaliere, gewandet in edles Tuch, versehen mit reichlich Stickereien und Spitze, Goldtrassen und Seide, das Ensemble gekrönt von riesigen Hüten mit Federn lang wie Gefechtsdegen. Inmitten all dieser Gecken der König – die personifizierte Bescheidenheit: Im schlichten grauen Soldatenrock, würdevoll und zurückhaltend.

Längst strömen die Stettiner neugierig aus den Stadttoren, alle wollen ihn sehen. Gustav Adolf kann mit seinen Agenten sehr zufrieden sein. Er, der Eroberer, wird als Befreier empfangen, zu »retten und zu erhalten die heilige, reine Religion augsburgscher Konfession«. Der König spricht diese Worte fast auf den Tag genau hundert Jahre nachdem der Gelehrte Melanchthon für den Reichstag zu Augsburg jene Schrift verfasste, die für jeden aufrechten Lutheraner zur Lehrnorm seines Glaubens werden sollte: das Augsburger Bekenntnis. Und wer wird an den Worten Gustav Adolfs zweifeln,

Flugblätter verherrlichen den Schwedenkönig als »Löw' aus Mitternacht«.

Misstrauen hegen gegen einen Mann, der, wie es im Tagebuch der Schwedischen Feldkanzlei heißt, »so famigliar, höflich und freundlich ist, dass wer ihn nur ansieht, vor Freuden muss lieb gewinnen. Mit dem geringsten Kinde darf er reden, auch mit Bauern so freundlich, dass es nicht zu sagen ist.« Dem Herzog von Pommern jedenfalls bleibt nicht viel zu sagen. Mit den Worten »Nun in Gottes Namen!« öffnet er die Tore Stettins.

GUSTAV ADOLF WEISS, dass die protestantischen Reichsfürsten gebannt gen Norden schauen. Jetzt wird sich entscheiden, wie viele Allianzen Schweden in Deutschland schmieden kann, denn ohne Verbündete kann der König den Kaiser nicht bezwingen. Per »iure belli« gehört Pommern bereits Gustav Adolf, doch nur ein äußerst großzügiges Verhalten als Besatzer wird die Einstellung der übrigen Fürsten positiv beeinflussen können. Seine Rechnung geht auf: Landgraf Wilhelm V. Fürst von Hessen-Kassel, ein glühender Verehrer des Schwedenkönigs und ein ebensolcher Streiter für die Sache des Protestantismus, dient ihm als Erster ein Bündnis an. Weitere folgen ...

Bündnis mit Gottes Kanzlei

Magdeburg: Im Februar 1630 war der kaisertreue Rat der Stadt gestürzt worden. Nun sieht der ehemalige protestantische Administrator Markgraf Christian in einem Bündnis mit den Schweden die Möglichkeit zur Restauration seiner Macht. Doch ist Christian auch tatsächlich ein verlässlicher Partner für den König oder ist er nur ein machthungriger Opportunist? Gustav II. Adolf beurteilt ihn zunächst als »weitläufig, schlüpfrig und ungewiss«, stellt am Ende aber die politische Bedeutung dieses Bündnisses über seine Bedenken. In einer Note an den Markgrafen schreibt er, die Verbindung sei »zweifelsohne der Stein, welcher ohne Menschenhändler, allein

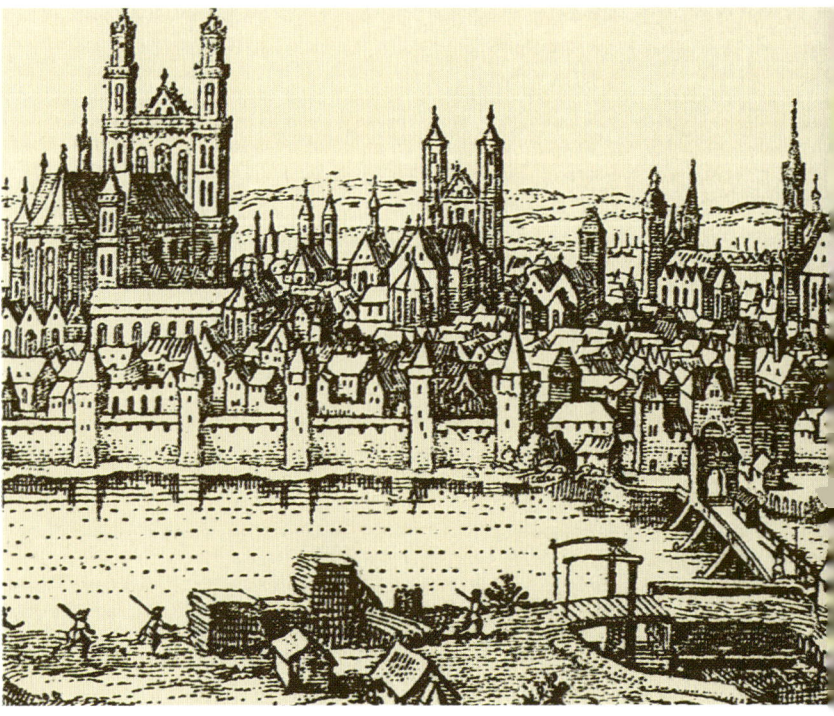

Magdeburg: Die mächtigste Bastion des Protestantismus im Heiligen Römischen Reich Deutscher Nation.

von Gott herabgerissen, das ungeheure Bild des angemaßten Dominats zermalme«.

Johann Stalmann, der Gesandte des Königs, verhilft dem Administrator nach der Besiegelung des Bündnisses zu einem triumphalen Einzug in die Stadt. Christian und die protestantischen Räte werden wieder in ihre Ämter eingesetzt und Gustav Adolf sichert der Stadt Magdeburg im Gegenzug umfangreiche Truppenunterstützung zu. Er macht Zusagen, die seine damaligen militärischen und organisatorischen Möglichkeiten jedoch übersteigen. Den Magdeburgern schickt er seinen Hofmarschall und Obersten Dietrich von Falkenberg, der den Auftrag hat, »den Administrator und die Stadt zu animieren; etliche Regimenter, dazu Wir ihm ziemliche Mittel geschafft, zu errichten und die Stadt uns zu versichern und also ein Diversionswerk allda einzurichten«.

Allzu erfolgreich ist Falkenberg allerdings nicht. Die Fülle der Aufgaben überfordert ihn. Hinzu kommt, dass sich die Aushebung der Schutzarmee verzögert – eine verhängnisvolle Entwicklung.

Doch der König wie auch die Magdeburger steigern sich in eine Euphorie, die den Blick für die wirklichen Probleme verschleiert. Für die Bevölkerung ist der Bündnispartner ein strahlender Held, der sie vor dem Würgegriff des Hauses Habsburg schützen wird; umgekehrt sieht Gustav Adolf in seinem Administrator Christian Qualitäten, die dieser nie besaß: Der politische Opportunist wird für ihn zu einer festen Burg, und Magdeburg, das »Bollwerk des Protestantismus«, soll zum Initialzünder des »Universalaufstands in Deutschland« werden.

Erste Triumphe

Am Ende des Jahres 1630, fast sechs Monate nach der Landung des schwedischen Heeres, kommt es zur ersten kriegerischen Herausforderung. Am Heiligen Abend erreicht Gustav Adolf mit seinen Truppen Greifenhagen, am nächsten Morgen beginnt die schwedische Artillerie von einem Hügel aus mit dem Bombardement der Stadt. Die Befestigungsmauern halten dem massiven Feuerschlag nicht lange stand. Durch die Bresche dringen die schwedischen Fußtruppen in die Stadt, der König an ihrer Spitze. Die kaiserliche Besatzung hat der schwedischen Übermacht nichts entgegenzusetzen; der Stadtkommandant gerät mit einigen seiner Offiziere in Gefangenschaft. Nach dem Sieg in Greifenhagen marschieren die Schweden gegen Gartz. In die Enge getrieben, lässt Graf Hannibal von Schauenburg, der Kommandant der kaiserlichen Truppen in Pommern, die Oderbrücke in Brand setzen, die Vorräte vernichten und zum Rückzug blasen. Doch was eigentlich geordnet ablaufen soll, gerät zur kopflosen Flucht – die Kaiserlichen sind eine leichte Beute für die disziplinierten Schweden, die sich nach diesem Sieg in ihr wohlverdientes Winterlager in Bärwalde zurückziehen.

DIE WOGEN SCHLAGEN HOCH in dieser Zeit. Die protestantische Propaganda überhöht den Etappensieg zu einem vernichtenden militärischen Schlag. Augsburger Flugblätter titeln gar: »So hoch die Evangelischen allerorten wegen des Schweden glücklichen Success erfreut werden, so sehr hängen den Papisten die Mäuler.« Immerhin beginnt man jetzt auch in Wien, den Invasor ernst zu nehmen. Der Kaiser fürchtet vor allem um Schlesien – sein bester Feldherr, Tilly, soll sich zur »Resistenz der schwedischen Macht und Dämpfung der Magdeburgschen Unruhen« dem König energisch entgegenstellen.

Doch zunächst müssen die Kaisertreuen eine weitere empfindliche Schlappe hinnehmen: Am 13. Januar 1631 tritt Frankreich der protestantischen Allianz bei. Gustav Adolf übernimmt den Kampf, Paris steuert Finanzmittel bei – jährlich will man 400 000 Reichstaler beisteuern, für das vergangene Jahr wird eine Nachzahlung von 120 000 Reichstalern vereinbart. Finanzmittel, die der schwedische

König dringend benötigt, die aber, entgegen der Abmachung, alles andere als regelmäßig fließen.

ENDE JANUAR 1631 bricht Gustav Adolf zu einem neuen Feldzug auf. In weniger als drei Wochen erobert er das östliche Mecklenburg, Neubrandenburg, Treptow, Demmin und Tribsee.

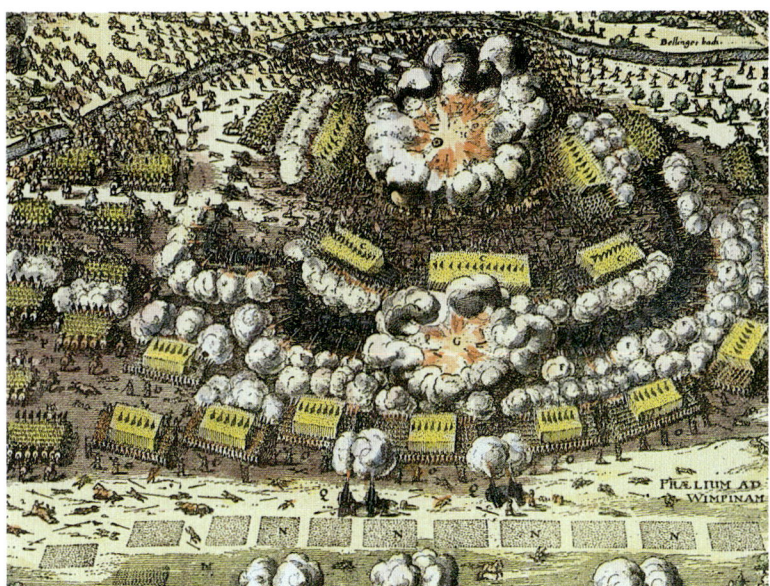

Den schwedischen Angriffen scheint kein Gegner gewachsen.

Und dann kommt es endlich zum lang erwarteten Duell der beiden großen Männer: Gustav II. Adolf von Schweden gegen Johann Tserclaes Tilly. »Vater Tilly«, wie er von seinen Soldaten genannt wird, ist ein Greis von 71 Jahren, an einem Steinleiden erkrankt, tiefgläubig, von hoher Moral – ein listiger Fuchs, gestählt durch unzählige Gefechte. »Erfahrung versus Ungestüm«, so mag man den Showdown zwischen Gustav Adolf und Tilly charakterisieren. Jene neun Monate zwischen dem Kampf um Greifenhagen und der Schlacht am Breitenfeld im September 1631 ähneln, wie Felix Berner in seiner Gustav-Adolf-Biographie schreibt, dem »Spiel von zwei Schachmeistern, mit Zug und Gegenzug, auf einem Brett, das sich von der Elbe bis zur Oder und von der Ostseeküste bis nach Schlesien und Sachsen erstreckt«. Die Eroberung Frankfurts an der Oder durch die schwedischen Truppen, die am 13. April des Jahres 1631

Auch die Kaiserlichen kämpfen in Gottes Namen. General Tilly betet für einen Sieg.

wie ein mörderischer Sturm über die Stadt hereinbrechen, und im Gegenzug der Sieg der Katholischen Liga in Magdeburg nur wenige Wochen später, markieren erste grausame Höhepunkte dieses gewaltigen Kräftemessens.

Der größte Sieg

Bei den Kriegsberatungen ist allen Beteiligten der schwedischen Allianz klar, dass es bei dem bevorstehenden Kampf um alles geht: um die Zukunft des Protestantismus im Reich, um die Fürstenwürde der schwedischen Alliierten und nicht zuletzt um die Stellung des Schwedenkönigs. Die Entscheidung zur Annahme der Schlacht liegt in den Händen Johann Georg I., des wankelmütigen Kurfürsten von Sachsen. Er ist das Zünglein an der Waage. 18 000 Mann hat er unter Waffen – nur in wessen Dienst soll er sie stellen? Kaiser oder König?

Die Kaiserlichen wollen mit Waffengewalt »Überzeugungsarbeit« leisten: Tillys Truppen verwüsten sächsische Landstriche und erobern am 3. September kampflos Leipzig. Sie drohen mit Schlimmerem, falls Johann Georg seine Söldner für Gustav Adolf marschieren lässt. Was Tilly nicht weiß: Der Kurfürst hat zu diesem Zeitpunkt zwar noch kein Abkommen unterzeichnet, den Schweden aber bereits signalisiert, sein weiteres Verhalten gegenüber den Kaiserlichen mit dem König abzustimmen. Nach den Übergriffen der kaiserlichen Truppen geht er noch einen Schritt weiter. Er unterschreibt einen Vertrag mit dem seine Souveränität als Fürst gewahrt bleibt, gleichzeitig übergibt er jedoch bei allen vereinbarten Operationen die »völlige Direktion« an den Schwedenkönig.

AM MORGEN DES 7. September 1631 stehen die 35 000 Streiter der Katholischen Liga 24 000 schwedischen Söldnern und 18 000 Sachsen gegenüber. Beide Parteien nehmen Gottes Beistand für sich in Anspruch – für die tiefgläubigen Menschen des 17. Jahrhunderts haftet diesem Kampf fast etwas Heiliges an: »Als die Lerche zu schlagen begann, erhoben wir uns vom Lager. Die Trompeten riefen zu Pferde, die Trommeln zum Marsch. Wir bieten Leib und Seele Gott als lebendes Opfer dar, mit dem Bekenntnis unserer Sünden, erheben unsere Herzen und Hände zum Himmel, wir beten um Versöhnung in Christo mit lauten Gebeten und heimlichen Seufzern. Wir empfehlen uns selbst, den Erfolg des Tages Gott, unserm Vater in Christo. Dann marschieren wir vorwärts in Gottes Namen«, so beschreibt der schwedische Brigadekommandeur Robert Monroe die Stimmung an jenem Morgen.

Gustav Adolf hatte sich noch am Abend zuvor an seine Offiziere gewandt, um ihnen zu versichern, dass sie »die gute Sache auf ihrer Seite hätten« und »außerdem neben dem Ewigen auch der zeitlichen Güter zu gewarten«. Was mag damals in ihm vorgegan-

Johann Georg I. von Sachsen stellt sich am Ende auf die Seite der Schweden.

gen sein? Als Eroberer war er gekommen, als Retter des Protestantismus. Und nun würde in weniger als zwölf Stunden das Schicksal über Sieg und Niederlage, Leben und Tod entscheiden.

Auf der leicht hügeligen Ebene nördlich von Leipzig hat Tilly bereits Schlachtaufstellung bezogen. Seine Truppen bilden eine vier Kilometer breite Front, auf den rechten und linken Flügeln steht die Kavallerie unter Fürstenberg und Pappenheim, in der Mitte die Infanterie – gewaltige Schlachtenhaufen, so genannte Terzios, fünfzig Mann breit, dreißig Mann tief, davor die schweren Kanonen. Die offene Feldschlacht ist Tillys Spezialität. Er kennt sämtliche Finten und weiß, dass ein Sieg oft nur an Kleinigkeiten hängt. So kann allein die Bodenbeschaffenheit oder der Stand der Sonne unter gleichwertigen Gegnern den Ausschlag geben. Geblendet vom Gegenlicht haben Musketiere und Kanoniere erhebliche Probleme, im Tumult der Schlacht feindliche Stellungen von den eigenen zu unterscheiden. Tillys Soldaten haben an jenem Morgen nicht nur die Sonne im Rücken, der Feind muss erst noch mühsam den Hügel erklimmen, auf dessen Kamm die Kaiserlichen warten. Der alte Fuchs hat alle denkbaren Vorteile auf seiner Seite …

Gegenüber formieren sich die schwedischen Infanteriebrigaden, lediglich drei Reihen tief, aber mit großer Feuerkraft, unterstützt von der leichten, schnell schießenden Artillerie und den rasch agierenden Reiterverbänden. Im Gegensatz zum kaiserlich-ligistischen Heer ist die Artillerie der Schweden nicht auf das Zentrum beschränkt; hier stehen lediglich die schweren Kaliber. Die »Regimentsstücke«, leicht, beweglich und mit hoher Schussfrequenz sind direkt den Brigaden zugeordnet. Auf den ersten Blick mutet die Aufstellung des schwedischen Heeres mit einer fünf Kilometer langen Front fragiler, verletzlicher an, tatsächlich können die Truppen jedoch schneller und beweglicher agieren als die der Kaiserlichen.

Dann zerreißt das schwere Dröhnen der Sechspfünder und das unaufhörliche Stakkato der Regimentsstücke die schwere Stille. Bereits in dieser frühen Phase zeigt sich die überlegene Lade- und Schussgeschwindigkeit der schwedischen Kanoniere, ihr ohnedies zahlenmäßig überlegener Artilleriepark feuert dreimal so schnell wie die kaiserlichen Geschütze. Doch wie von Tilly vorausgesehen werden die Schweden von der Sonne geblendet. Ein Problem, das der schwedische König mit wachsender Unruhe betrachtet. Gegen 14 Uhr versucht er mit seinen Truppen Tilly über den linken Flügel in den Rücken zu fallen. Reiterschwadrone unter Pappenheim

reagieren blitzschnell und stehen ihrerseits plötzlich hinter den schwedischen Reihen – eine gefährliche Situation. Jetzt hängt alles von der schwedischen Kavallerie ab. Sie treibt die gefürchteten kaiserlichen Kürassiere immer weiter nach außen. Sieben Mal greift Pappenheim an und sieben Mal wird er zurückgeschlagen. Schließlich muss er sich, fast aufgerieben, über das westlich am Rand des Schlachtfelds gelegene Dorf Breitenfeld zurückziehen.

König, Stratege und Erfinder: Gustav II. Adolf revolutioniert das Heerwesen seiner Zeit.

König und Krieger: Der große Herrscher aus dem Geschlecht der Wasa kämpft mit seinen Soldaten in vorderster Front.

Am östlichen Flügel geraten die sächsischen Verbündeten der Schweden in arge Bedrängnis. Nach schwerem Musketenfeuer werden sie von den kroatischen Reitern des kaiserlichen Kommandeurs Fürstenberg bestürmt, ihre Verteidigung bricht völlig zusammen. In wilder Flucht verlassen sie das Schlachtfeld – allen voran ihr Kommandeur Kurfürst Johann Georg, der in rasendem Galopp über zwanzig Kilometer davonstürmt. Die Kaiserlichen sind nur noch einen Lidschlag vom Sieg entfernt, als Gustav Adolf ein unerwarteter Schachzug gelingt. Die schwedischen Flügel vollziehen eine plötzliche Neunzig-Grad-Drehung und bewegen sich geschlossen auf die Flanke der starren Leiberfestungen Tillys zu. Der Angriff wird kombiniert mit einer Frontalattacke der schottischen Brigaden unter Robert Monroe. Die riesigen Terzios der kaiserlichen Armee befinden sich in der Zange. Infanterie und Artillerie wehren sich verbissen mit Musketenfeuer und Kanonendonner, geraten aber ge-

Schnelle taktische Manöver sichern den Schweden den Sieg in der Schlacht bei Breitenfeld.

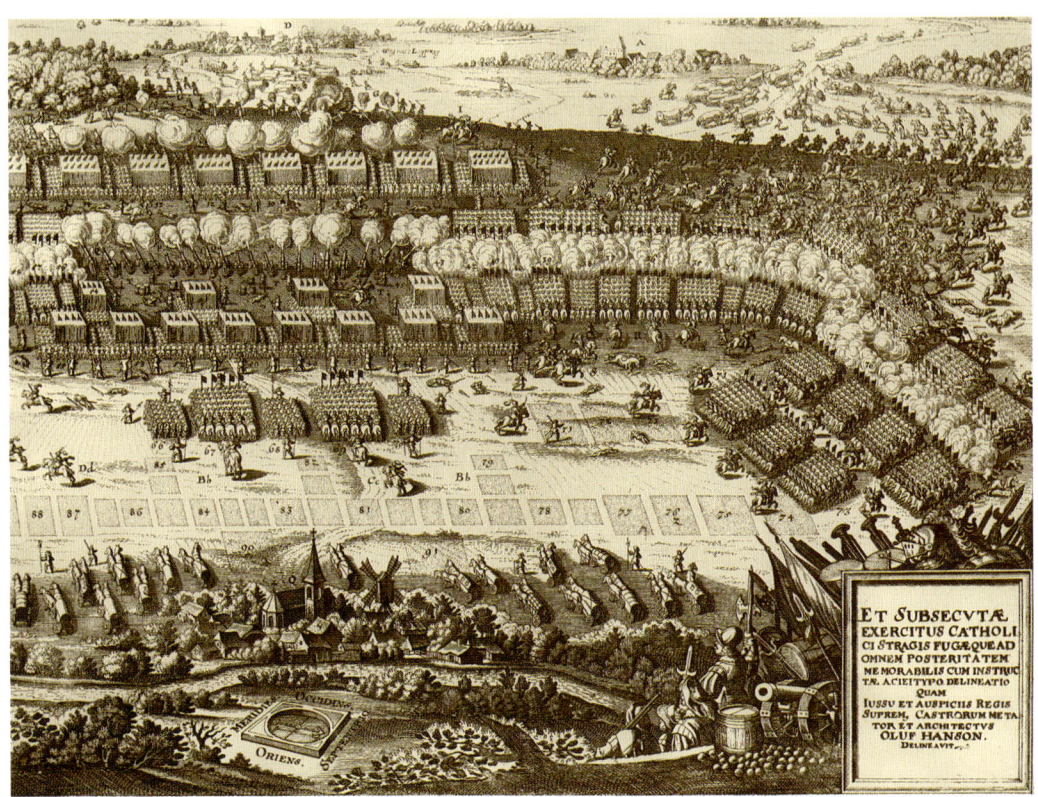

gen die schnell schießenden Regimentsstücke der Schweden hoffnungslos ins Hintertreffen.

Nur die Flucht bewahrt die Kaiserlichen vor der völligen Vernichtung.

Inmitten dieses Infernos aus Staub, Musketen- und Kanonen-
qualm, aus toten Leibern und dem verzwcifclten Schreien der Verwundeten und Sterbenden der König der Schweden. Verdreckt und
verschwitzt, scheinbar überall Kommandos brüllend, nutzt er die
Gunst der Stunde, bringt die noch frischen Reiterreserven an sich
und stürmt in die linke Flanke des Gegners. Nicht nur die Kanonen des Gegners fallen ihm dabei in die Hände, sondern auch die
seiner geflohenen sächsischen Verbündeten. Die erbeuteten Drei-
und Sechspfünder rasieren blutige Schneisen in die Terzios der katholischen Truppen. Die rasch vorrückenden Musketiere und Reiter
leisten ein Übriges: Das kaiserliche Heer muss weichen.

Am Spätnachmittag, nach sieben Stunden erbittertem Kampf
ist die Schlacht geschlagen. Der kaiserliche Kommandeur Tilly flieht
– an Brust und Hals verletzt – mit nur 600 Mann nach Halle. Pappenheim kann gerade noch 1400 Reiter um sich sammeln. Die Bi-
lanz des Schreckens auf Seiten der Kaiserlichen: 7600 Soldaten tot,
6000 gefangen, 3000 geflohen. 5000 Reiter und 8000 Mann Fußvolk
sind der klägliche Rest von 35 000 Soldaten. Die gesamte kaiserlich-
ligistische Artillerie wird zur Beute der Schweden.

Bettler oder Dieb: Für
den »Ausschuss« der
Heere oft der einzige
Weg zu überleben.

Der Jubel der Sieger kennt keine Grenzen. In ihm entleeren sich Aggressionen, Verzweiflung, Todesfurcht, das ganze Grauen der Schlacht. Halb taub vom Gefechtslärm, erfüllt vom Staunen des Überlebens angesichts des allgegenwärtigen Sterbens fallen die Schweden über das verlassene Lager der flüchtigen Kaiserlichen her »und machten sich lustig von dem Raub und demjenigen, so ihnen der Feind im Lager hinterlassen hatte«.

Nach dieser Schlacht ist nichts mehr so wie es war – nicht bei den Schweden, nicht im Reich, selbst die Grundfesten der militärischen Tradition sind erschüttert. Dass ein gekröntes Haupt seine Truppen als Kommandeur ins Gefecht führte war damals nichts Ungewöhnliches, wohl aber ein König, der sich wie ein gemeiner Soldat ins Schlachtengetümmel wirft, reitet und kämpft wie ein Kürassier, der seine Kommandos nicht vom sicheren Feldherrenhügel aus gibt, sondern direkt. Der Stil des Schwedenkönigs ist revolutionär, sein Sieg der Beginn einer neuen Ära.

Auf dem Zenit der Macht

Gustav II. Adolf ist nun uneingeschränkter Herr im Reich, zwischen ihm und Wien steht kein einziges intaktes Heer des Kaisers. Die ligistisch-kaiserliche Armee ist vernichtend geschlagen. Das Restitutionsedikt, jenes Dokument der Erniedrigung des Protestantismus, ist nur noch eine leere Papierhülse, der Kaiser – so ein Gerücht – nach Graz geflohen, das Erzhaus Habsburg am Boden, das Heilige Römische Reich Deutscher Nation schutzlos dem schwedischen König ausgeliefert. Alles scheint nun möglich, selbst die Krönung zum römischen Kaiser wird ihm von seinen Beratern angeblich angetragen. Überliefert ist in diesem Zusammenhang lediglich eine dahingeworfene Bemerkung des Schwedenkönigs gegenüber Herzog Friedrich von Mecklenburg: »Sollte ich Kaiser werden, so sind Eure Liebden mein Fürst.« Der Historiker Dr. Michael Busch meint dazu: »Ich persönlich glaube nicht, dass Gustav Adolf Kaiser werden wollte. Ihm schwebte wohl eher die Vision eines nordischen Großreichs vor. Gustav Adolf war Anhänger eines Gotizismus, das heißt, die Goten wurden als das auserwählte Volk angesehen und die Schweden waren die Nachfolger dieser Goten. Von daher mag er daran gedacht haben, ein skandinavisches Großreich zu errichten, den römischen Kaiser zu entmachten und die deutschen Territorien entweder als verbündete oder neutrale Pufferstaaten zwischen eben diesem Großreich und vielleicht Frankreich und Spanien zu haben.«

Nach der Schlacht bei Breitenfeld gibt es für den Siegreichen zwei Alternativen: Entweder er marschiert mit seinen Truppen auf dem kürzesten Weg nach Wien und diktiert dort seinen Frieden. Ausgebrannt, verarmt, verelendet hätten seine Truppen allerdings ohne Aussicht auf Versorgung durch Böhmen marschieren müssen. Oder er führt sein Heer in die reichen Territorien im Süden des Landes, etwa nach Bayern, direkt in das Herzstück der Katholischen Liga. Wohlhabende Städte, gefüllte Vorratskammern – ein wahres Schlaraffenland. Gustav Adolf entscheidet sich für die Fortsetzung des Krieges.

Am 29. September 1631, nur knapp zwei Wochen nach der Schlacht von Breitenfeld, erreichen die schwedischen Truppen das

Gebiet des Erzbischofs von Würzburg, Anfang Oktober ist die Stadt bereits in den Händen der Schweden. Wie ein Magnet zieht der König nun Gesandte und Potentaten aus dem Süden des Reiches an, die versuchen, sich auf diplomatischem Wege zu arrangieren. Doch dass für den Regenten nur der königliche Imperativ »Freund oder Feind« gilt, müssen bald auch die Ratsherren Nürnbergs erfahren. Ihr Wunsch nach Neutralität wird brüsk abgelehnt. Ein Schlag ins Kontor der Kaufleute dieser blühenden Reichs- und Handelsstadt. Nach einigem Zögern und einem deutlichen Brief des Königs lenken die Ratsherren ein. Ein Allianzvertrag besiegelt das Bündnis zwischen den Schweden und der alten Kaiserstadt.

Gustav Adolf ist auf dem Höhepunkt seiner Macht – doch er gönnt seinen Truppen keine Ruhepause. Dass er sich dabei nicht um die endgültige Zerschlagung der kaiserlichen Truppen unter Tilly kümmert, sondern um die Eroberung weiterer Städte und Territorien gibt Militärhistorikern immer wieder Anlass zu Diskussionen. Denn nicht einmal vier Wochen nach seiner vernichtenden Niederlage bei Breitenfeld verfügt der kaiserliche Kommandeur wieder über eine Streitmacht von 25 000 Mann. Als schließlich der Herzog von Lothringen mit weiteren 15 000 Soldaten zur Armee der Liga stößt, hat sich das Kräfteverhältnis wieder zugunsten der Kaiserlichen verschoben. Das einzige Problem ist, dass Tilly die Gunst der Stunde nicht sofort nutzen kann. Seine Soldaten sind erschöpft und schlecht ausgerüstet, immer mehr Männer desertieren. Der General entschließt sich zähneknirschend, ins Winterquartier zu ziehen. Gustav Adolf hingegen rückt weiter vor. Sein Ziel ist die Eroberung des Kurfürsten- und Bischofssitzes in Mainz.

Wie immer macht sich der König in vorderster Kampflinie ein eigenes Bild von der Lage. Als in seiner unmittelbaren Nähe ein Page tödlich getroffen wird, drängt man ihn, sicheren Abstand zu wahren: »Städte erobert man nicht dadurch, dass man in einem Zimmer Figuren zeichnet, und ist der Schulmeister nicht zugegen, so werden die Kinder bald in die Versuchung geraten, ihre Bücher zuzumachen. Überdies müssen Sie wissen, dass bis jetzt noch kein König von einer Kanonenkugel erschossen worden«, lautet der lakonische Kommentar des Königs.

Gott kämpft auf Seiten
der Protestanten – das
verkündet zumindest
dieses Flugblatt.

Der Hof im Herzen des Feindes

Die eroberten Reichsstädte Mainz und Frankfurt werden in den
nächsten Wochen zu Zentren der schwedischen Macht. Frankfurt
hatte dem König einen kaiserlichen Empfang bereitet. Der Herrscher selbst fast puritanisch ganz in Schwarz gehüllt, an seiner Seite Königin Maria Eleonora, »ein sehr schönes Weibsbild, von Person
zart, einer mittelmäßigen Länge, sehr freundlich, sehr redsprächig,
sie trägt hinten auf ihrem Haupt eine kleine Krone schön vergüldt
mit lauteren Diamanten versetzt und schönem Zierrat«.

Bislang hatte der König den sehnsüchtigen Bitten seiner Gemahlin, sie zu ihm nach Deutschland zu holen, standhaft widersprochen – zu unsicher erschien ihm die Lage im Reich. Erst im November des Jahres 1631 feiert das königliche Paar ein freudiges Wiedersehen. »Nun ist der große Gustav Adolf endlich gefangen«, soll Maria Eleonora dem König unter Tränen zugeflüstert haben. Zu Ehren der Königin lässt Gustav Adolf ein Bankett ausrichten, ein Stelldichein der Frankfurter Highsociety.

Die Details der Feiern »bei Königs« verdanken wir den aufmerksamen Beobachtungen eines Pfarrers, der bei dem Bankett als Hofmeister fungierte. Die Fürsten und Herren edler Geburt traten als Akteure einer Maskerade auf – Rollentausch im Kostüm lautet das Motto des Festes. Dabei fällt dem König per Los die Rolle eines Wirtes zu, die er mit offensichtlicher Freude erfüllt. Unprätentiös ist auch die Verkleidung seiner Gemahlin, die als Kammerzofe erscheint. Gustav Adolf, so berichtet der Pfarrer, habe sich wahrhaft königlich amüsiert, vor allem darüber, dass der ehemalige Kurfürst und Winterkönig Friedrich von der Pfalz dazu bestimmt wird, als Jesuit aufzutreten. Lachend habe er dem einstigen König von Böhmen bestätigt, dass niemand diese Rolle so natürlich spiele wie er.

Die Reichsstadt Mainz – Hof der Schweden im Herzen des Reiches.

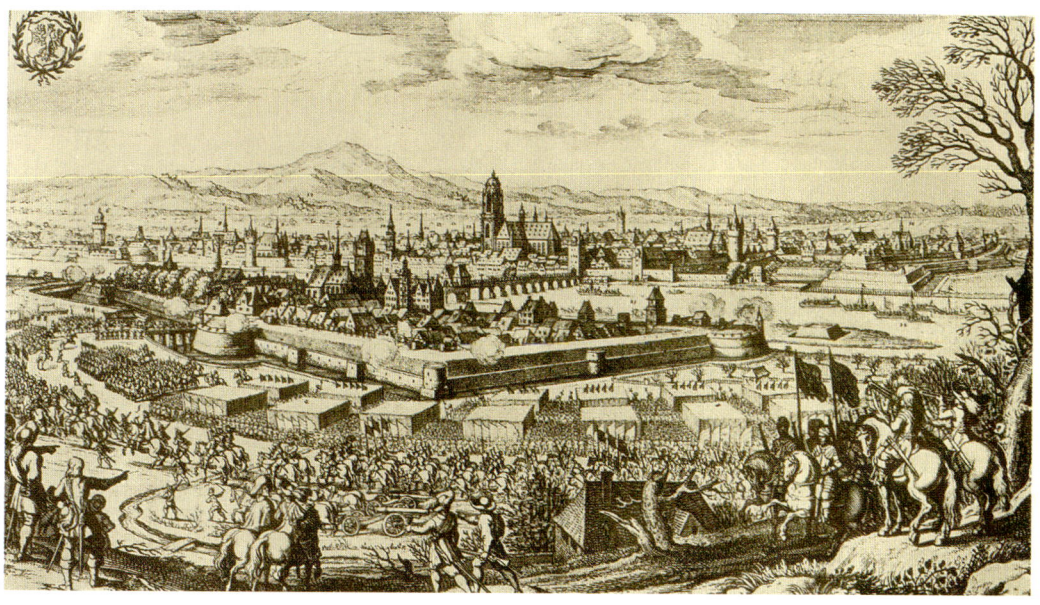

DOCH DIE UNBESCHWERTEN TAGE ohne Kämpfe, mit Banketten und Bällen sind gezählt. Tilly bricht im eisigen Februar des Jahres 1632 das Winterquartier seiner Truppen ab. Mit 18 000 Mann marschiert er gegen Gustav Horn, den Kommandeur des Königs, der nicht einmal die Hälfte an Soldaten ins Feld führen kann. Ende Februar überrennt der greise General die Stadt Bamberg, Horn zieht sich mit seinen Truppen schwer angeschlagen zurück. Will Gustav Adolf nicht noch weiter an Boden verlieren, muss er endlich seinen geplanten Feldzug gegen das Land wagen, das bislang von allen Drangsalen des Krieges verschont geblieben ist. 37 000 Soldaten, davon 22 000 Mann Fußvolk und 15 000 Reiter will er gegen Bayern ins Feld führen.

Tilly und Kurfürst Maximilian beraten in Ingolstadt darüber, wie man die Schweden schlagen kann. Insgeheim hoffen sie auf die Unterstützung Wallensteins; der abgesetzte Generalissimus, der in den letzten Wochen wieder massiv vom Kaiser umworben worden war, hatte um die maximale Macht gepokert – und sie bekommen. Ferdinand II. und die Katholische Liga haben wieder einen neuen alten Oberkommandeur. Doch was die Unterstützung Maximilians anbelangt, ziert sich der Friedländer. Späte Rache an dem Mann, der seine Absetzung betrieben hatte? Die Hilfe des Herzogs von Friedland beschränkt sich jedenfalls auf wenige Tausend Reiter. Tilly und Maximilian von Bayern müssen allein gegen das immer näher rückende Heer der Schweden bestehen.

DER LECH, DIE WESTLICHE GRENZE Bayerns, ist aufgrund der Schneeschmelze zu einem reißenden Fluss geworden, alle Brücken bis hinauf nach Augsburg sind von den bayerisch-kaiserlichen Truppen zerstört worden. Das Ufer bei Rain auf der rechten Lechseite ist gesichert wie eine Festung: Die Schanzen sind bestückt mit schwerer Artillerie und im Wald verborgen lauert die bayerische Armee – für jedes angreifende Heer ein Himmelfahrtskommando. Sogar die schwedischen Generäle raten dem König ab, dieses Abenteuer zu wagen. Gustav Adolf aber bleibt stur; er will selbst das Gelände sondieren und reitet so nah an die feindlichen Stellungen heran, dass er mit einer Feldwache der Bayern, die den Schweden nicht erkennt, Scherze austauscht.

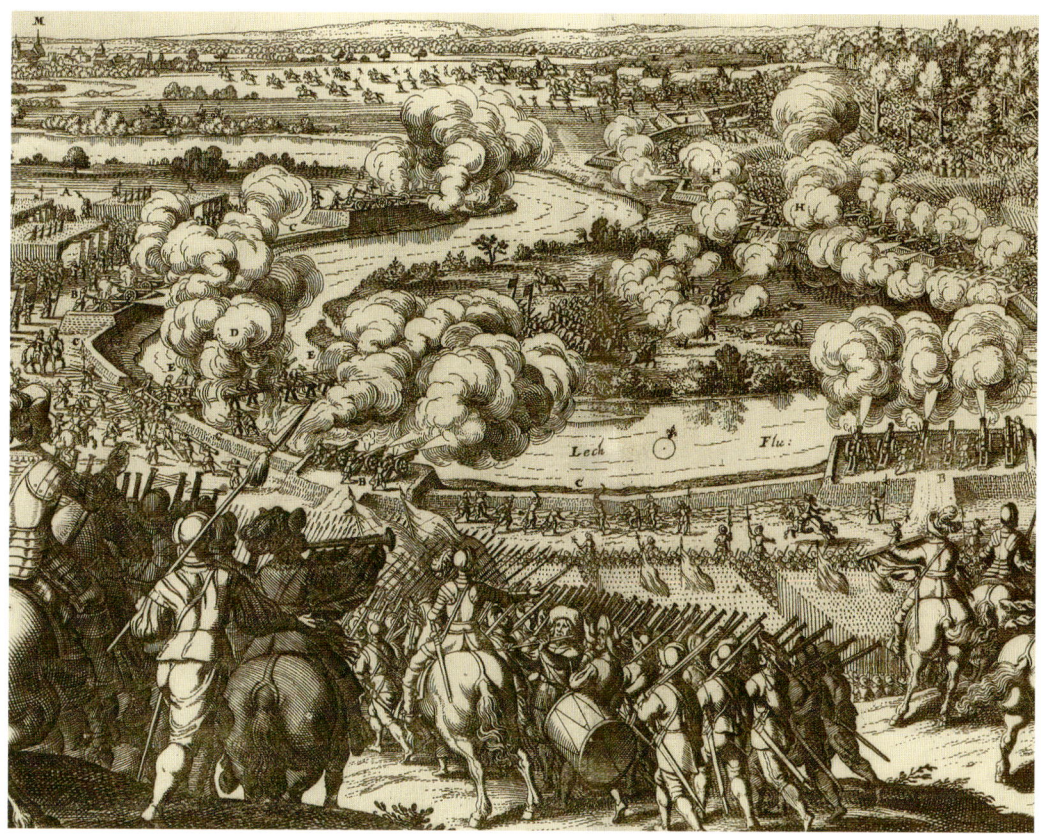

Nach seiner Rückkehr steht sein Angriffsplan fest: In einem nahe gelegenen Dorf lässt er eine Schiffsbrücke zimmern; dann erzeugen die Schweden durch massives Artilleriefeuer und gezieltes Abbrennen von nassem Stroh einen Rauchvorhang, der so dicht ist, dass die Bayern die Landungsbrücke erst erkennen, als es zu spät ist. 300 Finnen halten den Brückenkopf auf dem nun unaufhaltsam Verstärkung heranrückt. Gleichzeitig überquert die schwedische Reiterei unterstützt von pausenlosem Artilleriefeuer den Lech.

Die bayerische Armee erleidet eine schwere Niederlage: Sie verliert nahezu 4000 Soldaten, Johann Tserclaes Graf von Tilly wird am rechten Schenkel verwundet und erliegt wenige Tage später den Folgen seiner Verletzung. Ungehindert kann sich nun der Strom der schwedischen Truppen über Bayern ergießen, ein Land, das über hundert Jahre keinen Krieg erlebt hat.

Die Schlacht am Lech gewinnt Gustav Adolf gegen jede Erwartung – durch Schnelligkeit und »Vernebelungstaktik«.

Die Augsburger
Handelsdynastie der
Fugger ist die geheime
Macht im Reich.

Der zweite Martin Luther –
Gustav Adolf befreit Augsburg

Wer könnte in jenem Frühjahr des Jahres 1632 an der göttlichen Mission des Königs der Schweden zweifeln? Er hat alles erreicht, die Katholische Liga niedergerungen, die Unterdrückung des Protestantismus gesühnt, die Grenze zu Bayern überschritten und nun liegt sie ihm zu Füßen: Augsburg, die Geburtsstadt des Protestantismus. Vor zwei Jahren hatte er am Strand von Usedom noch um göttlichen Beistand gefleht, war königlicher Kommandeur eines kleinen Heeres, den kaiserlichen Streitkräften hoffnungslos unterlegen und nun steht er vor den Toren einer der mächtigsten Städte seiner Zeit. Augsburg ist mehr als das Symbol des Protestantismus, es ist die Metropole Deutschlands, Sitz der Hochfinanz. Hier knüpften die Handelshäuser der Welser und Fugger ein System der Macht, das bis nach Südamerika reicht, in ihren Kontoren werden Fürstensitze und Kaiserkronen gehandelt.

Der Ausgburger Religionsfrieden sichert den Bürgern Frieden, Besitz und Glaubensfreiheit.

Inmitten des katholischen Bayern war die freie Reichsstadt Augsburg nicht nur eine Insel des Protestantismus, sondern der Inbegriff eines friedlichen Miteinanders beider Konfessionen. Bereits 1555 war als ein Grundgesetz des Heiligen Römischen Reiches und Teil des Augsburger Reichsabschiedes der Augsburger Religionsfriede verkündet worden. Er sicherte allen Anhängern der lutherischen Kirche Frieden, Besitz und die freie Ausübung ihres Glaubens. Doch nun regiert eine katholische Minderheit. Maximilian von Bayern hatte die Augsburger gezwungen, 5000 seiner Soldaten als Besatzung aufzunehmen. Ohne diesen feindlichen Stützpunkt zu besiegen, kann es Gustav Adolf nicht wagen, weiter nach Bayern vorzudringen. Darüber hinaus dürfte der sagenhafte Reichtum dieser Stadt auch für den König nicht ohne Reiz gewesen sein. Sein Kriegszug verschlang Unmengen Geld, in Augsburg war das Gold zum Greifen nah.

V ON EINER EROBERUNG kann indessen nicht die Rede sein, denn die bayerischen Söldner machen angesichts der schwedischen Übermacht keinerlei Anstalten, die Stadt zu halten. Nach kurzer Kanonade kommt es zu einer Übereinkunft: freier Abzug für die Besatzer, friedlicher Einmarsch für die Eroberer. Als die schwedische Armee am 10. April feierlich in die Stadt einzieht, dürften nicht nur die protestantischen Bürger gejubelt haben – die Katastrophe von Magdeburg war noch nicht vergessen und die Städter fürchteten nichts mehr als eine rasende, plündernde Soldateska. In Augsburg verhalten sich die Truppen mustergültig. Chronisten berichten sogar, dass Schweden und Finnen Betstunden gehalten und Psalmen gesungen hätten. Ohne Angst hätten sich die Frauen den

Die Maximilianstraße ist die Prachtmeile der mächtigen Finanzmetropole Augsburg.

Fremden genähert, ihnen Speis und Trank gebracht und sie als »Gotes engel und ire erlöser gegriesst«.

Doch die »Erlösung« hat ihren Preis: Monatliche Kontributionen, Einsetzung eines schwedischen Statthalters, Leistung eines Eides auf den König, der die Augsburger de facto zu schwedischen Untertanen macht. Eine rechtlich bedenkliche Forderung, denn Augsburg war freie Reichsstadt, mit Pflichten und Privilegien. Erst durch seine Bestätigung, dass er Augsburg noch immer als »des Heiligen Römischen Reiches freie Stadt« betrachte, kann der König die Bedenken der Augsburger entkräften.

Als Gustav Adolf zwei Wochen nach seinen Truppen unter dem Beifall der Augsburger in die protestantische Hauptkirche St. Anna einzieht, singen die Gläubigen bewegt »Herr wir loben Dich«. Es ist ein Augenblick von tiefer Symbolik, denn es ist nicht Gott allein, den sie preisen, sondern auch sein Werkzeug, das nun leibhaftig vor ihnen steht. Der triumphale Siegeszug des Königs von der Ostseeküste bis nach Bayern muss ihnen wahrlich wie ein Wunder erscheinen. Und dem König selbst mag es nicht anders ergangen sein. Hätte er sich träumen lassen, dass er ausgerechnet am Fenster des Familienpalastes der Fugger den Treueschwur der Augsburger Bürger entgegennehmen würde? Ein protestantischer Herrscher im Palais der Familie, die mit Macht die Gegenreformation unterstützt. Als Geschenk seiner neuen Untertanen nimmt er einen kunstvoll gearbeiteten, mit allerlei Kostbarkeiten gefüllten Schreibtisch entgegen. Damaliger Wert: 6500 Reichstaler – eine kleine Anzahlung auf die enormen Summen, die die Augsburger in den kommenden Monaten in Gustav Adolfs Kriegskasse entrichten werden. Als der König folgende Worte an die protestantischen Vertreter der Reichsstadt richtet, ist die Freude allerdings noch ungetrübt: »Ich zweiffle gar nit, gott habe euer eyferiges, fleissiges gebett und ruem wirdige bestendigkeit erhört und mich disen weiten weg, euch auß euer betrangung zu erretten, herauß gesandt.«

Seinen Gewohnheiten gemäss unterzieht der König die mächtigen Festungsanlagen der Stadt einer gründlichen Inspektion. »Denn mich bedünkt, dass durch Währen so lang gehabten Friedens Ihr das Courage verloren habt, welches ihr wieder bekommen müsst«, hatte er tadelnd bemerkt und umgehend die Aufstellung einer Bürgerwehr verfügt. Augsburg soll zu einem schwedischen Bollwerk, zu einem Brückenkopf mitten in Bayern werden. 3000 Männer lässt Gustav Adolf für den Festungsbau rekrutieren, rund um die Stadt werden Wälle, Gräben, Schanzen und Redouten errichtet. Die Obstgärten müssen dem königlichen Bollwerk weichen, Tausende Bäume werden gefällt, »welche alle voll schwerer Früchte gestanden«, wie ein Chronist wehmütig bemerkt. Die Kosten für die Befestigung trägt die Stadtkasse – nur eine von vielen Zahlungen, die der »Befreier Augsburgs« seinen neuen Untertanen aufbürdet. Dass der König die Stadt für reicher hält, als sie tatsächlich ist, zeigt sich auch daran, dass er den neuen protestantischen Magistrat zu einer Zahlung von 20 000 Reichstalern monatlich verpflichtet. Die Steuereinnahmen der Stadt belaufen sich damals tatsächlich aber nur auf ein Fünftel dieser Summe.

Die Tatsache, dass der König den katholischen Magistrat verjagt hatte, ließ die katholische Minderheit das Schlimmste fürchten. Er würde sicher mit gleichem Maß vergelten, was sie seinen protestantischen Glaubensbrüdern angetan hatten. Doch zum Erstaunen aller predigt der Augsburger Pfarrer Jakob Fabricius seiner protestantischen Gemeinde, was ihm der König in die Feder diktiert hatte: »Es sei nicht billig oder christlich ... falschgläubige Menschen zu schlachten, töten oder auszurotten nur wegen deres falschen Glaubens und um der Lehre wegen. Wer nicht ohne Zwang den rechten Glauben annehmen wolle, müsse es sein lassen. Man soll ihn nicht mit gewaltsamen Mitteln dazu zwingen, denn Gott fordert freiwillige Taufe und jeder muß selbst dem Herrn Rechenschaft ablegen wie oder was er glaubte.« Gustav Adolf stellt die katholische Minderheit Augsburgs sogar ausdrücklich unter seinen persönlichen Schutz. Diese Toleranz hätte er sich selbst in seiner Heimat Schweden kaum leisten können. Noch Jahrzehnte später werden sich die jesuitischen Lehrer seiner Tochter Christina als Protestanten tarnen, riskieren die Mitglieder der »Gesellschaft Jesu« als vermeintliche Spione des Papstes ihr Leben.

Der Retter als Rächer

Als der König seinen Feldzug in Bayern fortsetzt, zeigt er jedoch ein anderes Gesicht. »Euer Liebden würden das arme Bayernland nicht mehr kennen; dergleichen Crudelität ist in diesem Krieg nicht erhört worden«, schreibt Kurfürst Maximilian an seinen Bruder nach Köln. Der große Wasa wird zum Schreckgespenst für die Bevölkerung. »In Bayern befindet sich Gustav Adolf im Territorium Maximilians, eines maßgeblichen Führers der Liga, sozusagen in katholischen Stammlanden und hier begrüßt man ihn zum ersten Mal nicht als Befreier und als Retter. Bauern proben anders als in Würzburg und Augsburg den Aufstand. Gustav Adolf reagiert mit aller Schärfe und Härte gegen die Aufständischen.

EINE ZORNIGE, ENTFESSELTE schwedische Soldateska verwüstet das Land, sie foltert, brandschatzt, vergewaltigt und tötet: hemmungslos, grausam und ungebremst. Diese Vernichtungswelle ist nicht das Werk undisziplinierter Krieger, nicht die Folge einzelner Entgleisungen. »Der König hatte sie bewusst losgelassen, er wollte den ›Totalruin‹ des Landes östlich des Lech«, kommentiert der Biograph Felix Berner. Was seine Soldaten nicht mitschleppen können, zerstören sie, schwedische Streifscharen reißen selbst die junge Saat aus den Äckern. Vielleicht wäre auch München ein Opfer der rasenden Truppen geworden – doch Gustav Adolf lässt Gnade walten; es mag an der Fürsprache einer Münchner Delegation oder an den Bitten des französischen Gesandten St. Etienne gelegen haben, dass die Stadt verschont bleibt. Gustav Adolf willigt in ein Kapitulationsabkommen ein, das nicht nur die Stadt, sondern den gesamten Großraum München vor Plünderung und Zerstörung schützt. Eine Entscheidung, die vielen Chronisten Rätsel aufgibt. Der Verheerer Bayerns schont die Hauptstadt und erlegt der katholischen Bevölkerung keinerlei Restriktionen hinsichtlich der Ausübung ihres Glaubens auf. Im Gegenteil, der König stattet gar dem Jesuiten-

Bayern in Flammen: Gustav Adolfs Politik der »verbrannten Erde« verheert das blühende Land.

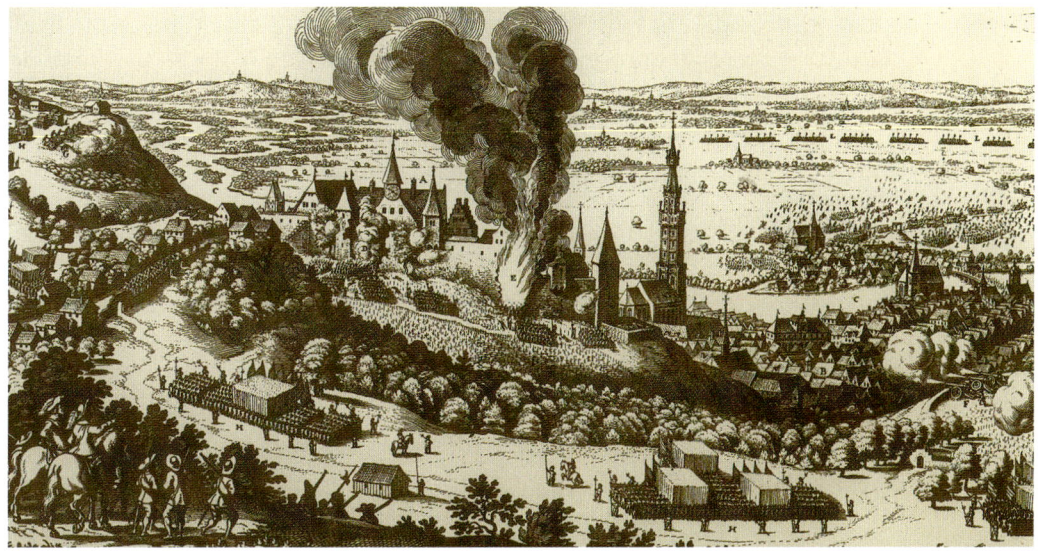

kollegium einen Besuch ab, den Vertretern jenes Ordens, die maßgeblich an der Durchsetzung des Restitutionsedikts beteiligt waren
und überhaupt allerorten als die »Einsatztruppe des Papstes« gelten.
Er befragt sie über die Bedeutung der Zeremonien, des Weihwas-
sers, der Kerzen, ganz der gebildete und tolerante Monarch, oder
wie es der Rektor des Kollegiums formuliert, der »wider Erwarten
unblutige Sieger über alle«.

Die Einwohner der bayerischen Hauptstadt sind erleichtert, dass der Schwedenkönig ihre Stadt verschont.

Friedlich ist auch die Koexistenz von Schweden und Münch-
nern: Auf den Märkten der bayerischen Hauptstadt bieten die Invasoren ihre Beute feil, der Handel belebt die Freundschaft und die
Disziplin der Sieger und lässt Konflikte gar nicht erst aufkommen.
Fast eine Idylle. Tatsächlich sind diese Tage in München jedoch die
letzte Verschnaufpause des Königs – es ist die berühmte Ruhe vor
dem Sturm. Denn während in München die Soldaten ihr Beutegut
versilbern, drehen sich in Böhmen die Räder einer gewaltigen
Kriegsmaschinerie. Wie eine Spinne im Netz knüpft Albrecht von
Wallenstein Verbindungen, lotet mögliche Allianzen aus. Auf der
einen Seite der lebenslustige König auf dem Zenit seiner Macht,
eine Lichtgestalt, selbst seinen Gegnern. Auf der anderen Seite der
dunkle Herzog, gekrümmt von der Gicht, hager, hinfällig, mit Augen, die zwingen. Nie waren seine Vollmachten so weitreichend,
seine Befugnisse so groß, sein Heer so gewaltig – das Schach der
Mächtigen kann beginnen.

▶ Toleranz statt Terror: Dieses protestantische Flugblatt feiert den Wohltäter Gustav Adolf während Brandstifter Tilly angeprangert wurde.

Gustav Adolph in München,
Gegenstück zu Tilly vor Magdeburg.

Pesel Del a fec. 1792.

ɹɹɹɹɹ♃

Diß ist der Mann
Der helffen kan.

Augspurg

S.Ulrich

TRIUMPH! VIKTORIA! DER LÖW' HAT RACH' GEÜBT

DIE ERSTEN SIEGE DER PROPAGANDA

Augsburg im Frühling des Jahres 1632. Die protestantischen Bürger fiebern ihrer Befreiung durch Schwedenkönig Gustav Adolf entgegen. Täglich treffen neue Meldungen über den Siegeszug des »Löwen aus Mitternacht« ein, der ganz Deutschland vom Joch des Katholizismus befreien will. In der von kaiserlichen Truppen besetzten Stadt kursieren Flugblätter mit reißerischen Bildern und kämpferischen Parolen, die den Kriegerkönig als heldenhaften Retter und Streiter gegen das Papsttum verklären. Von Hand zu Hand werden die verbotenen Blätter weitergereicht, um die Hoffnung in der Bevölkerung zu stärken, der katholischen Geißel am Ende doch noch entrinnen zu

»Dies ist der Mann, der helfen kann« – solche schlagkräftigen Parolen machen Gustav II. Adolf zum ersten Helden der Mediengeschichte.

können. Wer selbst nicht lesen kann, lernt die von anderen rezitierten Reime auswendig und gibt sie durch »Mundpropaganda« weiter. »Gustav Adolf heißt der Mann, der helffen kann« – mit solch einprägsamen Versen und nie zuvor gesehenen Bildern steigt der König im Dreißigjährigen Krieg zum ersten Superstar der Mediengeschichte auf.

DIE FLUGBLÄTTER MIT ihren symbolhaften Zeichnungen hatten eine magische Wirkung auf die Bevölkerung. Um die Faszination für diese frühen »Printmedien« zu verstehen, muss man wissen, dass die Menschen damals in einer fast bilderlosen Welt lebten. Allenfalls in Kirchen, an den bemalten Fassaden der Patrizierpaläste und vielleicht auf Prozessionsfahnen erlebten die einfachen Leute den Zauber von echten Kunstwerken, Gemälden und bunten Emblemen. Umso mehr ergötzten sie sich an Bildern, selbst wenn sie nur der Phantasie entsprangen; in Blitzen erblickte man damals feurige Drachen, die Himmelsschlachten ausfochten, Kometen galten als Vorboten von Krieg und Verderben. Der Eindruck allein dieser »Bilder« auf die Weltsicht der Menschen war ungeheuer – wie sehr müssen erst die sensationell aufgemachten Illustrationen der Flugblätter die Menschen in den Bann gezogen und vielleicht auch propagandistisch manipuliert haben.

Bis heute streiten Historiker genau über diese Frage: Haben die Agitatoren des Schwedenkönigs die emotionale Wirkung der Bilder gezielt genutzt, um Gustav II. Adolf zum Kreuzritter des Protestantismus zu erheben? Einiges spricht dafür, denn schon seine Landung auf Usedom wird von einem Propagandafeldzug begleitet: Flugblätter verherrlichen den König als unbesiegbaren Löwen, der mit erhobenem Schwert von Bord seines Kriegsschiffs springt und einem apokalyptischen Drachen entgegentritt. Das Segel des Schiffs ziert ein Kreuz und ein Zitat des römisch-byzantinischen Kaisers Konstantin, der das Christentum einst zur Staatsreligion machte: »In diesem Zeichen wirst du siegen.« Sechs Säulen einer Kirche hat der feindliche Drache schon niedergerissen; sie repräsentieren die Herkunftsorte vertriebener Protestanten aus katholischem Terrain: Pfalz, Mähren, Augsburg, Österreich, Böhmen und Magdeburg. An die »nicht korrumpierbaren Emigranten« wendet sich das Blatt mit

Schwedische Rettung der Christlichen Kirchen. Anno 1631.

Als jetzt das Firmament am Himmel war erhoben/
Und gantz mit finstern Wolck'n der Erdkreiß überschoben/
Darunter doch der Mond mit seiner silbern Schaar/
Lieblich der Stralen glantz vermischte hell und klar/
All Winde schwiegen still/ kein Lüfftlein sich nicht rührte/
Sein Regiment allein der süsse Schlaff vollführte/
Da gleich der wachsam Hahn ward flatternd auff der Stang/
Und drauff zum ersten mal sein Gücke hier erklang/
Erwachte ich/ doch so/ daß meine Augenglieder
Auffblickten zwar und strack's auch widerumb fielen nider/
Da dünckte mich ich sah ein schön erbawtes Hauß/
Mit Pfeilern starck und vest verwahret überauß/

A.

An jederm Pfeiler stund hochrühmlich angeschrieben/

D.

Der Name seiner Stärck/ wie standhafft er verblieben/

C.

Da tratt ein schreckliches Thier grimmig mit Donner dar/

B.

Sein Rachen seine Haut voll blutiges Schaumes war/
Das schwantz viel Drachen Rachn scharff auff die fordern Seulen/
Die zwang/brach/unterwarff/ hiemit hört ich groß heulen/
Doch ihrer Füsse keinn es mit außreissen kundt/
Weil tieff beym Fundament geleget war ihr Grund/

E.

Dasselbe war ein Buch/welche zu/ doch nit verschlossen/
Darauß auß Thieres Schlund viel Fewerflammen schossen/
Doch nicht entzündet ward/ drey Pfeiler ruhten drauff/

F.

Spitzig und scharpff formirt/und stunden noch zu hauff/

Der ein ein liechtes Fewr ließ seine Stralen schiessen/
Das all verborgne Ding das Auge noch wolt wissen/

G.

Der ander eine Wolck/darauß die gantze Welt
Ein starcke Hand umbgriff/und alle Ding bestellt/

Der dritt ein Eschenbaum/der allen Gifft verlachet/
Auff den der Pelican alls wieder lebend machet/

H.
I.
K.

Hier zwischen eine Kirch war hoch gefasset ein/
Von unten auff ich sah geätzt ein Wapen drein/
Welchs der blutdürstgen Schlang that in die Augen stechen/
Drumb Tag und Nacht mit Macht sie trachte/sich zu rächen/
Abr sich ein Sonnenstraal in Norden schoß zu hand

L.
M.

Auff einen Fels/da auch die wahre Lehr sich fand/
Unten in einer Klufft/ lag ein gekröner Leyb/
Und lauret/ wo hinauß? Dann er war etwas schewe/

N.
O.
P.

Das Meer an Felsen stieß/ wo kam gesegelt an/
Ein langes gelbes Creutz in einer blawen Fahn/
Ein See-Hahn auff dem Mast ein Beutel wol verwachte/
Ein rothes Creutz im Segl das Schiff gantz frölich machte/

Q.
R.
S.

Ein Engel so posaunt/ der war der Stewermann/
Ein Holländischer Schipper trieb starck zu Lande an/
Nah bey des Schiffes Port ein schwartzer Lew lag lauschend/

T.

Mit einem Bischofts Hut/ vor den im Meer her rauschend/
Ein hochgekröner Lew greßmällig sprang auffs Land/
Und frewdig mit seim Schwerdt eifrig zum Drachen rand/

V.
&c.

Drauff hört ich ein Geschrey: Jauchtzet ihr Exulanten/
Auch alle die ihr seyd Religions Verwandten/
Barmhertzigkeit hat Gott durch sein Allmächtigkeit/
In der Allwissenheit uns allen zubereit/

Von Ewigkeit zu Ewigkeit.

Gedruckt im Jahr XXXI.

Mit erhobenem Schwert springt der Löwe von Bord: Der gefeierte Retter des Protestantismus.

der ermutigenden Botschaft, dass der schwedische Erlöser kommen werde. Die Ankündigung der »Schwedischen Rettung der Christlichen Kirchen« bleibt nicht ohne Wirkung. »Sie empfangen ihn wie den Messias«, soll Albrecht von Wallenstein über die Ankunft Gustav II. Adolfs gesagt haben.

Der Historiker Professor Johannes Burkhardt ist davon überzeugt, dass eine »gezielte Pressepolitik und ein Stab literarischer Ratgeber und evangelischer Sympathisanten« hinter der Imagekampagne des Schwedenkönigs stand. Gesichert ist, dass Gustav Adolf in jeder besetzten Stadt die Kontrolle über die örtlichen Druckereien übernahm, sodass eine aufwändige Propagandamaschinerie seinen ganzen Feldzug begleiten konnte. Neben dieser offiziellen Meinungsmache stammten einige der gedruckten »Waffen« wohl auch aus den Federn protestantischer »Untergrundbewegungen« in Deutschland. »Durch Gustav Adolf fühlte sich die protestantische Seite bestärkt und wagte mit beißendem Spott Partei gegen die Katholiken zu ergreifen«, sagt der Hamburger Kunsthistoriker Dr. Martin Knauer. »Nach der Landung des Schwedenkönigs wurden die aufgestauten Emotionen gegen die Katholiken mit aller Macht freigesetzt. In einer wahren Flut von Flugschriften fand dieses Gefühl in Bild und Text ein wirkungsvolles Ventil.«

Die Schlacht der königlichen Meinungsmacher

Manchen Betrachter mag die überreiche Symbolik der Flugblätter vor ein Rätsel stellen. Viele der religiösen Motive sind uns heute nicht mehr geläufig, doch auch für die Zeitgenossen waren viele der verschlüsselten Bilder ohne Erklärungen nicht verständlich. Die einzelnen Elemente sind daher häufig mit Buchstaben markiert, die erläuternden Versen auf dem Flugblatt zugeordnet sind. So sanktioniert etwa das Blatt über die »Schwedische Rettung der Christlichen Kirchen« den Kriegseintritt Gustav Adolfs durch den ruderführenden Engel (»R«), durch die Vision Konstantins auf dem Segel (»Q«) sowie durch die Sonnenstrahlen (»L«), die gleichermaßen auf das Schiff und die protestantische »Ecclesia« (»A«), die autorisierte

Kirche Gottes, fallen. Der Hahn auf dem Mast (»P«) steht für die Hanse und deutet die Hoffnung auf unterstützende Mächte an.

Auch auf dem Flugblatt über den »Schwedischen Zug« sind Text und Bild durch Kennbuchstaben verbunden. Es zeigt Gustav Adolf, der als Triumphator auf einem Streitwagen unter geblähtem Segel auf eine befestigte Stadt (»B« – »Das Heilige Römische Reich«) zufährt. Einige Historiker vermuten, dass dieses Bild einen realen

Göttliche Lenkung: An langen Zügeln führt der Allmächtige selbst den Triumphzug des Königs.

Hintergrund hat und der Schwedenkönig sich tatsächlich mit solchen Triumphzügen in Szene setzte. Vier wilde Tiere ziehen seinen Muschelwagen: ein Löwe (»K« – »großmütig«), ein Tiger (»L« – »schnell«), ein Panther (»M« – »listig«) und ein Fuchs (»N« – »vorsichtig«). Die tugendhaften Tiere werden an einem langen Zügel von Gott (»E«) gelenkt, dessen Arm aus einer Wolke ragt. Links vom Wagen liegt die personifizierte »Religion«, die sich mit der einen Hand auf ein Kreuz stützt und mit der anderen Steine aus dem Weg räumt. Rechts unten im Bild sitzt die »Christliche Kirch« in Gestalt eines kranken Bettlers am Wegesrand, den Mund und die linke Hand verbunden, in der Rechten eine Pestklapper schwenkend. Fünf Engel fliegen vom Himmel auf den Wagen zu; sie bringen Blätter mit der Aufschrift »Victoria«, eine Krone, einen Palmenzweig und Rosen. »Weil er zur Bedrängten Schutz / Gott ihm gesegnet sein S. Schwert / Als braucht er's zu Gottes Ehr / wo man's an ihn begehrt«, so heißt es im Text über den König. »0. Wind und P. Meer müssen ihm stets geboten / Weil er Christi Schifflein / erretten will aus Nöten.« Dieses Flugblatt verklärt König Gustav Adolf als militärisch unbesiegbaren Erlöser der christlichen Kirche, der sämtliche Attribute eines römischen Triumphators mit christlichen Tugenden vereint.

ÜBER DIE URHEBER der zahllosen propagandistischen Bilder und Verse ist fast nichts bekannt. Vermutlich blieben sie anonym, weil sie an vielen Orten mit einer Verfolgung durch die katholische Obrigkeit rechnen mussten. Einige Flugblätter lassen vermuten, dass entweder eine »Propagandazentrale« am Werk war oder ein Netzwerk von politisch engagierten Künstlern, die in verschiedenen Städten aktiv waren und sich untereinander austauschten. So wird zum Beispiel der Siegeszug des Schwedenkönigs durch Deutschland von ganzen Flugblattserien begleitet – spannende Fortsetzungsgeschichten, die schon damals Sammlerwert hatten. Mit jeder Stadt, die der Schwede eroberte, wurde den Flugblättern ein neues Element hinzugefügt, das die jeweilige Stadtsilhouette wie auf einem Wappen darstellte. Den nächsten Ort, den der König auf seinem Siegeszug durch das Heilige Römische Reich Deutscher Nation befreien würde, deuteten die Meinungsmacher auf einigen Flugblättern schon vorab durch ein freies Feld an – psychologische Kriegsführung vor 350 Jahren. Die Druckplatten für diese Serien wurden wie Puzzles aus einzelnen Teilen zusammengesetzt, sodass sich bestimmte Motive – wie etwa Gustav Adolf in Rüstung und mit Schwert – auf vielen Blättern wiederholten. Die frühneuzeitliche Propagandamaschinerie konnte dadurch schnell auf die Kriegsereignisse reagieren, ohne dass jedes Blatt mit allen Details aufs Neue in Kupfer gestochen werden musste.

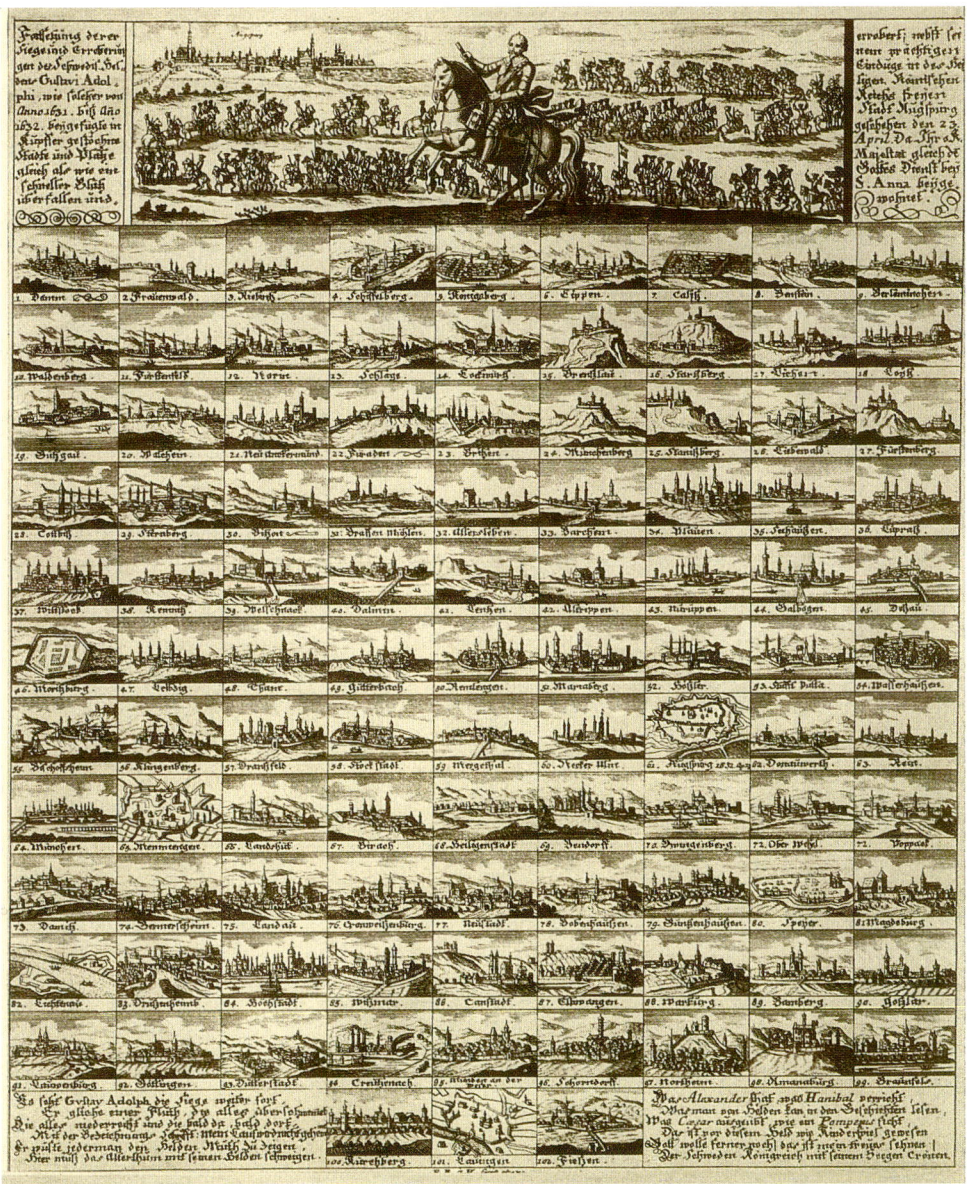

Jeder militärische Erfolg des Schwedenkönigs wurde publizistisch zum Triumph erhoben. So sah man den mitternächtlichen Löwen nach der Schlacht von Breitenfeld als Schrecken der geistlichen Fürstentümer durch die »Pfaffengasse« jagen, womit die katholischen Gebiete entlang von Rhein und Main gemeint waren.

Fortsetzungsgeschichte: Mit jeder eroberten Stadt fügte man diesem Flugblatt ein neues »Wappen« hinzu.

TRIUMPH! VIKTORIA!
DER LÖW' HAT
RACH' GEÜBT

Der mitternächtische Lewe,
welcher in vollem Lauf
durch die Pfaffen-Gasse rennt

Triumph! Viktoria! Der Lew aus Mitternacht / Hat endlich Rach geübt und Euch in Lauff gebracht / Ihr feistes Klostervolk! Ihr in der Pfaffen-Gasse / Laufft nun und trollet Euch aus Eurem festen Passe! / Von eurem Feigenbaum, von eurem Rebenstock / Geht bald und hüllet euch in euren Pfaffen-Rock / Und rennet, was ihr könnt: Das Blatt ist umgewendt / Und hat sich euer Trotz und Schnarchen nun geendet, / Wie stark und scharf es war. Das Jagen und das Blut, / Darnach euch so gedürst, wird über euch geschütt. / Ich Hell-verbanntes Volk! Kompt nun, ihr Baaspfaffen, / Und unser geistlich Gut und Stifter zu entraffen, / Die Tür ist aufgetan, kompt, kompt und schleicht euch ein, / Ihr sollt uns allerseits willkomme Herren sein! / Doch schauet fleißig zu, daß ihr euch nicht verirret, / Noch in dem schwinden Lauf gefährlichen verwirret. / Der Lewe möchte euch sonst ertappen, eh ihr euch / Zurücke finden könnt in euer Erbgesträuch. / Der Adler traun fleucht und traut sich nicht zu wehren, / Will auch der stolze Bär schob seinen Rücken kehren. / Wohlan, ergreifet bald die noch erlaubte Flucht, / Sonst werdet ihr gewiß in eurem Nest besucht, / Geht, weil's noch Gehens gilt! Wenn Bär und Adler laufen, / So fürchtet man sich nicht vor aller Schweine Schnaufen.

Unbekannter Verfasser

Im Visier der Mediengeschütze

Zur Zielscheibe der protestantischen Propaganda wurden immer wieder die Jesuiten, die als Drahtzieher des Krieges dargestellt wurden. Auf einem Druck, der die Folgen des Restitutionsedikts für Augsburg veranschaulichen sollte, sieht man vor der Silhouette der Stadt einen »papistischen Tempel«, vor dessen Eingang die Mönche Bibeln und andere Schriften vernichten. Ein anderes Blatt trägt den Titel »Die betrangte Stadt Augsburg« und behandelt die gewaltsame Rekatholisierung als apokalyptisches Geschehen. Über der im Tal liegenden Stadt erheben sich auf zwei felsigen Anhöhen der siebenköpfige Drache und der Widder der Apokalypse. Der Drache hat seinen Schwanz um die einstige Hochburg des Protestantismus gelegt, der Widder – ein Verweis auf die Jesuiten (»Jesuwidder«) – trägt das schwarze Barrett des Ordens auf dem Kopf. Beide Tiere speien Mönche über Augsburg, »die Widerwärtigen brüllen in den Häusern Gottes und setzen ihr Götzen darein«, heißt es im Text. Aus den Toren der Stadt strömen Emigranten. Tatsächlich verließen im Jahr 1631 rund 8000 Augsburger aus religiösen Gründen ihre Heimat, zwei protestantische Kirchen wurden niedergerissen, Geistliche ihrer Ämter enthoben und durch Jesuiten ersetzt.

Nach der Befreiung der Stadt durch Gustav Adolf findet das Flugblatt seine Fortsetzung: Mit erhobenem Schwert und im Harnisch steht der gottgesandte Retter über den erlegten Ungeheuern. Zum Zeichen des Sieges hat er seinen Fuß auf den Kopf des Widders gesetzt, der Jesuitenhut, die Kronen des Drachen und ein Ablassbrief liegen im Staub.

Hinter der publizistischen Mobilmachung gegen den Jesuitenorden verbarg sich handfeste Kritik am Kaiser, dem wahren Störer des konfessionellen Friedens, der als politisches Oberhaupt jedoch nicht angreifbar war. Die Polemik richtete sich daher gegen seine wichtigsten Ratgeber – vorwiegend Jesuiten. Die »Soldaten Gottes« wurden als Kriegstreiber hingestellt, die nicht davor zurückschreckten, selbst den Teufel zu ihrem Herrn zu machen. So zeigt die Karikatur »Trummel der Ligae« eine überdimensionale Kriegstrommel, die über einen Hebelmechanismus von Jesuiten geschlagen wird. Weitere Mönche zählen in Anwesenheit eines Teufels in Offiziersuniform den Inhalt der Kriegskasse. Im Text ist zu lesen, dass zwar durch den Trommelschlag umherirrendes Volk zusammengeströmt sei, jedoch ein »FeldMarschalch« fehle. Auch sei ein General »abgedanckt« worden – vermutlich ein Hinweis auf die Entlassung Wallensteins im Jahr 1630. Darum hätten die katholischen Geistlichen den Teufel auch mit Geld bestochen, das Heer zu

Die betrangte Stadt Augspurg.

Augspürg. · S.Bleich · Rath haus · Fraut Bleich

Ann der günstige Leser wissen wil / was diese zwey Ongehewre Thier bedeuten / so kan er das 13. Cap. der offenbarung Johannis fleissig besehen: darinn durch das sibenköpffichte Thier die beschaffenheit deß Papsts zu Rom vnd seiner München vnd Pfaffen abgebildet: durch das ander Thier aber insonderheit / die in disem seculo erst ersprungene Sect vñ gesellschafft bezeichnet worden / welche sich von dem Namen deß Lambs (JESu) benennet / vnd alle Macht thut deß ersten Thiers / das ist / sich richtet nach der weise deß Antichrists / vnd demselben die Wunden heilet / verstehe durch allerley Griff das Papsthumb / so viel müglich / bestärcket / wie auch grosse streich von Zeichen vnnd Wundern fürgibt / als ob sie das Fewer vom Himmel bringen / vnd Berg versetzen könden / gestalt man in den Lügenden von den Wunderzeichen Lojolæ, Francisci Xaverij vnd anderer der lenge nach liset.

Nun haben sich diese zwey Thier / nach dem sie vieler anderer Particular Kirchen in Teutschland sich bemächtiget / auch gemacht an die Evangelische Gemeine zu Augspurg / vnd endlichen im Monat Augusto deß 1629. Jahrs / das verhängnuß bekommen / die Evangelische Kirchen vnd Schuldiener abzusetzen / vnd an der selben Stelle jhre Brut hinein zuspeyen.

Dannenhero diese / so bald sie in der Stadt auff die Füsse kommen / sich der Kirchen vnd Schulen der Evangelischen angemasset / die Bibliothecam occupirt, vnnd allgemach die daselbst der reinen Religion zugethane Burger grossen theils biß zum Exilio vnnd Elend tribuliret vnd gepresst / vnnd hätte man von der lieben Stadt Augspurg billich sagen köñen: jhre Widersacher schweben empor / vnd jhren Feinden gehets wol. Thren. 1. vers. 5. die Widerwertigen brüllen in den Häusern Gottes vnd setzen jhre Götzen darein. Psal. 74. vers.4. Sie reissen den Grund vmb / was soll der Gerechte außrichten / Pf. 11. vers. 3. Sie sagen / vnsere Zung soll überhand haben / vns gebüret zu reden. Psal. 12. vers. 5.

Gedruckt im Jahr 1632.

Die durch Gottes Gnad erledigte Stadt Augspurg.

Müntchen · Augspurg · Wolspurg · Maintz

NAch dem die zwey Antichristische Thier (wie gegen über zu sehen) jhren Muth von Anno 1629. biß auff das 1632. Jahr: wider die Stadt Augspurg gekühlet/ vnd die Kirchen vnd Schulen mit jhren Geschmeiß allenthalben daselbst erfüllet: So hat es Gott fast wider aller Menschen Gedancken/ dahin aller gnädigst gemittelt/ daß sein getrewer Werckzeug von Mitternacht die Königliche Mayestat in Schweden/ etc. den ermelten Thieren so weit Abbruch gethan/ biß jr toben vnd schnauben alda nidergelegt/ vnd den bedrängten Evangelischen Christen das öffentliche exercitium Religionis wider eingeraumet worden. Was grosse Frewde vnter jhnen sich erhaben/ wenn höchst gedachte Königliche Mayestat eingeritten/ dem heiligen Gottesdienst selbst mit inbrünstiger Andacht beygewohnt/ vnd andere lobwürdigste Sachen gnädigst angeordnet/ das kan nicht gnugsam außgesprochen vnd erzehlet werden.

Gibt demnach dieser gantz wundersame Außgang deß vorhergehenden vngebürlichen Bedrangnuß zu Augspurg (wie auch an andern vielen orten/ nunmehr den rechten Bestand der herrlichen Weissagung Johannis von der Beschaffenheit der ehegemelten zweyen Thier deutlich an die Hand.

Denn nachdem das ander Thier (der Jesuitische Orden/ so erst zu vnserer Vorfahren Zeiten auffkommen/ vnd das Pabstumb allenthalben einzuführen sich vnterstanden) das gerechte Verhängnuß Gottes über die Sünden der Evangelischen zu seinem Vortheil vnd eussersten Muthwillen eine geraume zeit gewendet: So hat Gott endlich deren/ die durch waare Rew vnd Buß mit gläubigem eiffrigem Gebet zu jhm sich bekehret/ vätterlich widerumb angenommen/ die Verfolgere mit gleicher Müntz bezahlet/ jhnen jhr trotzen vnd pochen darnider gelegt vnd kräfftiglich erwiesen/ daß die Gedult vnd Glaub der heiligen nicht vergeblich gewesen.

Die Wort aber/ so in der Offenbarung Johannis/ Cap. 13. v. 5. 6. vnd folgendts zu finden/ lauten also: Sie sprachen/ wer ist dem Thier gleich? vnd wer kan mit jhm kriegen? vnd es ward jhm gegeben (oder verhängt) ein Mundt/ zu reden grosse ding vnd ward jhm gegeben/ daß es mit jhm wehrete 42. Monden lang. Vnd es that seinen Mund auff zur Lästerung gegen Gott/ zu lästern seinen Namen (sein Wort/ die heilig Schrifft) vnd seine Hütten (die waare Evangelische Kirch) vnd die im Himmel wohnen (das ist/ die heiligen Engel vnd Außerwehlten/ theils mit Andichtung frembder Ehr/ als ob sie begerten vmb die himmlische Hülff angeruffen zu seyn/ theils mit Verketzerung vnd Verdammung der in waarem Glauben abgeschiedenen Evangelischen Confessorn). Vnd es ward jhm gegeben zu streiten mit den Heiligen vnd sie zu überwinden. Vnd jhm ward gegeben die Macht über alle (oder allerley) Geschlecht vnd Sprachen vnd Heiden/ vnd alle die auff Erden wohnen/ beten es an (nemlich alle die/ jenige/ deren Namen nicht geschrieben sind in dem lebendigen Buch deß Lambs/ das erwürget ist von Anfang der Welt. Hat jemand Ohren/ der höre (versehe/ wie Gott endlich die Verfolger bezahlen werde) So jemand in das Gefängnuß führet/ der wird ins Gefängnuß gehen. So jemand mit dem Schwerdt tödtet/ der muß mit dem Schwerdt getödtet werden: Hie ist Gedult vnd Glaub der Heiligen. Biß hieher S. Johannes.

Gott helff/ daß wir seine Gnad vnd augenscheinlich erzeigte Hülff danckbarlich erkennen/ die vorige Mängel verbessern vnd ja fleissig vns hüten/ damit nicht ein widriges verursacht vnd die erwiesene Hülff verhindert werde.

Dn. Dn. S. S. R. A. d. d.

Gedruckt/ Im Jahr 1632.

führen. Der Text endet mit dem tröstlichen Vers, dass Gott, »des Teufels Meister«, die große Trommel eines Tages zerstören werde: »Doch lebt des Teuffels Meister noch / Der wird der großen Pauck auch machen ein gros Loch.«

AUCH DIE KATHOLISCHE SEITE nutzte das Instrument der Propaganda, allerdings weniger gekonnt – vielleicht weil ihr eine charismatische Leitfigur vom Format des Schwedenkönigs oder die richtigen »Medienmacher« fehlten. Nur nach dem Fall von Magdeburg bediente man sich an beiden Fronten gleichermaßen einer Erfolgsformel, die auch in der heutigen »Yellow Press« noch zieht. Je nach Standpunkt galt die Stadt entweder als Heilige oder Hure, »Metze« oder »Magd« – ein Motiv, das einen entsprechenden Sensationsjournalismus nach sich zog. Der Name »Magdeburg« wurde dabei als »Jungfrauenfestung« verstanden. Schon in den ersten Berichten der Sieger heißt es: »Gott sey ewig gelobt, Magdeburg ist

Skandalblatt: Die Vermählung des greisen Tilly mit der keuschen Jungfrau Magdeburg war ein beliebtes Thema in zahlreichen Spottliedern.

> ... Die Magd und Burgh die veste statt
> An Gott durch eyn Romeynsche Thatt
> Ihr Jungfrawschafft geopfert hatt.
> ...
> So Lutrische Lucretia
> Ufrechte treu Constantia
> Bin ich in ewig Gloria;
>
> Eh ich die pabstlich Lig erkenn
> Und sie mein eignen Herren nenn,
> Viel lieber in das Fewer renn.
> ...
> Mich ungschuldige keusche Magd
> Der Bluthund so gemartert hat,
> Manch Mutter Kindt im Fewer bradt
>
> Elf tausend Jungfern Cöln am Reyn
> Preyst durch erlittne Marterspeyn
> Ich dreijssig taussendt Seeln beweyn
>
> Dies billich al trew Herzen kreanckt,
> Dass Kint, dass an dn Brüsten heanckt,
> Der grawsam feind ins Fewer sweackt.
>
> Unbekannter Verfasser

gedämpfft und ihre Junckfrawschafft ist hinweg.« Der Historiker Johannes Burkhardt geht davon aus, dass sexuelle Anspielungen dem Thema eine besonders hohe Aufmerksamkeit garantierten. Die »Magdeburger Hochzeit«, die Vermählung des greisen Bräutigams Tilly mit der keuschen Jungfrau Magdeburg, wurde zu einem beliebten Thema in zahlreichen Liedern und Spottversen. Die Jungfrau habe sich zu General Tilly ins Brautbett legen müssen, der trotz abnehmender Leibeskräfte der »keuschen Dame Scham gebrochen«, höhnt eine Flugschrift.

Sensationsmeldungen und Durchhalteparolen

Ein enormes Echo fand der Untergang von Magdeburg auch in den politischen Nachrichtenblättern – der Beginn der schwedischen Invasion hatte einen regelrechten Zeitungsboom zur Folge. Allein in den Jahren 1630 und 1631 wurde mindestens ein Dutzend Zeitungen gegründet. Gleichzeitig nahm in den sonst sachlich berichtenden Blättern der Anteil parteilich gefärbter Meldungen zu. Wie der Bremer Pressehistoriker Johannes Weber bemerkt, brachte der Fall Magdeburgs einen vorläufigen Höhepunkt der propagandistischen Zuspitzung: »Dabei ist das polemische Instrumentarium von keinerlei zimperlichen Rücksichten gehemmt«, meint er. Der »Cöllnische Dichter« berichtet etwa, dass »bey verwüstung und eynäscherung der Statt Magdeburg« die in die Elbe geworfenen Toten »durch schickung Gottes / dem Fluß oder Wasser entgegen geschwummen / und mit auffgehabenen und zusammengeschlagenen händen zu Gott umb raach geschryen haben.« Man kann davon ausgehen, dass es sich hier um eine Erfindung der Korrespondenten oder der Zeitungsmacher am Rhein handelt.

GLEICHFALLS IDEOLOGISCH GEFÄRBT waren die Berichte der Stettiner »Reichs=Zeitung«. So heißt es etwa in der Nummer 23. in einer Meldung aus Leipzig, »die Weiber hetten Ihre Kinder / die Sie dem Feinde zum Raube und Tyrannei nicht hätten hingeben wollen / ins Feuer geworffen / und sich meisten theils selbst dazu hinein gestürtzet.« Der Informant, der diese Nachrichten kolportierte, war kein Augenzeuge, »doch sichtlich ein Mann der geschwinden und literarisch gewandten Feder«, urteilt Weber. »Er überwölbt die Schilderung des Massakers mit klassischer Bildung. In den Müttern, die ihre Kinder und sich selbst dem Flammentod überantworten, wird Magdeburg nach antikem Vorbild überhöht – der propagandistische Gehalt einer solchen rhetorischen Montage liegt auf der Hand.«

Der Flugblattexperte Knauer erklärt den aufkeimenden Sensationsjournalismus mit dem Erfolg der Flugblätter, deren Überzeugungsmethoden und Deutungsangebote den Lesern vertraut waren.

Wenn die Zeitungen als neue Informationsmedien bestehen wollten, mussten sie sich dieser Strategie zwangsläufig anpassen.

Diese Entwicklung kann Professor Weber anhand der erhaltenen Nachrichtenblätter genau rekonstruieren. Er ist am Institut für Presseforschung an der Bremer Universität tätig, das über rund 60 000 kopierte oder auf Mikrofilm gespeicherte Zeitungsnummern aus dem 17. Jahrhundert verfügt. Hier wurde bereits im Jahr 1971 ein Bestandsverzeichnis aller deutschen Zeitungen aus dieser Zeit

Das Massaker von Magdeburg und die schwedische Invasion führten in Deutschland zu einem wahren Zeitungsboom.

BELLVM SYMBOLICVM.

Das ist:

Die erschröckliche Wirckungen deß Kriegs/

inn Gleichnuß fürgestellt.

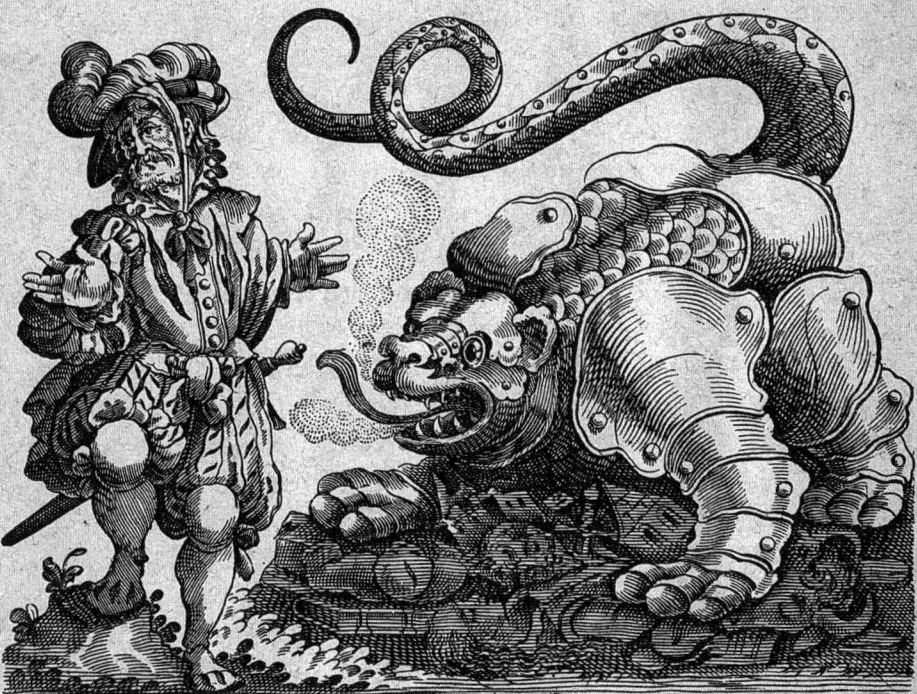

Hilff GOtt/ was wirdt es endtlich werden/
Vnder vns Christen hie auff Erden?
Weil die Vnthrew im gantzen Land/
Einreißt mit grossem Spott vnd schand.
Das alle Handtierungen vnd Gewerbungen/
Werden gesperrt vnd gantz abfertig.
Was muß doch O getrewer GOtt/
Ein vrsach seyn an diser Noth.
O daß ich dises wurd bericht.
Was sich ich dort für ein Gesicht:
Villeicht es mich wirdt aufisieren/
Jedoch die gestalt mich wil verführen.
Sein Kopff sich ich der ist gantz blüetig/
Die Augen scheinen zornig vnd wüetig.
Sihe/ wie thuts die Zän herauß blecken/
Wie thuts die Zungen herfür strecken/

Sein Rachen täucht mich der thut brennen/
Das Thier kan ich gar nit erkennen.
Auß forcht vnd zorren thet ichs fragen/
Daß es mir solt den Namen sagen.
Darauff es antwortet grimmiglich:
Bellum · den Krieg kennet man mich.
Werd auch ein Gaissel GOttes genandt/
Wie meniglich ist diß bekandt.
Was gestanden ist je vnd immer/
Das reiß ich ein vnd machs zu Trümmer
Ich verderb auch vil Leut vnd Lande/
Durchs Schwer/ Fewr/ Wasser/ Raub vn
Alt vnd Jung/ Arm vnd Reich/ (brandt.
Gaistlich vnd Weltlich gilt mir gleich:
In Mutterleib/ den jungen Kinden/
Thue ich mit gewalt das Leben enden.

Bring auch Thewrung vnd Pestilenz/
Vnaußsprechlich in allen Grenz.
Die wirst bericht von mir in Summen/
Deß Namens Art vnd mein herkommen/
Hierbey hab ich dir nichts verborgen/
Ach GOtt in was für grossen sorgen.
Stund ich/ vnd hertzlich seufftzen thet/
Dacht villeicht es mir auch so gehet.
Tratt vom Thier vnd bathe GOtt/
Daß Er vor solcher grossen Noth.
Gnädig behüt das Vatterland/
Durch sein starck vnd miltreiche Hand.
Vnd thue abwenden all beschwerdt/
Die jetzt fürgehet auff gantzer Erd.

Zu Augspurg/ bey Hanß Jörg Mannasser/ Kupfferstecher auffm Creuz.

Hat die Propaganda den Krieg verlängert oder
die Forderung nach Frieden verstärkt?

erstellt – nach seinen Urhebern im Fachjargon »Bogel« oder auch »Blühm« genannt. Auch wenn manches Presseunternehmen in der Frühen Neuzeit nicht lange bestand, existierten um 1650 etwa 25 bis 30 deutschsprachige Nachrichtenblätter mit einer Auflage von 250 bis 400 Exemplaren. Der Preis für das Jahresabonnement einer wöchentlichen Zeitung betrug etwa zwei Gulden – das entsprach ungefähr dem Wochenlohn eines Handwerksgesellen. Zwar waren die neuen Medien nicht für jedermann erschwinglich, Historiker gehen aber dennoch davon aus, dass sie eine breite Öffentlichkeit erreichten. Ein stichhaltiges Indiz: Selbst Hartich Sierk, ein Bauer aus dem entlegenen Dithmarscher Flecken Wrohm erfuhr von dem Magdeburger Inferno aus der Presse. Er habe ein »gedrück wert[k]« zu Gesicht bekommen, so der Landmann in seiner Chronik. 20 000 Menschen seien »jammerlich verbrandt vnde im rocke vpgegan«, also buchstäblich in Rauch aufgegangen. Anders als sein Kollege Johannes Burkhardt ist Weber jedoch der Auffassung, dass die politischen Zeitungen die Konflikte auf die Dauer nicht verschärft haben, sondern dass gerade die kontinuierliche Berichterstattung über die Schrecken des Krieges die Sehnsucht nach Frieden in der Bevölkerung verstärkt hat.

ZU BEGINN DES DREISSIGJÄHRIGEN KRIEGES verzichteten die »Relationen, Avisen und Gazetten«, wie man die Zeitungen nannte, auf redaktionelle Kommentare und gezielte Bewertungen der übermittelten Ereignisse. Die gänzlich ungeordnete und teils widersprüchliche Wiedergabe von Nachrichten entsprach der Maxime der Drucker, die Meldungen einfach so setzen, wie sie mit der Post eintrafen, »ohn einigen Zusatz / und Anderst nicht / das wie sie geschriben hieher khommen«. Gewissheit über den Wahrheitsgehalt der Berichte »bringet die Zeit« – so die Schlussformel eilig verfasster Korrespondenzen über unabgeschlossene, schwer durchschaubare Vorgänge. Die Leser warteten gespannt auf die Fortsetzung, was sich förderlich auf den Verkauf auswirkte. Erst nach dem Inferno von Magdeburg bekamen mache Berichte unverkennbar propagandistische Züge – eine Tendenz, die mit dem spektakulärsten Ereignis des Folgejahres einen vorläufigen Höhepunkt erreichte. Nach dem tragischen Tod Gustav Adolfs hatte die protestantische

Presse »ihre liebe Not, die Contenance zu wahren«, so Weber. »Die Nachricht wirkte so erschütternd auf die antikaiserlich Gesinnten, dass sofort Legendenbildungen einsetzten, bis hin zu dem Versuch, den König publizistisch am Leben zu erhalten.« Vermutlich wurden die ersten Meldungen vom Ende des schwedischen Medienhelden gezielt zurückgehalten. Es war allenfalls von einem Sieg der Schweden und einer Verwundung des Königs die Rede. Erst drei Wochen nach der Schlacht gelangten erste Informationen über den Tod Gustav Adolfs an die Öffentlichkeit – und sorgten für große Konfusion. In einem Bericht der schlesischen »Wochentlichen Zeitung« heißt es auf Seite eins, dass der König von einer Kugel in den Arm getroffen wurde. Auf Seite zwei wird gemeldet, er sei mit dem Leben davongekommen, und den Schluss bildet ein kurzer »Extract eines glaubwürdigen Schreibens«: »Demselben thu ich zuwießen / dass ich gleich itzo aviso bekommen / welche melden / dass ihr Kön: May: zu Schweden / Gottlob noch wohl auff / und zu Leibtzig den uberrest der Wallsteinschen armada gantz umbringet.« Die propagandistische Verklärung des unbesiegbaren Löwen wirkte also sogar über dessen Tod hinaus. Auf einem berühmten Flugblatt prangte das gezielt gestreute Gerücht: »Der Schwede lebet noch.« Dazu Martin Knauer: »In Erinnerung an die göttliche Mission des Königs versuchte das proschwedische Lager mit diesem Schlachtruf die auseinander strebenden protestantischen Mächte politisch zu einen.« Der Text des Blattes ist durchdrungen von Durchhalteparolen: »Lauter Glück und lauter Sieg / Folget ihm und seinem Krieg.«

DIE FLUGBLÄTTER UND GAZETTEN gaben den oft nur vage informierten Zeitgenossen eine klare Vorstellung von den konfessionellen und politischen Hintergründen des Krieges. »Die bildhafte, reduzierte Darstellung des Geschehens versetzte auch die breite Masse in die Lage, die Kriegsparteien zu erkennen, die Katholiken von den Protestanten und die Kaiserlichen von den Schweden zu unterscheiden«, so Knauer. »Dadurch entstand eine Lagermentalität, die bis zum Ende Krieges durchgehalten wurde – man kann sagen, dass die Propaganda den Krieg gewissermaßen erst geschaffen hat.« Johannes Burkhardt geht sogar davon aus, dass die Flugschriften die »militante Mentalität gefördert und dem Krieg kräftig Antrieb« gegeben haben: »Hätte man ohne die Medien dreißig Jahre Krieg führen können?«

Der Schwede lebet noch.

Trawer Posten.
Die wehmütige Postmeisterin Fraw FAMOSE.

Klaget/ klaget all ihr Frommen/
An der Elbe/ Pleiß vnd Saal/
Vnser Simson ist vmbkommen/
Klaget/ klaget allzumal.
Weh! O weh der großen Noth!
Weh! O weh der Schwed ist tod/
Vnser Hoffen/ Liecht vnd Leben
Hat den edlen Geist auffgeben.

Die Fraw Uranose, die HimmelsBürgerin.

Ihr Töchter an der Saal/ ihr Kinder an der Elbe/
Was bringet ihr herauff aus Himels HäuptGewelbe/
Für eine JammerKlag vnd klägliches Geschrey?
Als ob es mit euch aus/ vnd gantz verlohren sey.

Die Fraw Sulamitin; die Christliche Klage-Mutter.

Vnser Maccabeer ligt
Im sieghafften OsterFeld/
Der im Tode noch sieget/
Nimmet mit sich aus der Welt
Allen Sieg/ vnd alles Glück!
Alles gehet nun zu rück!
Raub vnd Beute/ Land vnd Leute/
Fallen auff der Feinde Seite.

Die Fraw Melpole; die TrostMeisterin.

Der Schwede lebet noch/ vnd wird so lange leben/
Bis er den Garaus hat dem Pabst vnd Pabstum geben.
Des jauchzet alle Welt/ vnd wer vom Babels Joch
Befreyet/ ruffet aus: Der Schwede lebet noch.

Frewden Post.
Die wandelmüthige Postmeisterin Fraw FAMOSE.

Jauchzet/ jauchzet all ihr Frommen/
An der Elbe/ Pleiß vnd Saal.
Vnser Schwed ist wieder kommen/
Jauchzet/ jauchzet allzumal.
Jauchzet/ jauchzet Himmel hoch/
Vnser Schwede lebet noch;
Vnser Hoffen/ Liecht vnd Leben/
Wird vns Fried vnd Freyheit geben.

Die Fraw Mnemose; die Gedenckmeisterin.

Der Schwede lebet noch/ vnd wird so lange leben/
So lang als Gott wird Glück vñ Sieg der Kirche geben:
Wird sagen jederman: Das ist das Schweden Joch/
Das Babels Rücken drückt. Der Schwede lebet noch.

Die Fraw Mechtilde/ die Heldenmeisterin.

Vnser Maccabeer stehet
Im sieghafften SachsenFeld/
Vnd noch immer weiter gehet
Durch die gantze Deutsche Welt.
Lauter Glück vnd lauter Sieg
Folger ihm vnd seinem Krieg.
Raub vnd Beute/ Land vnd Leute/
Fallen all auff seine Seite.

Die Fraw Uranose; die HimmelsBürgerin.

Der Schwede lebet noch/ vnd wird auch ewig leben/
Wenn Christus wird das Reich dem Vater vbergeben/
Wird ruffen alle Welt: Da ligget Babels Joch
Im tieffen HellenPful. Der Schwede lebet noch.

Gedruckt im Jahr 1633.

Die Schlachtaufstellungen des Dreißigjährigen Krieges erinnern an ein gewaltiges Schachbrett.

Von Ulm nach Metz, von Metz nach Mähren ... der lange Marsch von Lager zu Lager bestimmte das Söldnerleben – mancher zog nie ins Gefecht.

ES WAR EIN HAUEN UND STECHEN

DAS INFERNO DER SCHLACHTEN

Als »eine schrille Kakophonie von Entsetzen und Gräueln« beschreibt der Historiker Peter Englund das Gemetzel auf dem Schlachtfeld.

Die Heldengemälde des Dreißigjährigen Krieges zeigen gewaltige Feldschlachten – doch die zählten zu den seltenen Ereignissen im Alltag der Söldner. Den Feldherren kam es nicht darauf an, blutige Schlachten zu schlagen, eher galt kunstvolles Manövrieren als Inbegriff einer erfolgreichen Strategie, und manchmal erschöpfte sich ein Feldzug auch darin, dass eine Stadt monatelang belagert und ausgehungert wurde. Entsprechend unspektakulär konnte das Leben sein, das den Soldaten erwartete. Mancher kam vielleicht nie ins Gefecht. Der schwedische Historiker Peter Englund entwirft ein Bild des Soldatendaseins, das – abgesehen von seltenen Momenten der Todesangst oder der Seligkeit – über weite Strecken aus den immer gleichen Mühen und Schindereien bestand: »Zwar war es ein ständiger Kampf, doch weniger gegen den Feind als vielmehr gegen Müdigkeit, Hunger und Krankheiten. Es wurde marschiert, marschiert, marschiert, im Durchschnitt fünf bis zehn Kilometer pro Tag, in langsamem Tempo von Lagerplatz zu Lagerplatz. Erlebte man einen Triumph, bestand dieser in der Regel darin, dass man einen warmen, auf jeden Fall aber trockenen Schlafplatz fand, dass man etwas zu essen und zu trinken bekam oder dass man sich vom Typhus, von der Ruhr, dem Fieber, der Tuberkulose oder anderen Krankheiten erholte. Doch meistens bestand dieser Krieg vor allem aus Warten und Schlafen und Warten und Gähnen und Warten auf etwas, das nie zu geschehen schien; ein Leben von fast grandioser Monotonie, in dem die Tristesse dann und wann plötzlich aufbrach und der Soldat für ein paar kurze Stunden eine Kakophonie von Entsetzen und schrillen Gräueln erlebte, ja, zuweilen sogar sublime Augenblicke von Schönheit und sogar Glück, nach denen alles still wurde und der Überdruss und die Kälte und die Nässe und der Dreck und der knurrende Hunger und der Fieberwahn und das Husten und die Läuse und die Fliegen und die Mücken und die Blasen und die Schulterschmerzen und die Müdigkeit in den Beinen sich von neuem einstellten.«

DIE AUTHENTISCHEN SCHLACHTENSCHILDERUNGEN aus der Zeit des Dreißigjährigen Krieges sind zumeist knapp und formelhaft und vermitteln kaum ein wahres Bild vom Geschehen. Eine der wenigen Ausnahmen bildet Grimmelshausens Darstellung der Schlacht von Wittstock (1636) im »Simplicissimus«. Der große Realismus gerade dieses Berichts dürfte darauf zurückzuführen sein, dass der Autor die Schlacht selbst miterlebte, als Trossbube im kaiserlichen Heer: »In einem Augenblick floge die Luft so häufig voller singenden Kugeln über uns her, dass es das Ansehen hatte, als ob die Salve uns zu Gefallen gegeben worden wäre; darvon duckten sich die Forchtsame, als ob sie sich in sich selbst hätten verbergen wollen; diejenige aber, so Courage hatten und mehr bei dergleichen Scherz gewesen, ließen solche ohnverblichen über sich hinstreichen; im Treffen selbst aber suchte ein jeder seinem Tod mit Niedermachung des Nächsten, der ihm aufstieß, vorzukommen; das greuliche Schießen, das Gekläpper der Harnisch, das Krachen der Piken und das Geschrei beides der Verwundeten und Angreifenden, machten neben den Trompeten, Trommeln und Pfeifen ein erschröckliche Musik! Da sahe man nichts als einen dicken Rauch und Staub, welcher schien, als wollte er die Abscheulichkeit der Verwundeten und Toten bedecken, in demselbigen hörte man ein jämmerliches Wehklagen der Sterbenden und ein lustiges Geschrei derjenigen, die noch voller Mut staken.«

Das Programm des Tötens

Wie aber hat man sich das militärische Szenario einer solchen Schlacht vorzustellen? Gekämpft wurde in gewaltigen Terzios, bis zu 3000 Mann starken Blöcken aus mehreren Reihen Pikenieren, die wie auf einem riesigen Schachbrett über das Schlachtfeld verteilt Aufstellung bezogen. Diese spießstarrenden Gewalthaufen, an deren Ecken sich Reihen von Musketieren formierten, bildeten das Kernstück des Heeres. Noch zu Beginn des Dreißigjährigen Krieges bestand die Strategie darin, sich mit der größtmöglichen Gewalt der Terzios schlichtweg niederzurennen – Schulter an Schulter kämpften und starben Tausende von Fußsoldaten. Mit der Zeit aber setzten die Strategen beider Seiten auf kleinere, beweglichere Einheiten und den verstärkten Einsatz von Feuerwaffen. Durch diese Reformen verloren die Pikeniere ihr Ansehen. Galten sie ursprünglich als die eigentlichen Herren der Schlachtfelder, so machte man später sogar Witze über die so genannten »Schiebochsen«, die mit allen Kräften schoben und drückten, wenn zwei gegnerische Haufen aufeinander trafen.

Selbst auf den Feldzügen zog das Heer manchmal bereits in strenger Schlachtformation durch das Land.

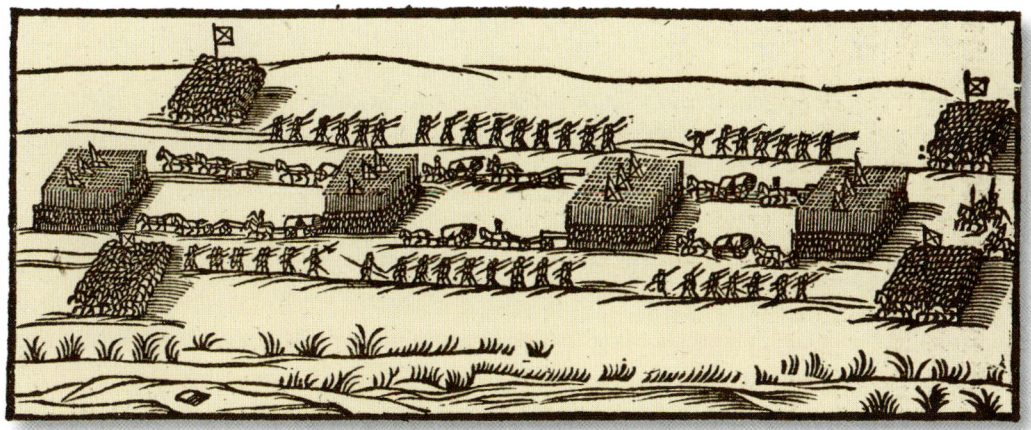

Eröffnet wurde der Kampf auf beiden Seiten durch das Feuer der Kanonen. »Der Einsatz von Geschützen zu Beginn einer Schlacht diente einem doppelten Zweck«, so der Potsdamer Militärhistoriker Professor Bernhard Kröner. »Zunächst sollte der Gegner psychisch erschüttert werden; das Dröhnen der Abschüsse, die großen Kanonen, auch der Anblick von Geschützbatterien vor einer angetretenen Front schüchterten den Gegner ein. Dann ging es vor allem auch darum, gleich am Anfang möglichst viele Soldaten zu treffen. Die Geschütze hatten zwar keine Zieleinrichtungen, aber

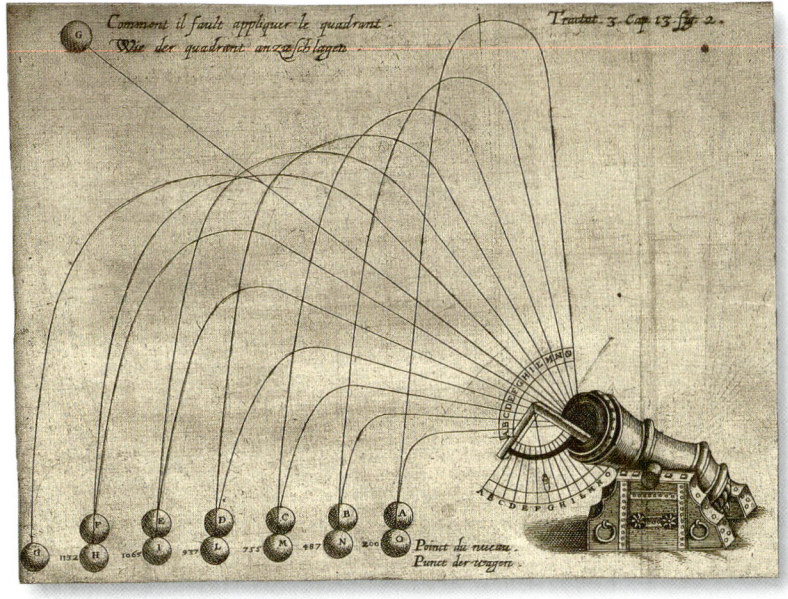

Exakte ballistische Berechnungen für die Flugbahn von Geschossen gab es im Dreißigjährigen Krieg noch nicht.

durch den vielfachen Abschuss der Batterien löste der Einschlag der Kugeln in die gegnerische, dicht gedrängte Front eine Erschütterung aus, lichtete die Reihen und brachte den Gegner im besten Fall sogar zum Weichen.« Wenn eine einzige Kanonenkugel in die gestaffelten Reihen der Fußsoldaten einschlug, schnitt sie regelrechte Schneisen in die Truppe. Eine Kugel konnte in Mannshöhe bis zu 800 Meter weit fliegen und auf ihrer Bahn über hundert Soldaten töten. Zurück blieb meist nur ein Teppich aus zerfetzten Leibern – wie verheerend muss erst die Wirkung ganzer Salven gewesen sein.

Unter dem Kommando der Befehlshaber mussten sich die Soldaten nach einem solchen Einschlag rasch wieder zusammenschließen und die Lücken in ihren Reihen füllen. »Es fällt schwer, sich etwas vorzustellen, das mehr Mut und Selbstüberwindung verlangt als aufrecht und ungeschützt dazustehen, während schwere Geschosse um einen herumpfeifen, und die einzige Chance, einem dieser langsam fliegenden Ungeheuer auszuweichen, darin besteht, sich genau in der richtigen Sekunde zu ducken oder wegzudrehen«, meint Peter Englund.

Kanonen kamen im Dreißigjährigen Krieg erstmals massiv zum Einsatz.

NACH DEN KANONIEREN eröffneten die Musketiere das Feuer. Um die Treffsicherheit zu erhöhen, schossen sie synchron auf den Feind. Reihe für Reihe feuerten sie ihre Waffen ab, bis das mitgeführte Pulver buchstäblich verschossen war. Um das Vorrücken der gegnerischen Musketiere zu verhindern, wurden die Terzios von Reitersoldaten angegriffen. Von den Flanken her schossen sie mit ihren Pistolen in die dicht gedrängten Haufen und machten danach möglichst schnell kehrt, um sich für den nächsten Angriff zu rüsten. Als Schutzschilde gegen diese Sturmattacken der feindlichen Kürassiere fungierten die Pikeniere, die mit ihren langen Stichwaffen versuchten, die Reiter vom Pferd zu stoßen.

»Wir dürfen uns das aber nicht so vorstellen, dass die gesamte Schlacht ein Kampf mit Feuerwaffen war«, erklärt Professor Bernhard Kröner. »Wenn die Truppen direkt aufeinander trafen, waren diese Waffen meist nicht mehr einzusetzen. Es kam zu einem wirklichen Hauen und Stechen. Und jeder Soldat, der über Schusswaffen verfügte, führte auch Stichwaffen mit sich, mit denen er sich im Nahkampf verteidigen konnte.« In den Militärhandbüchern war genau festgelegt, wie ein Musketier sich in dieser Situation verhalten sollte. Mit allem, was er hatte, musste er kämpfen – mit seinem Helm, mit der Musketengabel, mit seinem Bandelier –, bis er nur noch sein nacktes Leben zu verteidigen hatte. Meist waren die Schlachtenformationen schon nach kurzer Zeit im Pulvernebel versunken. Und beim blutigen Kampf von Mann zu Mann brach nicht selten völliges Chaos aus, in dem die Söldner oft genug verzweifelt nach dem Fahnenträger Ausschau hielten, um zu ihrer eigenen Truppe zurückzufinden.

Das Chaos der Schlachten: Sobald das Pulver verschossen war, kam es zu einem wahren Hauen und Stechen.

Das Heiligtum der Kompanie

Die Fahne diente als weithin sichtbares Symbol eines jeden militärischen Verbandes. Da die Söldnerheere des 17. Jahrhunderts kaum einheitliche Uniform kannten, blieb – neben Feldbinden oder Zweigen, die sich die Soldaten ansteckten – das bunte, oft reich bestickte Tuch im Getümmel der Schlacht das einzige Erkennungszeichen, um Freund und Feind auseinander zu halten. Für die Führung der Truppe war die Fahne eine wichtige Möglichkeit, sich einen Überblick über die Lage zu verschaffen. Nach dem Kampf pflegte man die eroberten oder verlorenen Fahnen zu zählen und danach zu entscheiden, wer die Schlacht gewonnen hatte.

Die Fahne galt als Heiligtum der Kompanie. Fahnenträger oder Fähnriche waren ausgesuchte Leute: Sie mussten lernen, das schwere Tuch kunstvoll zu schwingen, man erwartete von ihnen, dass sie ohne Furcht in die Schlacht gingen und sich nie von der Fahne trennten, sollte es auch ihr Leben kosten. Als »Braut und leibliche Tochter«, so eine zeitgenössische Dienstanweisung, habe der Fahnenträger das ihm anvertraute Tuch zu betrachten. Sollte er die rechte Hand verlieren, müsse er die Fahne in die Linke nehmen, »und wo Euch beide Arme abgeschossen oder gehauen werden, sollt Ihr's in den Mund nehmen; ist keine Hilfe noch Rettung da, so verwickelt Euch drein, befehlt Euch Gott, um darin zu sterben und erstochen zu werden als ein ehrlicher Mann«.

Auf den Fahnen entfaltete sich eine reiche Symbolik, beliebt waren Schwerter, Ölzweige und Lorbeerkränze, der Pelikan mit aufgerissener Brust als Zeichen des Opfermuts oder die Glücksgöttin Fortuna, die dem Söldner natürlich besonders vertraut war. Die kroatischen Reiter führten etwa einen Wolf mit aufgesperrtem Rachen auf ihren Fahnen. Aufgestickte Sinnsprüche stammten aus dem lateinischen Zitatenschatz, etwa das alte römische Legionärsmotto »Dulce et decorum est pro patria mori« (Süß und ehrenvoll ist es, fürs Vaterland zu sterben). Nur der draufgängerische Söldnerführer Christian von Braunschweig (1599–1626), der »tolle Halberstädter«, wie ihn seine Zeitgenossen nannten, tanzte aus der Reihe. Der überspannte Jüngling, der eine ritterlich-romantische Verehrung für Elisabeth Stuart, die Gemahlin seines Kriegsherrn, des »Winterkönigs« Friedrich V. von der Pfalz, hegte, ließ die Devise »Für Gott und für SIE« (Elisabeth) auf seine Tücher heften – was seinen Gegner in der Schlacht von Stadtlohn (1623), General Tilly, besonders erbitterte. Denn in den Augen des alten frommen Kriegsmannes war die schöne Engländerin doch nur ein »Sack irdischer Verderbtheit«.

Nach der Schlacht wurden die erbeuteten Fahnen des Gegners den Feldherren als Trophäen übergeben.

Herrn Obristen Johann Michael von Obentraut.

1. Cornet.

PRO PATRIA

3. Cornter daheny gewesen, an d' der Linden Seiten
Deß Cornel Zeichen, sampt der Hand gemachet,

HM. V. O.

16   20

zu der rechten Seiten Herrn Obristen Wappen
Rahmen und Jahr Zahl gemachet, ein und den
andern Deß Rittmeisters Wappen auch.

Donnerstags den 6 January Anno 1620
wir Rahmen Burger burger und Mestern
zu Heidelberg, bey Herrn Obristen 1. Cornet
und 11 Cornter dahen gemachet bey Lisbey Worden.

Mit Gottes Segen in die Hölle

Wie brachte man Menschen dazu, sich in das Inferno einer solchen Schlacht zu stürzen? Manchem mochte der Glaube helfen. Gustav Adolf von Schweden betete voller Inbrunst vor Kampfbeginn mit seinen Truppen und ließ auch pünktlich und regelmäßig im Lager Betstunden abhalten. »Gott mit uns« war der Schlachtruf seiner Männer – »Sancta Maria« riefen die Katholiken. Feldgeistliche nahmen den Soldaten die Beichte ab und teilten die Kommunion aus. Der schottische Söldnerhauptmann Monroe berichtet, wie er sich mit seinen Mannen, vor Breitenfeld die ganze Nacht in Bereitschaft stehend, auf die kommende große Schlacht vorbereitete: »Indem wir unsere Sünden bekannten, unsere Herzen und Hände zum Himmel erhoben, erflehten wir in Christi Namen in unserem öffentlichen Gebet und in geheimen Seufzern Vergebung. Wir befahlen uns, unseren Erfolg und die künftigen Ereignisse des Tages Gott an, unserem Vater in Christo.«

Das Credo der Glaubenskrieger: Wer im Kampf um die rechte Religion stirbt, dem ist ein Platz im Paradies sicher.

Ob das für alle galt, ob unter Söldnern, die für Geld kämpften und zumeist an den Kriegszielen ihrer Auftraggeber wenig Anteil nahmen, große religiöse Begeisterung oder gar Kreuzzugmentalität herrschte, darf bezweifelt werden. Obendrein war ja unter den Soldaten auch gar nicht immer der Glaube wirksam, sondern dessen dunkle Seite, der Aberglaube. Für den unzweifelhaft vorhandenen und immer wieder bezeugten Kampfesmut der Söldner kommen daher vermutlich eher profane Gründe in Frage. In vielen »Artikelsbriefen« ist zum Beispiel von »Sturmsold« die Rede, einer Gefahrenzulage oder Sonderzuwendung, die vor oder nach einem Angriff ausgehändigt werden sollte. Soweit bekannt, pflegten die Kriegsherren dies allerdings nicht als Bestandteil des Söldnervertrags, sondern eher als persönlichen Gnadenerweis anzusehen, auf den kein fester Anspruch bestand.

Eine weitere Rolle als Stimulans spielte, wie wohl in jedem Krieg, der Alkohol. Im Landserjargon des Zweiten Weltkriegs etwa wurde die vor den Angriffen ausgegebene

Würfeln, Trinken, Kartenspielen – die bunte Lagergesellschaft versprach kurze Vergnügungen im tristen Söldnerleben.

Schnapsration »Wutmilch« genannt. Im Dreißigjährigen Krieg war es ebenfalls üblich, die Kampfmoral mit Alkohol zu heben: »Nachdem aber unser General Tilly auf jeden Soldaten ein halbes Maß Wein hat geben lassen, sind wir alsbald auf den Feind losgegangen«, schreibt der Rittmeister Augustin von Fritsch über die letzten Momente vor Beginn der Schlacht von Wimpfen (1622). Und ein Augenzeuge der Eroberung von Wolgast durch die kaiserlichen Truppen im Jahr 1637 erzählt: »Da nun der Herzog aber sah, dass ein ziemlicher Teil der Brustwehren und Palisaden darniederlag, erfrischte er seine Soldaten mit etlichen Tonnen Bier und gutem Wein, worauf sie noch am selbigen Tag angriffen.«

Schmetternde Trompeten und Trommelwirbel dienten als Signale und übertönten die Schreie der Sterbenden.

IN DIE SCHLACHT ZOGEN die Männer unter dem Gedröhn der Trommeln und Pauken, dem Geschmetter der Trompeten und dem Quieken der Pfeifen. Die Feldmusik diente als Signal zur Verständigung, man gab auf diese Weise Kommandos und feuerte die Truppen an. Vor allem der monotone Rhythmus der Trommel hatte eine hypnotisierende Wirkung und brachte die Vormarschierenden »auf gleiche Wellenlänge«. Der Drill tat ein Übriges, die stur eingeübten Handgriffe und Bewegungsabläufe, die Tuchfühlung, der Gleichschritt mit dem Nebenmann, ließen wenig Raum für den Einzelnen, sich der Gefahr, in der er sich befand, in letzter Konsequenz bewusst zu werden. »Auf der anderen Seite war der Tod in der Schlacht für manchen Söldner eine eher unwahrscheinliche Art zu sterben. Viel bedrohlicher und zermürbender war die Allgegenwart des Todes durch Seuchen, Verletzungen oder Hunger auf den langen Märschen und in den unhygienischen Massenlagern. Kam es wirklich einmal zur Schlacht oder zum Sturm auf eine belagerte Stadt, so blieb kaum Zeit nachzudenken. Zur Einstimmung und Beruhigung wurde vorher meist intensiv gebetet. Sicher war die Aussicht auf das Paradies für tiefgläubige, im Elend lebende einfache Söldner auch nicht die schlechteste Aussicht. Umsonst ausgeschenkter Branntwein und Starkbier betäubten zudem die Ängste, vor allem vor Verstümmelung, die gefürchteter war als der Tod, da man durch sie zum Bettler wurde. Der Alkohol hat sicher auch dazu beigetragen, dass sich die Soldaten die Gefahr gar nicht so klar machen konnten und gewissermaßen besinnungslos in den Kampf zogen«, meint die Historikerin Maren Lorenz.

Die Stunde der eisenharten Generäle

Während Offiziere aus ihrer Tapferkeit Profit schlagen konnten, etwa indem sie auf noch einträglichere Posten befördert wurden, war es das Ziel des einfachen Soldaten, unverletzt davonzukommen. Darauf ist sicher auch zurückzuführen, dass Fahnenflucht während des Kampfes sehr häufig vorkam, und mit dem Fall der Führung oft auch die Front schnell zusammenbrach. Wichtig war das Beispiel der Führer, die ihr Leben sichtbar für alle aufs Spiel setzten – die großen Verluste unter den Offizieren, selbst in den hohen Rängen, sprechen für sich. Überlieferungen aus der Landsknechtszeit wirkten nach: Es war damals üblich, dass die Obristen, wenn die Truppe in die Schlacht ging, mit dem Spieß in der Hand in die erste Reihe der Fußknechte traten. Das Gefecht vom Feldherrnhügel oder vom Sattel aus zu leiten, kam nicht in Frage. Vom militärtheoretischen Standpunkt aus betrachtet war das ein großer Unfug, denn ein Feldherr sollte führen und sich nicht unbedingt als Erster totschlagen lassen. Aber für die Landsknechte war dieser Brauch von immenser Bedeutung, denn zu ihrem Selbstverständnis gehörte die Gewissheit, dass ihr Befehlshaber in der Stunde, die den Soldaten den Tod bringen konnte, unter ihnen sein werde und es keinen Deut besser habe als sie.

Die Lenker der großen Schlachten zogen mit ins Gefecht – Gustav Adolf und Tserclaes Tilly starben im Kampfgetümmel.

Ganz so archaisch waren die Sitten im Dreißigjährigen Krieg nicht mehr, gleichwohl hielten es viele Kommandanten für ihre Pflicht, im Kugelhagel auszuharren oder sich höchstpersönlich hoch zu Ross ins Kampfgetümmel zu stürzen. So kam General Tilly 1632 bei Rain am Lech ums Leben, nachdem er im Jahr zuvor bei Breitenfeld auch schon schwer verwundet worden war. In der Schlacht von Lützen (1632) wurden dem Reiterführer Ottavio Piccolomini drei Pferde unter dem Leib weggeschossen, im gleichen Gefecht fielen der Schwedenkönig Gustav Adolf und der kaiserliche Heerführer Pappenheim, wegen seiner vielen Blessuren auch »Schrammenhans« genannt.

Offiziere konnten nicht nur ein gutes Beispiel geben, sie hatten auch Möglichkeiten, Kampfunwilligen mit Mitteln der Militärjustiz Beine zu machen. Auf Desertion, Befehlsverweigerung und Fahnenflucht stand die Todesstrafe. Hatten ganze Verbände versagt, nahm man »Dezimierungen« vor: Dem Wortsinn nach (lateinisch decem = zehn) wurde jeder zehnte Mann hingerichtet. Selbst höhere Chargen blieben nicht verschont. Wallenstein ließ nach der Schlacht von Lützen 17 Todesurteile vollstrecken, darunter zwölf an Offizieren, die mit ihren Einheiten angeblich vorzeitig das Schlachtfeld verlassen hatten. Und der Habsburger Erzherzog Leopold Wilhelm hielt nach seiner Niederlage in der zweiten Schlacht von Breitenfeld (1642) ein barbarisches Strafgericht ab, dem Dutzende von Soldaten aller Dienstgrade zum Opfer fielen.

Söldner, Schlächter, Schwerverbrecher

Was die Menschen aber hauptsächlich vorwärts trieb, war die Hoffnung auf Beute. Auf pünktliche Soldzahlung konnte man sich nicht verlassen, oft floss das Geld nur spärlich und manchmal überhaupt nicht, und ohnehin reichte das, was der gemeine Mann verdiente, nicht an das heran, was er sich beim Eintritt ins Heer versprochen haben mochte. Der richtige große Lohn sah anders aus, aber der war auf normalem Wege nicht zu erlangen. So wurde Beute gemacht, und alle beteiligten sich daran. Die Heerführer rafften Gemäldesammlungen und wertvolles Mobiliar zusammen, oder räumten ganze Bibliotheken leer; die unteren Chargen hielten sich an das Tafelsilber und den Inhalt von Geschirr- oder Wäscheschränken. Er werde sie im Feindesland reich machen, versprach etwa Johann von Werth seinen Soldaten, als sie 1636 nach Frankreich aufbrachen. Und in einer zeitgenössischen Quelle heißt es, die Truppen zögen »aus Begierde der Beute« in den Kampf.

Das Plündern fing schon auf dem Schlachtfeld an. Nach uraltem Brauch gehörte dem Unterlegenen nichts mehr, alles stand dem Sieger zu. Bereits im Mittelalter hatten sich die Feldherren mit den Auswirkungen dieses Prinzips herumschlagen müssen: Nicht nur bei einer Niederlage löste sich alle Ordnung eines Heeres auf, auch bei einem vermeintlichen Sieg geschah das. Die Truppe verlor den Zusammenhalt, Ritter saßen ab, um ihren Gegnern Rüstungen, Waffen und Reittiere abzunehmen. Falls die Führung an eine Verfolgung fliehender gegnerischer Einheiten gedacht hatte, um den Sieg komplett zu machen, musste sie sich das aus dem Kopf schlagen. Den Heerführern des Dreißigjährigen Krieges waren diese Probleme ebenfalls geläufig. Auch ihnen verdarb vorzeitig ausbrechender Beutedrang unter den Soldaten so manchen klug angelegten Schlachtplan. Die Männer reagierten nicht mehr auf Befehle, waren nur noch damit beschäftigt, Lebenden und Toten abzunehmen, was irgend wertvoll erschien, oder die zurückgelassene Bagage des Feindes auseinander zu reißen. Selbst Truppen auf der Flucht konnten sich noch wie Aasgeier aufführen, so geschehen in der Schlacht von Breitenfeld 1631: Als zwei sächsische Reiterregimenter unter dem Ansturm der Kaiserlichen ihre Stellungen aufgaben, führte sie der Fluchtweg am schwedischen Lager vorbei. Ohne Bedenken fielen sie über die Trosswagen ihrer Verbündeten her und schleppten alles weg, dessen sie habhaft werden konnten.

Die größte Beute ließ sich aber in einer eroberten Stadt machen. War sie im Sturm genommen worden, galt das ungeschriebene, aber unumstößliche Recht auf freie Plünderung. Die Bürger hatten Widerstand geleistet, also war ihr Hab und Gut dem Sieger

Lizenz zum Töten: Nach Eroberungen durften siegreiche Soldaten zur Belohnung plündern – Massaker und Folter waren an der Tagesordnung.

Callot inv. et fec.

zu überlassen, so der Gedankengang. Die Feldherren versuchten dem Treiben hin und wieder Einhalt zu gebieten, dachten sie doch gemeinhin einen Schritt weiter: etwa daran, die Wirtschaftskraft einer Stadt für sich zu nutzen, Truppen dort einzuquartieren und versorgen zu lassen. Aber zu mehr als zeitlichen Begrenzungen des Plünderns reichte es meistens nicht – und waren die Mauern erst einmal überstiegen und die Stadttore geöffnet, dann riss es die beutehungrigen Soldaten mit aller Macht hinein. Im Sog der Ereignisse ging jegliche Disziplin verloren, gerieten sämtliche Verbote und Abmachungen in Vergessenheit.

Ein Beispiel dafür ist die Eroberung von Heidelberg durch die Truppen der Katholischen Liga unter Tilly im September 1622. In einem zeitgenössischen Bericht wird die Orgie der Gewalt beschrieben: Drei Tage lang sei es an ein »Massacrieren, Plündern und Geldherausmartern mit Däumeln, Knebeln, Prügeln, Peinigen, Nägelbohren, Sengen an heimlichen Orten, Aufhenken, Brennen an Fußsohlen« gegangen, bis auch das letzte Versteck von Wertsachen entdeckt worden sei. Der Zeitgenosse berichtet auch von einem Versuch des Stadtkommandanten, durch ordentliche Kapitulation die Plünderung abzuwenden; aber Tilly habe erwidert: »warum mans nicht eher getan, das Volk wäre nun in der Furi und unmöglich zurückzuhalten«. Ähnlich lautete seine Entschuldigung für die

Spirale der Gewalt: Lynchjustiz, Brandschatzung, Mord und Totschlag bestimmten den Alltag der Söldner.

Schrecken von Magdeburg im Jahr 1631: »Der Soldat muß etwas haben für seine Gefahr und Mühsal.« Kein Deut besser verlief die Erstürmung von Frankfurt an der Oder am 13. April 1631 durch die Schweden unter Gustav Adolf, die erste große militärische Aktion des Königs auf deutschem Boden und gleich eine der blutigsten, mit Gräueltaten an den eigenen Glaubensbrüdern. Denn Frankfurt wurde zwar von einer kaiserlichen Besatzung gehalten, die Bevölkerung war aber protestantisch, sah also im Schwedenkönig den Befreier. Doch dieser hatte seinen Truppen als Motivation drei Stunden freien Plünderns versprochen. Er hatte zwar hinzugesetzt, »mit Mäßigung und ohne einen Bürger der Stadt zu töten«, aber das war in den Wind gesprochen. Erst metzelten seine Soldaten die Kaiserlichen nieder, dann zogen sie plündernd durch Frankfurt. »Die Straßen waren voll mit Wertsachen aller Art, es gab Tafelsilber, Juwelen, Gold, Geld und Kleider«, so der Augenzeuge Söldneroberst Monroe. Weil in einigen Stadtvierteln Feuer ausbrach, erhielt das Heer den Befehl zum Abzug, »aber viele hielten sich nicht daran und blieben in der Stadt, um weiter zu plündern«. Erst am nächsten Morgen konnte die Disziplin wiederhergestellt werden.

Der Sturm auf eine befestigte Stadt war extrem gefährlich. Um die Söldner zu motivieren, wurde ein Sturmsold ausgelobt.

Vor den Augen der
Feldherren machten
sich die Plünderer über
Tote und Verletzte her.

Seelenverkäufer und Menschenhändler

Wohin mit der Beute? Das Zusammenraffen mochte noch leicht vonstatten gehen, aber schwierig wurde es, hinterher den Wert richtig einzuschätzen. Der gemeine Soldat war mit solchen Dingen meist überfordert und gab sein Beutegut für nichts aus der Hand. Das große Geschäft mit dem Plündern machten dagegen andere – es entwickelte sich sogar eine kuriose Ökonomie daraus. Der Bürgermeister von Magdeburg, Otto von Guericke, ein nüchterner, scharfsinniger Mann, berichtet von Szenen, die sich nach dem Untergang seiner Stadt im Mai 1631 abspielten: Ohne weiteres traten die ärmeren Einwohner der Stadt, bei denen es nichts zu plündern gab, in die Dienste der Sieger und trugen den Soldaten die Beute hinterher. Marketender eilten herbei, die für lächerlich geringe Summen leichtgewichtige Objekte wie Schmuck und luxuriöses Geschirr, Kleidungsstücke, Gold- und Silbertextilien und wertvolles Hausgerät erhandelten. In der Asche der niedergebrannten Häuser wurde nach Metallgegenständen gestochert, aber was an eisernen Öfen, Messingleuchtern, Zinngeschirr und anderen Gerätschaften zutage kam, blieb nicht lange in derselben Hand. Die Soldaten verschacherten es an Elbschiffer und Kaufleute aus Magdeburg, die es heimlich nach Hamburg brachten und dort zu höherem Preis weiterverkauften. Die soeben Ausgeplünderten verdienten also gleich wieder am eigenen Elend oder dem ihrer Nachbarn.

Zur Beute wurden nicht nur Gegenstände, sondern auch Menschen. Von »Schänd- und Wegführung der Frauen und Jungfrauen« spricht ein Bericht aus dem von Tillys Truppen 1622 eroberten Heidelberg. Aus Pasewalk wird 1630 erzählt, dass die Soldaten ihre Opfer »an die Wagen oder mit den Armen an die Sattelknöpfe gebunden und sie also bei sich her traben lassen, hernach dieselben einer dem andern wie Rindvieh verkauft« hätten.

Abseits davon blühte das Lösegeldgeschäft. Richtig profitieren konnten davon allerdings nur die höheren Dienstgrade. Denn nach altem Kriegsbrauch konnten immer nur Gleichgestellte einander gefangen nehmen. Was sollte ein gewöhnlicher Fußknecht auch mit einem anderen Fußknecht anfangen, der vermutlich nichts besaß, mit dem er sich freikaufen konnte? Wenn Offiziere in Gefangenschaft gerieten, sah das anders aus. Sie waren meist imstande, »Ranzion« (Lösegeld) aufzubringen. Das Lösegeld durfte ausschließlich von einem Mitglied des gleichen Standes reklamiert werden.

Rohe Gewalt und flüchtiges Glück – zwei Seiten des Söldnerdaseins.

Probleme gab es lange Zeit bei der Berechnung der Ranzion, da nicht mehr als ein Monatssold gefordert werden durfte, die Armeen aber unterschiedlich hohe Gagen zahlten. Damit Ordnung in den Handel kam, wurden zwischen den Kriegsparteien »Ranzionskartelle« vereinbart, Lösegeldtarife, die den Wert eines Gefangenen für beide Seiten verbindlich festlegten: So einigten sich etwa Schweden und Kaiserliche im Jahr 1642 auf einen Preis von 1000 Reichstalern für einen Obristen, und abwärts ge-

staffelt über Obristwachtmeister (300 Rtlr.), Rittmeister (200 Rtlr.) und Leutnant (50 Rtlr.) bis hinunter zum Musketier, den man für vier Reichstaler freibekam.

Vielfach aber kam es vor, dass mit Kriegsgefangenen gar kein Lösegeldgeschäft gemacht wurde. Kompanie- oder gar regimentsweise wechselten sie die Fahne und traten ihren Dienst beim Sieger an. »Unterstellen« nannte man diesen Vorgang, der Söldnern, die ohnehin nur für Geld kämpften, wenig Gewissensbisse bereitete. Ihre Integration in das eben noch feindliche Heer geschah meist ohne Probleme, das Bewusstsein, Teil einer größeren Gemeinschaft, nämlich der aller waffentragenden Männer zu sein, kam bei solchen Gelegenheiten durchaus zum Tragen.

Das Ende der namenlosen Helden

Das bedeutet aber nicht, dass man einander schonte, wenn es denn einmal zum Kampf kam – die Verlustziffern sprechen eine deutliche Sprache. Vor allem dann, wenn sich gleich starke Heere gegenüberstanden und sich das Ringen über Stunden hinzog wie an der Dessauer Brücke (1626), bei Lützen (1632), Nördlingen (1634) oder Rocroi (1643), oder wenn es sogar mehrere Tage dauerte wie an der Alten Veste bei Fürth (1632) und bei Freiburg (1644). Die Toten be-

Wer in Gefangenschaft geriet, konnte sich freikaufen oder die Fahne wechseln und in den Dienst der Sieger treten.

deckten zu Tausenden das Schlachtfeld. Der Historiker Herbert Langer bescheinigt den Lohnsöldnern des Dreißigjährigen Krieges ein »erstaunliches Maß an Zähigkeit und Standhaftigkeit«. Was die Männer durchzumachen hatten, kann man sich gar nicht schlimm genug vorstellen. So erzählt Robert Monroe von seinem Einsatz im belagerten Stralsund, dass seine Leute sechs Wochen lang ihre Posten nicht verlassen durften. Am Ende waren von 900 Söldnern 500 gefallen und 300 verwundet. Ein hoher Preis dafür, dass alle Angriffe der Belagerer abgeschlagen wurden. Nüchtern gibt Monroe zu Protokoll: »Der Graben war bis zum Rand mit den Leichen der Feinde gefüllt.« Zu einem Gegenangriff reichte es dennoch: »Am Morgen machten unsere Soldaten, bewaffnet mit Brustharnischen, Sturmhauben, Halbspießen, Morgensternen und Schwertern einen Ausfall, angeführt von entschlossenen Offizieren. Sie stifteten Verwirrung beim Feind und vertrieben ihn aus den Stellungen.«

DER HISTORIKER PETER ENGLUND rekonstruiert in seinem Buch »Die Verwüstung Deutschlands« den Gewaltmarsch, der das Heer Gustav Adolfs auf das Schlachtfeld von Lützen brachte: In nur 17 Tagen legten die Männer eine Strecke von 630 Kilometern zurück, also fast vierzig Kilometer am Tag – normalerweise war das Marschtempo fünf oder sechs Kilometer pro Tag. Und das alles bei miserablem Herbstwetter, auf schlammigen, schwer begehbaren Wegen, ohne ausreichende Ernährung. 4000 Pferde gingen dabei zugrunde, bei den Soldaten häuften sich die Ausfälle wegen Krankheit und Entkräftung. Die Nacht vor der Schlacht verbrachten die Männer auf freiem Feld, hungrig und frierend.

Der Kampf begann, als sich die Frühnebel gelichtet hatten, um elf Uhr am Vormittag des 16. November des Jahres 1632 und dauerte bis zum Anbruch der Dunkelheit, also etwa sechs Stunden. Es folgte eine weitere Nacht ohne Verpflegung und Obdach. Zwischen Toten und Verwundeten schliefen die Soldaten auf dem zerstampften, nasskalten Boden des Schlachtfelds. Wer sich die Mühsal des Söldnerlebens mit all seinen Gefahren und Entbehrungen vor Augen führt, wird verstehen, dass der von patriotischen Schriftstellern vielfach beschworene Ruhm für den Heldentod in der Schlacht nicht mehr als ein Mythos war.

Im Donner der Kanonen: Die strategisch richtige Position der Geschütze entschied oftmals über Sieg oder Niederlage.

Kampf der Giganten: Gustav II. Adolf und Wallenstein liefern sich vor Nürnberg ein mörderisches Duell.

WALLENSTEIN GEGEN GUSTAV ADOLF
DUELL VOR NÜRNBERG

Nebelschwaden ziehen wie Pulverrauch über den Boden des Zirndorfer Waldes, die ersten Sonnenstrahlen vertreiben den letzten Rest der Dämmerung, es riecht nach Moos und feuchtem Laub. »Dort zum Kavalier müssen wir hoch. Von dort oben kann man alles gut sehen.« Helmut Mahr, Historiker und 77 Jahre alt, führt die Exkursion an. Der »Kavalier« war das Pulver- und Munitionslager der Kaiserlichen, gebaut aus dicken Holzbohlen, bis zum Dach von Erdreich umgeben. Das Holz ist längst vermodert, geblieben ist eine Anhöhe, die wie ein riesiger Maulwurfshügel inmitten der Lichtung aufragt, aufgeschüttet von Männern, Frauen und Kindern vor fast vierhundert Jahren.

Nur in den frühen Morgenstunden entpuppen sich die Erdhügel und Gräben im Zirndorfer Wald bei Nürnberg auch ungeübten Augen als das, was sie sind: Aushebungen von Menschenhand. Im langen Schatten der aufgehenden Sonne werden sie sichtbar, die Schanzen, Stellungen, Gräben und Redouten des wallensteinschen

Lagers. »Von dort unten kamen die Schweden, hier warteten die kaiserlichen Musketiere, hier standen die Kanonen und an dieser Stelle stürmten die Schotten, die im Kreuzfeuer der wallensteinschen Musketiere und Kanoniere starben wie die Fliegen.«

Noch heute sind die Gräben dieser Schanze fast mannshoch; einst gedacht als Provisorium für wenige Monate, haben sie die Jahrhunderte überdauert. Sind sie die einzigen Überreste des vielleicht gewaltigsten Heerlagers aus der Zeit des Dreißigjährigen Krieges, die einzigen Überbleibsel des großen Duells zwischen dem Oberbefehlshaber der kaiserlichen Truppen, Albrecht von Wallenstein, und Gustav II. Adolf, König der Schweden.

Unterhalb der Artilleriestellung der Kaiserlichen, achtzig Meter von den Erdschanzen entfernt, setzen wir einen Metalldetektor ein. Der Teller des Detektors schwebt handspannbreit über dem Erdreich, das Gerät verharrt, das nervtötende Stakkato des elektronischen Signals wechselt, aus dem morsenden Piepen wird ein Dauerton – ein Metallfund! Das Signal ist stark, das Objekt offensichtlich groß, aber es liegt tief. Nach gut einem Meter stößt der Spaten auf Widerstand: Es ist eine Kanonenkugel, fast sechs Pfund Eisen, ein Standardgeschoss, abgefeuert gegen die angreifenden schwedischen Sturmtruppen. Wie viele Soldaten hat es wohl in den Tod gerissen, bevor es sich mit ungeheurer Wucht ins Erdreich grub? In unmittelbarer Nähe ein weiterer Fund, diesmal eine Musketenkugel, deformiert und abgeplattet. »So sehen Kugeln aus, die getroffen haben«, erläutert Helmut Mahr.

Was noch mag im Erdreich zwischen den Schanzenhügeln verborgen sein? Kugeln, Waffen, Kanonen, die Gebeine von Gefallenen? Eine systematische archäologische Auswertung der Zirndorfer Verteidigungsanlagen hat es bislang noch nicht gegeben. Es ist

Die Schanzen im Wald von Zirndorf sind nur schwer zu erkennen.

Diese alten Musketenkugeln stammen aus der Schlacht bei der »Alten Veste«.

vor allem Helmut Mahr zu verdanken, dass diese historischen Reste des wallensteinschen Lagers überhaupt der Nachwelt erhalten bleiben. Hartnäckig hat er in der Öffentlichkeit und bei der Stadt für den Schutz des »Denkmals« gekämpft. »Am Anfang sah man in den Schanzanlagen nicht mehr als Bodenerhebungen im Wald; es hat Jahre gedauert bis die Verantwortlichen begriffen haben, dass diese Wälle und Gräben Teile einer einzigartigen Anlage aus der Zeit des Dreißigjährigen Krieges sind«, erinnert er sich.

MITTLERWEILE STEHT DIE Sonne höher, die Schatten sind kürzer, die Schanzen werden wieder unsichtbar, unauffällige Hügel im Dickicht des Waldes. Kaum einer der morgendlichen Spaziergänger, die uns auf dem Rückweg zum Wagen begegnen, weiß, dass sich hier vor 370 Jahren eine der bedeutendsten Schlachten des Dreißigjährigen Krieges ereignet hat.

Kampf der Giganten

Bislang waren die Truppen des Königs in offener Feldschlacht ungeschlagen. Die Siege der Schweden wurden verklärt, niemand im Heiligen Römischen Reich Deutscher Nation schien ihnen gewachsen, fähig, dem königlichen Siegeszug Einhalt zu gebieten.

Eigentlich hat Gustav Adolf allen Grund, gelassen in die Zukunft zu sehen. Tatsächlich aber herrscht im Kommandozentrum der Eroberer Krisenstimmung. Es ist das klassische Problem aller großen Feldherren unter dem der König zu leiden hat. Die schwedische Invasionsarmee ist zu einem gewaltigen Ungetüm aus Heerhaufen herangewachsen, die über das gesamte Reichsgebiet verteilt sind. Nur ihre Präsenz sichert einmal erobertes Terrain – sobald die Truppen abziehen, sind Macht und Einfluss dahin. Verstreute Heeresteile bedeuten Unübersichtlichkeit beim Einsatz, Verwirrung und Kommunikationsprobleme, die Vielzahl der Kommandeure provoziert Führungsschwäche, die verstreuten Einzelheere bieten viel Angriffsfläche. Und der kaiserliche Kürassierkommandant Gottfried Heinrich Graf zu Pappenheim nutzt diesen Umstand natürlich kaltblütig aus; mit einer Art Guerillataktik versetzt er den königlichen Truppen immer wieder blutige Hiebe. Doch damit nicht genug: In

Heinrich Graf zu Pappenheim verwickelt das versprengte Heer der Schweden immer wieder in heftige Scharmützel.

der Bevölkerung, vor allem im protestantischen Norden, wächst der Unmut gegen die schwedischen »Befreier«. Denn die Soldateska, die unter schwedischer Flagge marschiert, besteht mittlerweile nur noch zu zehn Prozent aus protestantischen Schweden und Finnen, der Rest ist ein buntes Vielvölkergemisch, das nicht aus Überzeugung kämpft, sondern um zu überleben. Immer häufiger kommt es daher zu brutalen Übergriffen gegen die Bevölkerung, gleichgültig welchen Glaubens sie ist.

Die größte Bedrohung für den schwedischen König braut sich im fernen Böhmen zusammen – dort residiert der Einzige, der ihm wirklich gefährlich werden kann: Albrecht von Wallenstein. Ausgestattet mit weitreichenden Vollmachten des Kaisers ist er im Begriff die größte Armee des Kontinents zusammenzustellen. Gerüchte sprechen von einem 100 000 Mann starken Heer, das sich langsam auf den fränkisch-bayerischen Raum zubewegt. Gustav Adolf fürchtet, dass schwedische Truppenteile dadurch eingeschlossen und vor allem vom wichtigen Versorgungsstützpunkt Nürnberg abgeschnitten werden könnten. Er teilt seine Armee und will mit 18 000 Mann Richtung Coburg ziehen, um Verstärkung anzufordern. Denn er weiß, dass er Wallensteins gewaltige Armee in offener Feldschlacht nicht besiegen kann. Obwohl der kaiserliche Feldherr tatsächlich »nur« 50 000 Söldner anführt, ist er der Armee Gustav Adolfs dreifach überlegen. Als der König aber erfährt, wie dicht sein Gegner schon vor Nürnberg steht, muss er seine Pläne ändern. Ausgerechnet er, der schon so viele Städte erfolgreich belagert und erstürmt hat, muss sich nun selbst verschanzen, bis Entsatztruppen eintreffen. Ist er damit in der Falle? Oder wird die Stadt dem Ansturm von 50 000 Mann gewachsen sein?

»Bet Kindlein bet, morgen kommt der Schwed«: Die Soldaten gehen mit erschütternder Brutalität gegen die Bevölkerung vor und machen selbst vor Glaubensbrüdern nicht Halt.

Eine Stadt wird zur Festung

Ein Spaziergang entlang den Stadtmauern von Nürnberg ist, als wandere man am Fuße eines mächtigen Felsmassivs – ein Gebirge aus Mauern, Türmen und Schanzen, abweisend und bedrohlich. Vielleicht war es diese scheinbare Uneinnehmbarkeit, die Gustav Adolf bewog, sich in Nürnberg zu verschanzen. Mächtiges Handelszentrum, freie Reichsstadt, Aufbewahrungsort der kaiserlichen Insignien, eine Metropole unbezwingbar wie eine Felsenburg und solidarisch mit den Schweden. Doch Gustav Adolf weiß, dass selbst die mächtigsten Mauern und Befestigungsanlagen auf Dauer gegen die zerstörerische Gewalt der schweren Belagerungsgeschütze keine Chance haben. Um den wallensteinschen Truppen wochenlang standhalten zu können, muss der König mehr aufbieten.

Gustav Adolf lässt Nürnberg zu einem uneinnehmbaren Bollwerk ausbauen.

In einem Jahrzehnt anhaltender Kämpfe hat sich die Belagerungstechnik zu einer regelrechten Kunst entwickelt; den Feldherren steht ein Stab von erfahrenen Experten zur Verfügung. Die Könner dieser Branche kennen fast jede Festung, wissen um ihre Schwächen und Stärken. Mit dem Ingenieur Olof Hansson Örnehufvud steht dem schwedischen König einer der Besten der Zunft zur Verfügung. Gemeinsam entwickeln die beiden ein Notprogramm zum Ausbau der vorhandenen Festungsanlagen von Nürnberg; so soll weit vor der Stadt ein Ring aus Fallgräben, Wällen, Palisaden und Redouten entstehen, bestückt mit dem Besten, was die Artillerie zu bieten hat.

Es ist ein Wettlauf gegen die Zeit, denn Wallensteins Heer rückt immer näher. Mit 6000 Bürgern, Bauern aus der Umgebung und den königlichen Truppen schafft Örnehufvud ein zickzackförmiges Verteidigungssystem, das den Verschanzten an den Hauptwerken erlaubt, den anrückenden Gegner in mörderisches Kreuzfeuer zu nehmen. Zwischen den Stadtmauern und den aufgeschütteten Wällen soll ein Teil der schwedischen Truppen in Stellung gehen.

Wallenstein ante portas

Anfang Juli steht das Hauptheer Wallensteins vor Nürnberg – fast zeitgleich mit dem letzten Spatenstich am Befestigungswerk. Die Stimmung der Schweden und der verbündeten Nürnberger bewegt sich zwischen Furcht und Zuversicht: Furcht vor der Ankunft eines zahlenmäßig weit überlegenen Gegners unter dem Kommando eines Mannes, der als Schlachtenlenker fast ein Mythos ist. Zuversicht hinsichtlich der termingerechten Fertigstellung eines beeindruckenden Verteidigungswerks und eine ausreichende Versorgung mit Vorräten und Wasser.

Wallenstein kommt, sieht und entscheidet sich gegen seinen ursprünglichen Plan, die Stadt im Sturm zu nehmen. Er weiß, dass seine Truppen bei dem Versuch, gegen dieses Bollwerk anzurennen, ausbluten werden. Sich dann auch noch mit seinen geschwächten Truppen der zu erwartenden schwedischen Verstärkung entgegenstellen zu müssen, wäre schlichtweg Wahnsinn. Der Feldherr entschließt sich daher, zunächst alle Straßen und Wege nach Nürnberg zu blockieren. Damit würde man auch Gustav Adolfs Nachschub an Versorgungsgütern zum Erliegen bringen. Wenn dann der nackte Hunger den König aus seiner Verschanzung treibt, würde Wallensteins große Stunde schlagen. Die anrückenden neuen Truppen der Schweden will er vor den Toren der Stadt abfangen und mit seiner gewaltigen Armee vernichten.

Es ist ein Wettlauf gegen die Zeit, denn Wallensteins Truppen rücken immer näher.

▶ **Über 20 000 Menschen verwandeln Stadt und Umgebung in ein gewaltiges Labyrinth aus Schanzen, Gräben und Mauern.**

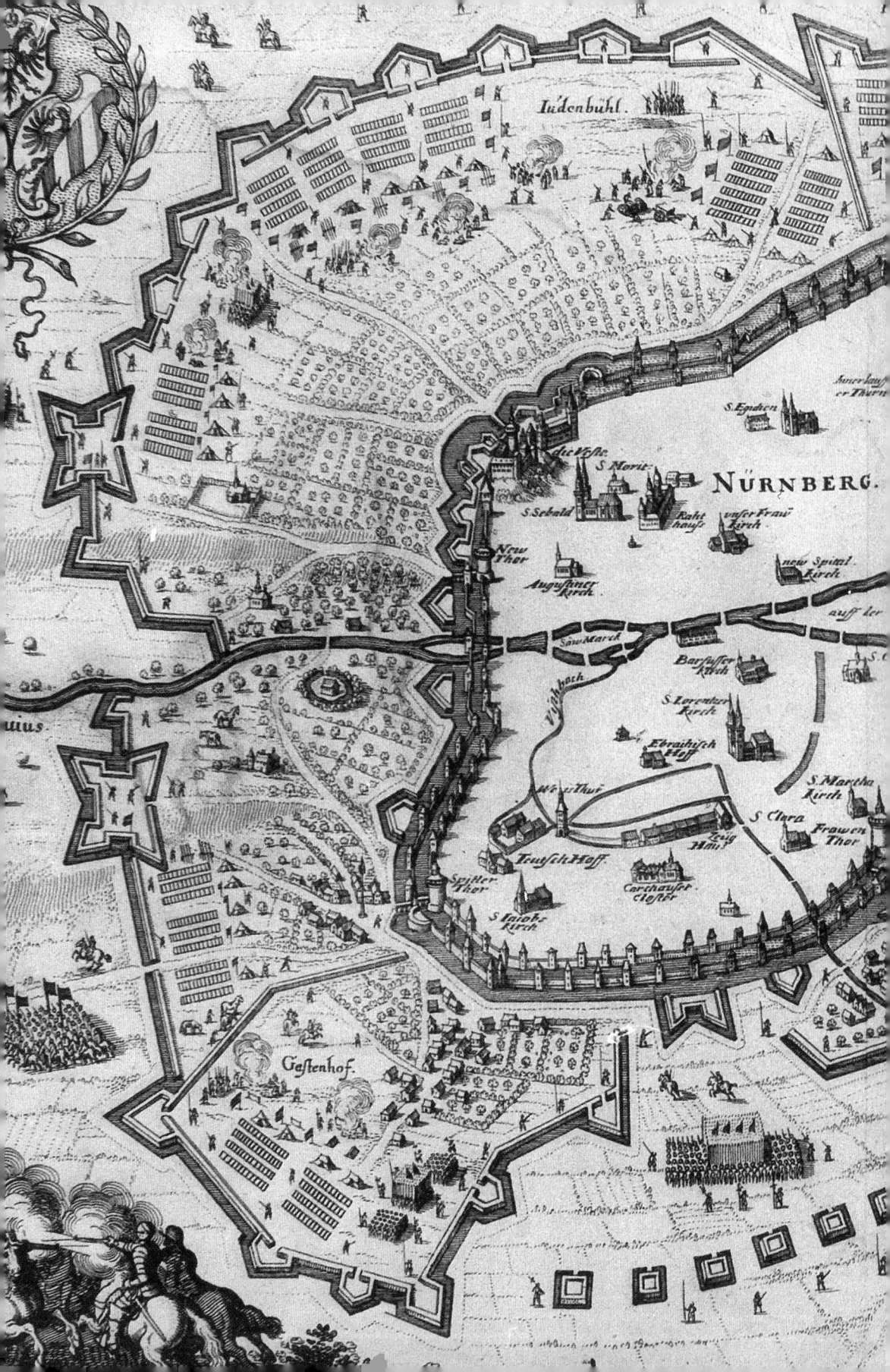

Iudenbühl.

NÜRNBERG.

S. Egidien

Inner lauf er Thurn

alte Veste

S. Moritz

unser Frau Kirch

S. Sebald

Raht hauß

New Thor

neu Spital Kirch

Augustiner Kirch

auff der

Saw Marck

Barfüsser Kirch

Vischbach

S. Lorentzer Kirch

S. C.

Ebraisch Hof

S. Martha Kirch

Wasser Thur

S. Clara

Frawen Thor

Zeug Hauß

Teutsch Haff

Spitler Thor

Carthauser Closter

S. Iacobs Kirch

Gastenhof.

Grundriß der
Statt Nürnberg, sampt dem
Königlichen Schwedischen
Läger vnd tranchement.
Anno 1632.

Lauffer Thor.

Wert.

Pegnitz flu:

Pegnitz fluu:

S. Peter.

Gleyßhammer.

Ko: May: Zelt.

Weyerhaus.

Hundschlagerhaus.

Eines der attraktivsten Ausstellungsstücke im Museum von Zirndorf ist ein riesiges Modell, gebaut mit einer an Pedanterie grenzenden Liebe zum Detail. Auf grünem Filz erkennt man zahllose Reihen gedrungener Erdhütten, gefertigt aus Zweigen und Ästen, bedeckt mit Moos – primitive Unterkünfte für den Bodensatz des Heeres, die einfachen Soldaten. Daneben in akkurater Linie die hohen und luftigen Zelte der Offiziere. Im Maßstab 1:100 zeigt das Modell gerade 300 Meter Lagerleben, ein winzig kleiner Ausschnitt einer wandernden Stadt. Nach heutigen Schätzungen führte der Herzog von Friedland rund 55 000 Soldaten, mindestens 15 000 Pferde und nicht weniger als 25 000 Begleitpersonen im Tross mit sich.

Im Südwesten Nürnbergs, jenseits des Flusses Rednitz gelegen, schließt sein Lager mit einer Ausdehnung von 16 Kilometern mehrere Ortschaften ein, darunter Zirndorf als größte Siedlung. Zur Errichtung der Befestigungslinie lässt der kaiserliche Generalissimus alle Bäume der Umgebung fällen und das Holz zu 40 000 Pfählen und 24 000 Querstangen verarbeiten. Die Leistung, die von Tausenden von Soldaten, ihren Frauen und Kindern sowie von zwangsverpflichteten Arbeitskräften erbracht wird, übersteigt jede Vorstellungskraft. Helmut Mahr: »In nur drei Tagen wurden 64 000 Kubikmeter Erdreich ausgehoben, das entspricht der Transportleistung von 21 000 Lastwagen.«

Mit primitivsten Mitteln, ja mit bloßen Händen, vollbringen Tausende Menschen das Unmögliche und errichten das riesige kaiserliche Lager.

Nach Hunderten Kilometern Marschstrecke völlig erschöpft, schuften sie rund um die Uhr bis zum Umfallen. Nur wenige sind mit Hacken und Schaufeln ausgerüstet, zerbrochenes Geschirr, die bloßen Hände dienen als Grabwerkzeug. In Abständen von jeweils fünfzig Zentimetern werden die Pfähle tief in den Boden gerammt und mit drei Querstangen verbunden; davor kommen die so genannten Faschinen, eng zusammengeschnürte

Bündel aus Reisig und Ästen, die mit Ruten verflochten werden. Dieser etwa zwei Meter hohe Zaun wird auf der Außenseite schräg mit Erdreich angeschüttet, sodass ein Erdwall entsteht, dem ein tiefer Graben vorgelagert ist. Auf der Innenseite befindet sich ein fünfzig Zentimeter hoher Laufgang, von dem aus die Soldaten ihre Musketen abfeuern können. Die Ingenieure Wallensteins stehen denen des Königs in nichts nach: Die

Bis zur absoluten Erschöpfung schuften die Söldner Wallensteins.

Redouten werden ebenfalls in Zickzacklinie angelegt und mit Artillerie bestückt. Am stärksten wird der Norden des Lagers bei Zirndorf befestigt. Dem Bollwerk aus Erdreich und Pfählen ist auf einer bewaldeten Höhe eine starke Verteidigungslinie mit der Ruine der »Alten Veste« vorgelagert. Innerhalb der Befestigung errichten die Soldaten aus Ästen, Erdreich und Moos so genannte Erdhütten – die einfachsten Behausungen –, und stellen in endlosen Reihen Zelte auf. Im Süden des Lagers, gut abgeschirmt vom Fußvolk, residiert der Oberbefehlshaber in einem zerlegbaren Holzhaus, in dem es an nichts fehlt – selbst seine geliebte silberne Badewanne hat er aus dem fernen Böhmen mitgenommen. Zu seiner persönlichen Be-

Während die Soldaten in einfachen Erdhütten hausen, residieren die Befehlshaber in geräumigen Zelten.

treuung steht dem Herzog von Friedland eine Schar von Dienern und ein Leibarzt zur Verfügung. Selbst seine Pferde stehen nicht wie das Trossvieh oder die Rösser der Kürassiere auf abgegrasten Weiden, sondern sind in Zelten untergebracht, wo sie von Knechten bestens versorgt werden.

»Man musste die Toten wie Scheitholz aufschlichten«

Helmut Mahr hat jedes Detail des Duells zwischen Wallenstein und Gustav II. Adolf mühevoll rekonstruiert. Er ist ein Fahnder, einer, der nie aufgibt. In Archiven stöbert er nach vergessenen Karten, Materiallisten, Korrespondenzen und Augenzeugenberichten, sammelt einzelne Indizien, die er zu einem Bild zusammensetzt. Intensiv erforscht er vor allem die Logistik im Riesenlager Wallensteins und die Versorgungslage in der Stadt Nürnberg.

Zusammengepfercht hinter Schanzen und Mauern vegetieren damals Tausende von Menschen, zermürbt von der Sommerhitze und den Gedanken an den allgegenwärtigen übermächtigen Feind. Die alte Kaiserstadt beherbergt neben den schwedischen Soldaten auch Flüchtlinge aus dem gesamten Umland. Helmut Mahr: »Sie strömten mit Wagen, zu Fuß und mit ihren Herden zehn Tage lang in die Stadt. 70 000 bis 100 000 Menschen harrten hinter den Schanzen unter unvorstellbaren Bedingungen aus. Das Vieh, für viele ja das einzige Kapital, das sie besaßen, musste nach kurzer Zeit geschlachtet werden, weil es kein Futter mehr gab. Die Pferde fielen reihenweise um, weil eine Seuche eingeschleppt worden war. Und die Nürnberger Mühlen waren nicht in der Lage, Mehl für alle zu mahlen. So gab es oft acht Tage lang kein Brot.« Anfangs trifft es nur die Zivilisten – die Versorgung der Soldaten hat Vorrang –, doch schnell wird der Hunger auch für sie zum gravierenden Problem.

DEN WALLENSTEINSCHEN TRUPPEN ergeht es nicht viel besser. Nach vier Wochen Belagerung treten ernste Versorgungsengpässe auf. Es mangelt vor allem an sauberem Wasser – im Lager gibt es nur eine einzige Quelle – aber auch die Nahrungsmittel werden knapp. Um für die Soldaten und die Pferde auch nur die

Lieferlisten dokumentieren die ungeheuren Mengen an Lebensmitteln, die die stehenden Heere jeden Tag verbrauchten.

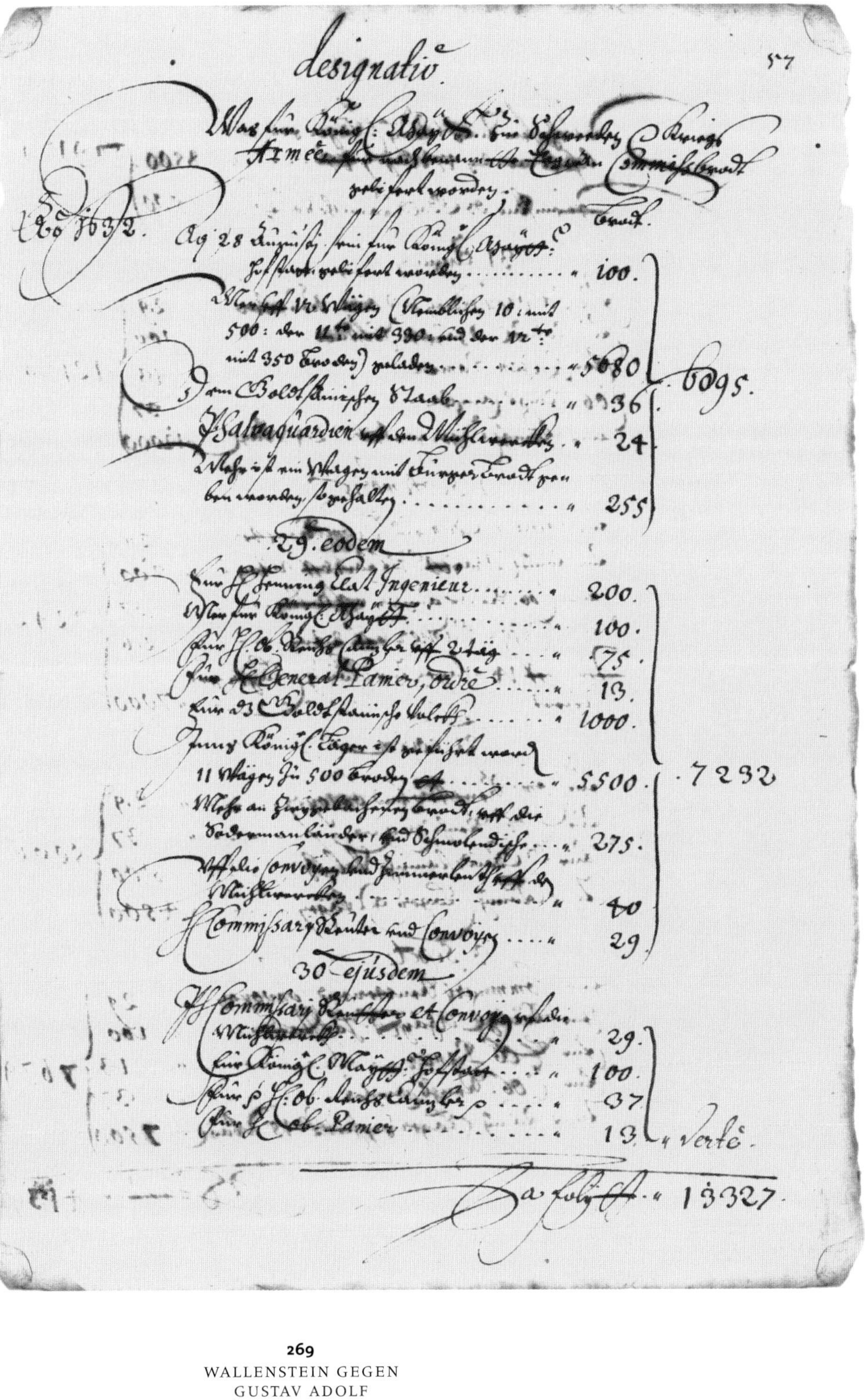
designatio. 57

Was für Königl. Mayst. der Schwedischen Kriegs Armee [illegible] Commissbrodt geliefert worden.

Ao 1632. Ao 28 Augusti sein für Königl. Mayst. Hoffstatt geliefert worden ... 100.

Mehr seindt 12 Wagen (deren [illegible] 10 mit 500: der 11te mit 330 und der 12te mit 350 Broden) geladen ... 5680 | 6095.

Dem Bolstenischen Stab ... 36

Salvaguardien uff den Mühlenwerken ... 24

Mehr ist ein Wagen mit Bürger brodt [illegible] worden [illegible] ... 255

29. eodem

Dem H. Henning Ingenieur ... 200.

Vor für Königl. Mayst. ... 100.

Für H. Ob. [illegible] ... 75.

Für H. General [illegible] ... 13.

Für das Bolstenische Volck ... 1000.

Inns Königl. Läger ist geführt worden 11 Wagen zu 500 Broden ... 5500. | 7232

Mehr an [illegible] brodt [illegible] ... 275.

[illegible] Convoy [illegible] Mühlenwerken ... 40

H. Commissary [illegible] und Convoye ... 29.

30. ejusdem

H. Commissary [illegible] et Convoye [illegible] Mühlenwerk ... 29.

Für Königl. Mayst. Hoffstatt ... 100.

Für H. Ob. [illegible] ... 37

Für H. Ob. [illegible] ... 13. | verte.

[illegible] folget ... 13327.

Mindestversorgung sichern zu können, müssen täglich 35 Tonnen Mehl, 25 Tonnen Fleisch und 52 Tonnen Pferdefutter herbeigeschafft werden. Die endlosen Wagentrecks kommen schon bald ins Stocken, es gibt zu wenig Zugpferde für die riesigen Konvois. »Die Versorgungsgüter kamen vornehmlich aus Böhmen, Bayern und Österreich. Alle Lieferungen wurden in einem zentralen Sammellager in Freistadt im fränkischen Jura untergebracht, zu dem man auch das Schlachtvieh trieb. Täglich brachten Kolonnen von bis zu 120 Wagen die ganzen Güter, die man brauchte, in das Lager«, erzählt der Historiker Helmut Mahr.

Als es am 30. Juli schwedischen Nachschubtruppen gelingt, ein Proviantdepot Wallensteins zu erobern, droht die ganze Versorgung zusammenzubrechen. Die Tagesrationen von 700 Gramm Brot, 500 Gramm Fleisch und einer Maß Bier müssen radikal gekürzt werden. Am Ende besteht die tägliche Ration der Soldaten nur noch aus einem Pfund Brot, die Frauen und Kinder des Trosses gehen leer aus; sie haben keinen Anspruch auf Truppenverpflegung. Die Lebensmittelpreise im Lager steigen ins Unermessliche und als den Soldaten nicht einmal mehr der Sold ausgezahlt wird, kommt es zu ersten Tumulten.

»Neben der miserablen Versorgungslage erschwerten Krankheiten die Situation der Soldaten. Im Lager grassierte die Rote Ruhr, das Wasser aus den umliegenden Flüssen und Bächen war ungenießbar. Über der ganzen Gegend hing ein bestialischer Gestank. Er kam von den unzähligen verwesenden Tieren und von den Latrinen, die täglich mit mindestens vier Tonnen menschlichen Abfalls beschickt wurden. Alles war übersät mit Fliegen und riesige Rudel von Ratten liefen überall herum«, so Helmut Mahr. Insgesamt sterben in der Zeit zwischen dem 17. Juli und dem 23. September 1632 1000 Menschen im wallensteinschen Lager.

Im Vergleich zu den in Nürnberg verschanzten Truppen des schwedischen Königs geht es der kaiserlich-bayerischen Armee al-

Axel Oxenstierna lässt Truppenteile zu einem Entsatzheer für seinen belagerten König zusammenstellen.

lerdings noch gut. Die Versorgung der Menschen in Nürnberg ist fast völlig zusammengebrochen, die Bürger hungern, die Soldaten sind auf Notration gesetzt. Nur noch Haut und Knochen, die Augen in tiefen Höhlen, ausgelaugt vom Hunger sind die schwedischen Söldner leichte Beute für Krankheiten. Jede Infektion kann tödlich sein. Helmut Mahr: »Seuchen grassierten und die Menschen starben wie die Fliegen, vor allem die Kinder. Am schlimmsten aber traf es die schwedischen Soldaten, die in die Nürnberger Lazarette gebracht wurden. Von ihnen starben in diesen Wochen 19 000, das waren rund 300 am Tag. Zeitweise musste man die Toten wie Scheitholz aufschlichten, weil man mit dem Ausheben der Massengräber nicht mehr nachkam.«

Zermürbendes Warten: Wochenlang belagern sich Schweden und kaiserliche Truppen gegenseitig, niemand wagt den ersten Schritt.

Im Donner der Geschütze

Während Wallenstein trotz der kritischen Lage seiner Söldner wartet, sucht Gustav Adolf ungeduldig die Entscheidung. Er weiß, dass er, selbst wenn neue Versorgungsgüter eintreffen, sein mit den Entsatztruppen vereinigtes Heer nur wenige Tage ernähren kann. Am 31. August verlassen seine Truppen die Mauern von Nürnberg. Was nun beginnt ist ein militärisches Drama – Helmut Mahr nennt es eine »Verkettung von Missverständnissen aufgrund einer fatalen Fehleinschätzung«. Sie unterläuft ausgerechnet dem Mann, der sich in seiner ganzen militärischen Laufbahn immer nur auf seine eigenen Beobachtungen verlassen hat. Vor Nürnberg vertraut er anderen, mit katastrophalen Folgen.

Gustav II. Adolf sucht die offene Feldschlacht; ein Sturmangriff erscheint dem Strategen zu riskant. Am 3. September formiert er

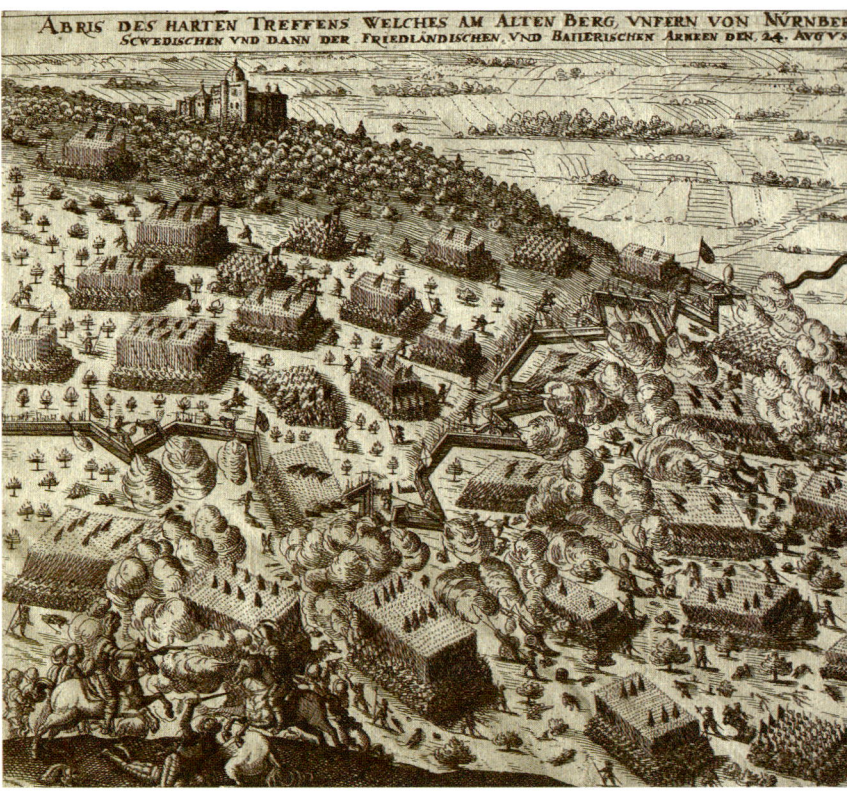

Aufforderung zum entscheidenden Gefecht: Bei der »Alten Veste« sucht der Schwede die offene Schlacht.

seine Truppen auf der Nordseite des gegnerischen Lagers; nach den militärischen Spielregeln jener Zeit eine formelle Aufforderung an Albrecht von Wallenstein zur Schlacht. Doch der kaiserliche Generalissimus missversteht den König gründlich. Er deutet den Aufmarsch der Schweden als Vorbereitung für einen Sturmangriff auf die ungeschützte westliche Seite seines Lagers – und genau dorthin lässt er das Gros seiner Truppen marschieren. Natürlich bleibt der Abmarsch der bayerisch-kaiserlichen Truppen nicht unbeobachtet, schwedische Kundschafter machen dem König sofort Meldung. Helmut Mahr: »Für die schwedischen Beobachter muss es so ausgesehen haben, als wolle Wallenstein das Lager bis auf eine kleine Besatzungstruppe räumen und kampflos abziehen und genau das teilten sie Gustav Adolf auch mit.«

VIELLEICHT IST ES die Verlockung des Augenblicks, dass sich der König dieses eine Mal nicht selbst vergewissert. Die Situation bietet ihm, so glaubt er jedenfalls, die perfekte Chance einen Doppelschlag zu führen. Mit der schnellen Reiterei will er die abmarschierende Hauptarmee des Feindes stellen, mit seinen Fußtruppen das Lager mit der noch verbliebenen Restbesatzung angreifen. Damit wäre dem Gegner jede Rückzugsmöglichkeit genommen.

In akkurater Ordnung rücken die Musketiere Reihe für Reihe vor. Der schwedische Angriff gliedert sich in fünf Sturmspitzen: Die beiden linken kommandiert der König selbst, im Zentrum greift das schottische Regiment MacKeye an, auf dem rechten Flügel befiehlt Herzog Bernhard von Weimar. Warum Gustav II. Adolf ausgerechnet die Sturmtruppen kommandiert, die Führung des Reiterheeres jedoch einem anderen überlässt, bleibt sein Geheimnis. Vielleicht ist es ihm eine Herzensangelegenheit das Lager jenes Mannes zu erobern, der ihn wochenlang gezwungen hatte, unter katastrophalen Bedingungen hinter den Schanzen Nürnbergs auszuharren.

Während der König und seine Generäle den Sturmangriff vorbereiten, ist ihnen Wallenstein längst einen Schritt voraus. Er hat seine Fehleinschätzung erkannt und schickt seine Truppen im Eilmarsch zurück, um die Besatzung des Lagers zu verstärken. Von alldem ahnt Gustav Adolf nichts. »Das Ziel des Königs war der Hügel, der Wallensteins Lager begrenzte. Alle Angriffstruppen sollten sich in einer Art Zangenbewegung auf die Einnahme konzentrieren. Wenn er dann noch seine Artillerie dort hinbrächte, so das Kalkül, könnte er das ganze Lager sturmreif schießen. Doch Wallenstein hatte seine stärksten Verbände längst dort konzentriert, wo die Schweden angreifen wollten«, erläutert Helmut Mahr.

Der bayerische Kurfürst Maximilian I. beschreibt den Angriff der Schweden: »Der König habe gestern ungefähr um neun Uhr gegen dem Peckhschen [Regiment] und Contrerasschen [Regiment] auf einer Höhe gegen den Wald liegenden Quartier … mit großer furia angegriffen.« Mit großer »furia« laufen die ahnungslosen schwedischen Sturmtruppen in das Kreuzfeuer der wallensteinschen Musketiere. Der schottische Oberst Monroe, der im Dienst des Schweden steht, liefert einen dramatischen Augenzeugenbericht: »Der Tod war so häufig unter den Offizieren und Mannschaften, dass diejenigen, die verwundet waren, froh waren, mit dem Leben davongekommen zu sein, denn sie sahen unsere Lage als verzweifelt an, da wir unsere Leute verloren, ohne gegen den Feind voranzukommen, der durch seine Verschanzungen gedeckt war, während wir, Offiziere und Soldaten, ohne Deckung wie die Zielscheiben vor ihm standen, auf die man nur zu feuern brauchte, zudem ohne Schutz, außer dem Schatten einiger großer Bäume in dem Wald. So verloren wir die besten Offiziere und Mannschaften, und man konnte bei diesem Sturm kaum den Kopf heben.«

Der Kampf wird zum erbarmungslosen Stellungskrieg, hundertfaches Sterben für wenige Meter Boden. Bis nach Nürnberg ist der Donner der Geschütze zu hören, Berg und Wald »seien nichts als Rauch und Dampf gewesen. …Viel alte und vornehme Soldaten hätten beteuert, dass sie dergleichen starkes unaussetzliches

Stürmen und Schießen niemals gesehn hätten«, wird Kurfürst Maximilian von Bayern später schreiben.

Unter furchtbaren Verlusten gelingt der rechten Angriffsspitze der Schweden unter Bernhard von Weimar dennoch das scheinbar Unmögliche: Seine Sturmtruppen erreichen die Anhöhe und können sich festsetzen. Alles hängt nun davon ab, wie schnell es gelingt, die Geschütze auf den Kamm zu ziehen, um das kaiserliche Lager unter Artilleriebeschuss zu nehmen. Doch die Kanonen sind tonnenschwer, der Abhang steil – eine Aufgabe, die nur von Zugpferden bewältigt werden kann. Dramatisch wird die Situation auch dadurch, dass der letzte Abschnitt des Weges in Reichweite der feindlichen Musketiere liegt; Pferde und Zugmannschaften sind schutzlos den Kugeln des Feindes ausgeliefert. Als es bei Einbruch der Dunkelheit, nach über zehn Stunden Kampf, auch noch zu regnen beginnt, bleiben die Karren im aufgeweichten Boden stecken, der Transport kommt vollends zum Erliegen.

Brutaler Stellungskrieg: Das Gefecht endet in einem grausamen Gemetzel.

Am Morgen des 4. September 1632 erteilt Gustav II. Adolf den Befehl zum Rückzug – letzter Akt einer Schlacht, die rund 1000 schwedische Soldaten das Leben kostet, fast 2000 werden verwundet, viele sterben später im Lazarett. Die kaiserliche Armee beklagt nicht einmal 300 Tote, die Lagerlisten führen 655 Verwundete.

Die Schweden waren mit dem klaren taktischen Ziel in die Schlacht gezogen, »den Feind aus dem Lager zu treiben«, wie Obrist Monroe schreibt, und sie sind gescheitert. Der schottische Haudegen hat keinen Zweifel an den Gründen für diese Niederlage – für ihn trägt Gustav Adolf selbst die Schuld für das Scheitern: »Er hatte sich zu viel auf die falschen Berichte anderer verlassen, die sich nicht genau überzeugt hatten. Sie bewirkten, dass er entgegen seiner sonstigen Gewohnheit die Armee einsetzte. Die Kühnheit eines einzigen Tapferen an der Spitze kann dazu führen, eine ganze

Die schwedischen Soldaten laufen direkt in das Sperrfeuer der kaiserlichen Musketiere.

Armee aus Mangel an Urteilsvermögen einzusetzen, wie es hier geschah. Wagemut gepaart mit Verstand führt zum Sieg, während andererseits ein voreiliger Mann ohne Urteilsvermögen und Klugheit in einer Armee ebenso untragbar ist wie ein Feigling.« Ein hartes Urteil. Wallenstein kommentiert den vergeblichen Versuch des Königs, sein Lager zu erstürmen, so: »Es hat sich der König bei dieser Impresa gewaltig die Hörner abgestoßen.« Und an den Kaiser berichtet er: »Von den Toten, die er nicht hatte retirieren können, lag der ganze Wald voll.«

Albrecht von Wallenstein ist es gelungen, dem ruhmreichsten Heerführer seiner Zeit eine erste empfindliche Niederlage beizubringen. Den geschlagenen Schweden bleibt nichts anderes übrig, als sich wieder hinter die Nürnberger Schanzen zurückzuziehen. Innerhalb von nur 14 Tagen verliert der König jeden dritten Mann – durch Hunger, Krankheit oder durch Desertion. Doch es gelingt ihm in einem einzigartigen Kraftakt erneut, in kurzer Zeit eine Armee von 16 000 Mann zu rekrutieren. Nur zwei Monate nach der Schlacht vor der »Alten Veste« bei Nürnberg ist die Streitmacht des Königs stärker als je zuvor. In Lützen wird die protestantische Lichtgestalt den kaiserlichen Oberbefehlshaber erneut zur Schlacht zwingen – der finale Akt im Kampf der Giganten.

Der Boden ist übersät mit Toten – die schwedischen Verluste sind verheerend.

Königlicher Kürassier: Gustav Adolf kämpft mit seinen Reitern in vorderster Linie. In Lützen wird ihm das zum Verhängnis.

Die Lichtgestalt des
Protestantismus – der
Mythos des großen
Schwedenkönigs lebt
bis heute.

TOD EINES HELDEN

DER KRIMINALFALL GUSTAV ADOLF

In zwei Stunden öffnen sich die schweren, eisenbeschlagenen Tore der Leibrüstkammer in Stockholm für die Öffentlichkeit. Noch herrscht Stille, das karge Licht der Notbeleuchtung lässt die Säle unheimlich erscheinen. Die schweren Steinblöcke der gewölbten Wände erinnern an mittelalterliche Katakomben oder eine Gruft. In diesen düsteren Gemäuern werden die Andenken an einen der schwärzesten Tage in der Geschichte Schwedens aufbewahrt. Geschützt hinter dickem Panzerglas befinden sich die Reliquien des schwedischen Messias, des strahlenden Retters des Protestantismus.

Es gab Menschen, die ihn für unsterblich hielten. Sein Tod beendete ihre Illusionen und den Traum vom schwedischen Europa, vom gotischen Großreich, vom »Löwen aus Mitternacht«, von der Vormachtstellung des Protestantismus. Der große Herrscher aus dem Geschlecht der Wasa, Gustav II. Adolf, starb einen jähen und grausamen Tod auf dem Schlachtfeld, das ist sicher, doch vieles was an diesem Novembermorgen in Lützen geschah, liegt noch immer im Dunkeln. Hier in diesem Raum, dem »Heiligtum der schwedischen Nation«, ruht der Schlüssel zu diesem Geheimnis.

Hilfe in höchster Not: Feldmarschall Pappenheim soll Wallensteins Heer mit 5000 Reitern verstärken.

November 1632, Lützen, Mitteldeutschland: Ort der dritten großen Feldschlacht und alles entscheidenden Begegnung zwischen der Lichtgestalt des Protestantismus, Gustav II. Adolf, und Herzog Albrecht von Wallenstein, dem Schwertarm der Kaiserlichen. Würde der schwedische König hier siegen, stünde Europa unter seinem Zepter. Der Mann mit dem Gustav Adolf um den Sieg ringen wird, ist kriegsmüde und von einer schweren Krankheit gezeichnet. Niemals hätte er damit gerechnet, dass sein Herausforderer ihn im kalten November zum Kampf zwingen würde – der Winter ist für Kriege eigentlich tabu, zu hoch sind die Verluste durch verhungerte und erfrorene Soldaten. Gustav Adolf aber hält sich nicht an ungeschriebene Gesetze.

Einen Tag vorher, am Morgen des 14. November, war ein Offizier des Friedländers auf schwedische Truppenteile gestoßen. Sofort war ein wildes Scharmützel entbrannt. Mit den wenigen Soldaten, die er bei sich führte, hatte der Offizier versucht die Schweden so lange wie möglich in Schach zu halten. Währenddessen waren seine Kuriere zurück ins Lager geeilt, um den Generalissimus zu alarmieren. Dem überraschten Wallenstein war kaum Zeit geblieben, sich und sein Heer auf den unvermeidlichen Kampf vorzubereiten. Er hatte umgehend einen Hilferuf an seinen Feldmarschall Pappenheim geschickt, der in seinem Auftrag losgezogen war, die Stadt Halle zu erobern – ein letzter Kampf vor der dringend benötigten Pause im Winterlager. Nie zuvor hatte er einen nachdrücklicheren Brief formuliert: »Der feindt marschiert hereinwarths der herr lasse alles stehen und liegen undt incaminiere sich herzu mit allem volck und stücken auf das er morgen frue bey uns sich befünden kan. ich aber verbleibe hiemitt des herrn dienstwilliger AhzM. Lützen den 15. Nov. Ao 1632.« Der Brief zeigte Wirkung: Mit 5000 Reitern war Pappenheim auf den Weg zurück nach Lützen, eine kleine Stadt in Sachsen mit einem Schloss und rund 300 Häusern.

Der Tag der Entscheidung

Der Friedländer schläft unruhig in jener frostigen Nacht des 15. November. Seit der Schlacht am Weißen Berg im Jahr 1620, in der die böhmischen Rebellen vernichtend geschlagen worden waren, hatte es keine richtige Entscheidungsschlacht mehr gegeben. Mal siegte die eine, mal die andere Seite. Doch kein Teilsieg hatte zum Frieden geführt, ständig wurden neue Koalitionen geschlossen, in die immer mehr Parteien miteinbezogen wurden: Dänemark, England, Holland, Schweden, Spanien, Frankreich, Italien. Wo sollte das denn enden? Wallenstein fühlt in seinem Innersten, dass er nicht dauerhaft weiterkämpfen kann, zumal große Teile Deutschlands verwüstet sind und der Krieg seine Söldner nicht mehr nährt. Die Truppen sind nicht nur in den feindlichen Territorien gefürchtet, auch in den eigenen Ländern sind sie verhasst. Sie bringen keinen Frieden, nur Hunger, Krankheit und Tod. Wallenstein selbst ist am Ende seiner Kräfte, sein Gesundheitszustand verschlechtert sich von Tag zu Tag. Starke Gelenkschmerzen und Herzbeschwerden schränken seinen Handlungsspielraum immer stärker ein. Nur diese eine Schlacht muss er noch gewinnen, das weiß er, dann will er sich in sein Herzogtum zurückziehen.

AUCH DER KÖNIG kann nicht schlafen, wälzt sich unruhig auf seinem Lager hin und her. Sind es Zweifel an seinem Sieg, die ihm den Schlaf rauben, Zweifel an seiner Strategie? Oder sind es die Schmerzen in seiner rechten Schulter, Folge einer alten Schusswunde? Um fünf Uhr morgens gibt er schließlich den Befehl zum Aufbruch. In seinem gelben Rock aus Elchleder reitet er zwischen seinen hoch gerüsteten, gepanzerten Eliten, geschützt gegen Kälte, aber nicht gegen Stahl und Blei. Doch der König sieht sich als Instrument Gottes; der Allmächtige wird ihm auch diesmal beistehen.

Wallenstein ist bei Sonnenaufgang ebenfalls bereits auf den Beinen, um sich auf den wohl schwersten Tag seines Feldherrndaseins vorzubereiten. Er ahnt, dass Lützen nach all den Jahren des Kampfes seine persönliche Entscheidungsschlacht werden wird und lässt seinen Soldaten verkünden, dass er keinen Fuß breit weichen wird – dann schon lieber krepieren. 16 000 Soldaten will er ins Feld führen, 8200 zu Fuß, 7500 zu Pferd. Zahlenmäßig, das weiß er, ist er den Schweden unterlegen – alles wird vom rechtzeitigen Eintreffen Pappenheims abhängen.

DIE NERVEN DER schwedischen Generäle sind zum Zerreißen angespannt. Bislang ist das Kriegsglück auf ihrer Seite gewesen. Doch ausgerechnet heute scheint sich das Blatt zu wenden. Eigentlich wollten sie die Gunst der Stunde nutzen und ihre Truppen schnell vor Lützen in Stellung bringen. Jetzt liegt dichter Nebel über der weiten Ebene, kein Wald bietet Deckung, die morastigen Felder und Wiesen erschweren das Vorwärtskommen. An einen überraschenden Angriff ist bei diesem Wetter nicht zu denken: Die Soldaten können kaum ihren Vordermann erkennen und der Einsatz der kampfentscheidenden Kanonen ist bei diesen Sichtverhältnissen unmöglich. Das endlose Warten ist zermürbend.

Wallenstein trifft währenddessen letzte Vorbereitungen. Trotz der bohrenden Schmerzen verlässt er entgegen seiner Gewohnheit die Sänfte und besteigt ein Pferd, um selbst entscheidend in den Kampf eingreifen zu können. Die Steigbügel seines Sattels hat er mit dickem Samt umwickeln lassen – viel nutzt es nicht. Doch schlimmer noch als die Schmerzen ist für ihn das Wissen, dass hinter dem dichten Nebel die geballte Macht des »Löwen aus Mitternacht« darauf wartet, endlich losschlagen zu können.

Die Nerven zum Zerreißen gespannt: In Lützen warten die Soldaten stundenlang auf den Befehl zum Angriff.

Gegen zehn Uhr ist es soweit – der König gibt den Befehl zum Angriff. Die Schlacht beginnt mit »einer solchen furia, dass niemand je solches gesehen noch gehört hat«, wird Wallenstein später berichten. Er selbst kämpft an der Spitze seiner Armee. Bei seinen Untergebenen stößt sein heldenmutiger Einsatz auf große Bewunderung. Golo Mann zitiert in seiner Wallenstein-Biographie aus dem Bericht eines Oberst: »Mit gewohnter Unerschrockenheit befand sich der Generalissimus allenthalben an der Spitze seiner

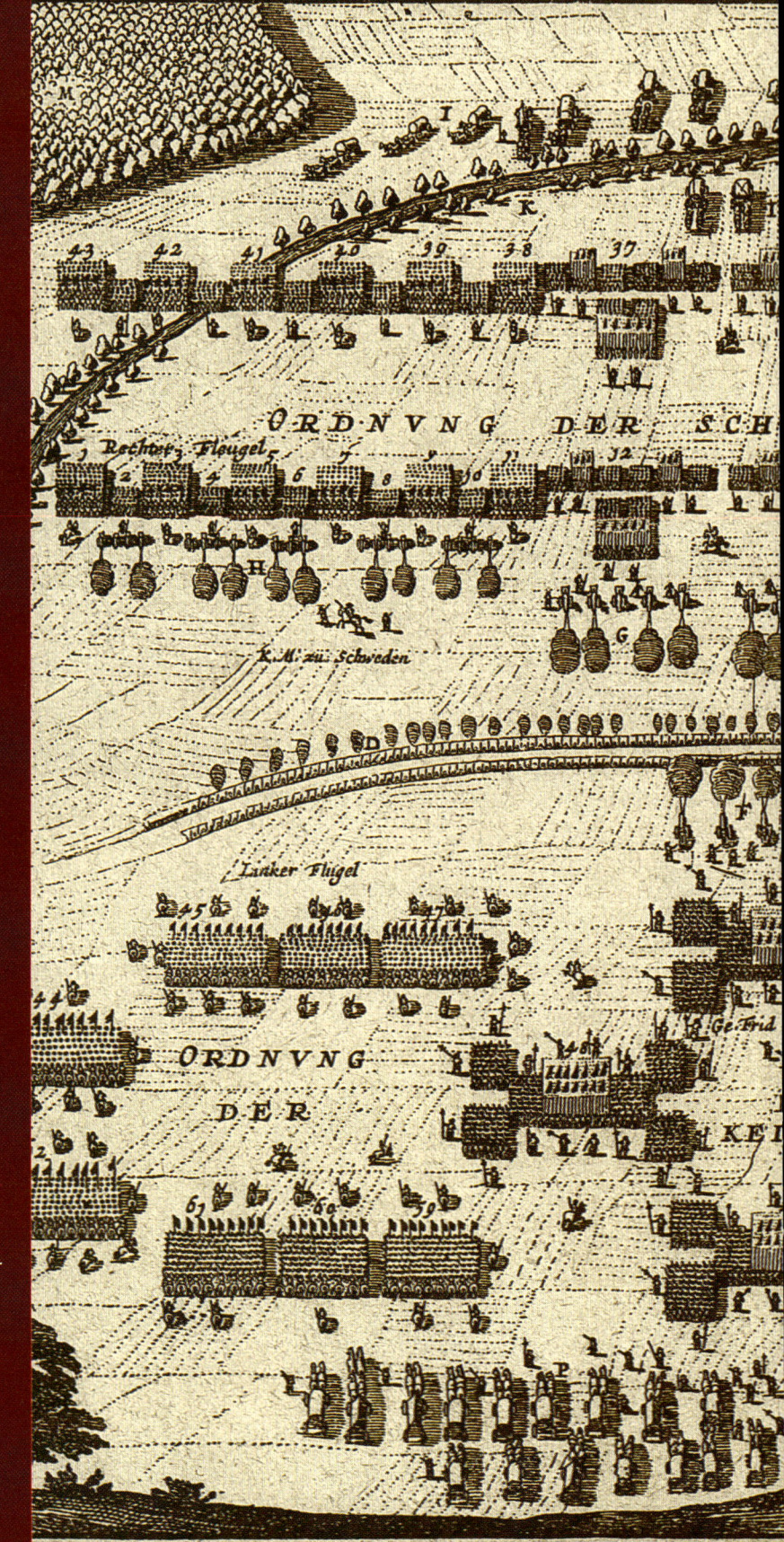

Masse gegen Schnelligkeit: Den massiven Heerhaufen der kaiserlichen Generäle stellt Schwedens König schnelle und bewegliche Truppenteile gegenüber.

In Tessarem Militarem Vtriusq
Exercitus.
Que Regi erat
GOTT MIT VNS
Fridlandie vero
IESVS MARIA
Orat uterq Ducum nec vincit vterq salute
Fortis hic est hominum fortior ille dei
Chursitz
Kniphausen
ISHEN ARMEEN
Linker Flügel
Gr. Niewe
Weisenburg
Hertzog Bernhardt
Lutzen
Rechter Flügel
RISCH
EN ARMEEN
Delineation
DER SCHWEDISCHEN
vnd Keyserischen Schlacht:
ordnung den 6. Novemb: 1632.
bey Lutzen gehalten.

Truppen, brachte, wo Unordnung entstanden war, die Gewichenen wieder ins Gefecht, ging ins Gemenge mit dem Feind ... Seine Hoheit wurde von einer Musketenkugel in die linke Hüfte getroffen, blieb aber sowohl von diesem Schuss, der nicht in die Haut eindrang, als vor tausend anderen Kanonen- und Musketenkugeln bewahrt. Nahe bei ihm erhielt der Graf Harrach, sein Oberstkämmerer, eine Musketenkugel in die Kehle, die durch das Ohr ausdrang.«

Die Schweden bringen den kaiserlichen Musketieren empfindliche Verluste bei, gewinnen Meter um Meter an Boden. Wo bleibt Pappenheim? Endlich, gegen Mittag, wird Wallenstein die Nachricht überbracht, dass sein treuer General in Kürze den Kriegsschauplatz erreichen wird. Doch dann geschieht ein Unglück: Eine schwedische Drahtkugel trifft Pappenheim, der kurze Zeit später in den Armen seines Knaben verblutet. Der letzte Gedanke des Sterbenden gilt seiner geliebten Frau und den Kindern. In seiner Brusttasche findet man später die Depesche seines Generalissimus. Das blutdurchtränkte Handschreiben liegt heute sicher verwahrt im Heersgeschichtlichen Museum in Wien.

Als die Offiziere vom Regiment Pappenheims feststellen, dass ihr Anführer gefallen ist, fliehen sie Hals über Kopf. Bei den kaiserlichen Truppen führt das Ausbleiben der Kavallerie zu großer Irritation. Den Angriffen der Schweden hat man nun kaum noch etwas entgegenzusetzen – bis es einer kroatischen Einheit Wallensteins gelingt, überraschend hinter die schwedischen Linie zu kommen. Pulverwagen werden gesprengt, das Lager verwüstet und geplündert. Ist das die Rettung für die kaiserlichen Truppen? Doch Stunde um Stunde vergeht, ohne dass ein Ende des Gemetzels in Sicht ist. Rauch- und Nebelschwaden beeinträchtigen die Sicht, die Luft riecht nach Schießpulver und warmem Blut. Ein Stellungskrieg um zentimeterweisen Bodengewinn entbrennt.

Dokument eines Dramas: Die Depesche Wallensteins findet man blutdurchtränkt in der Brusttasche des tödlich getroffenen Feldmarschalls Pappenheim.

In dem apokalyptischen Schlachtengetümmel nimmt kaum einer Notiz davon, dass Gustav II. Adolf seit Stunden wie vom Erdboden verschluckt ist. Dass sein umherirrendes Pferd Streiff gesichtet wird, lässt nichts Gutes vermuten. Was ist geschehen? Gustav Adolfs Truppenteil war vom übrigen schwedischen Heer getrennt worden. Als ihn ein feindlicher Schuss in den linken Oberarm kurz

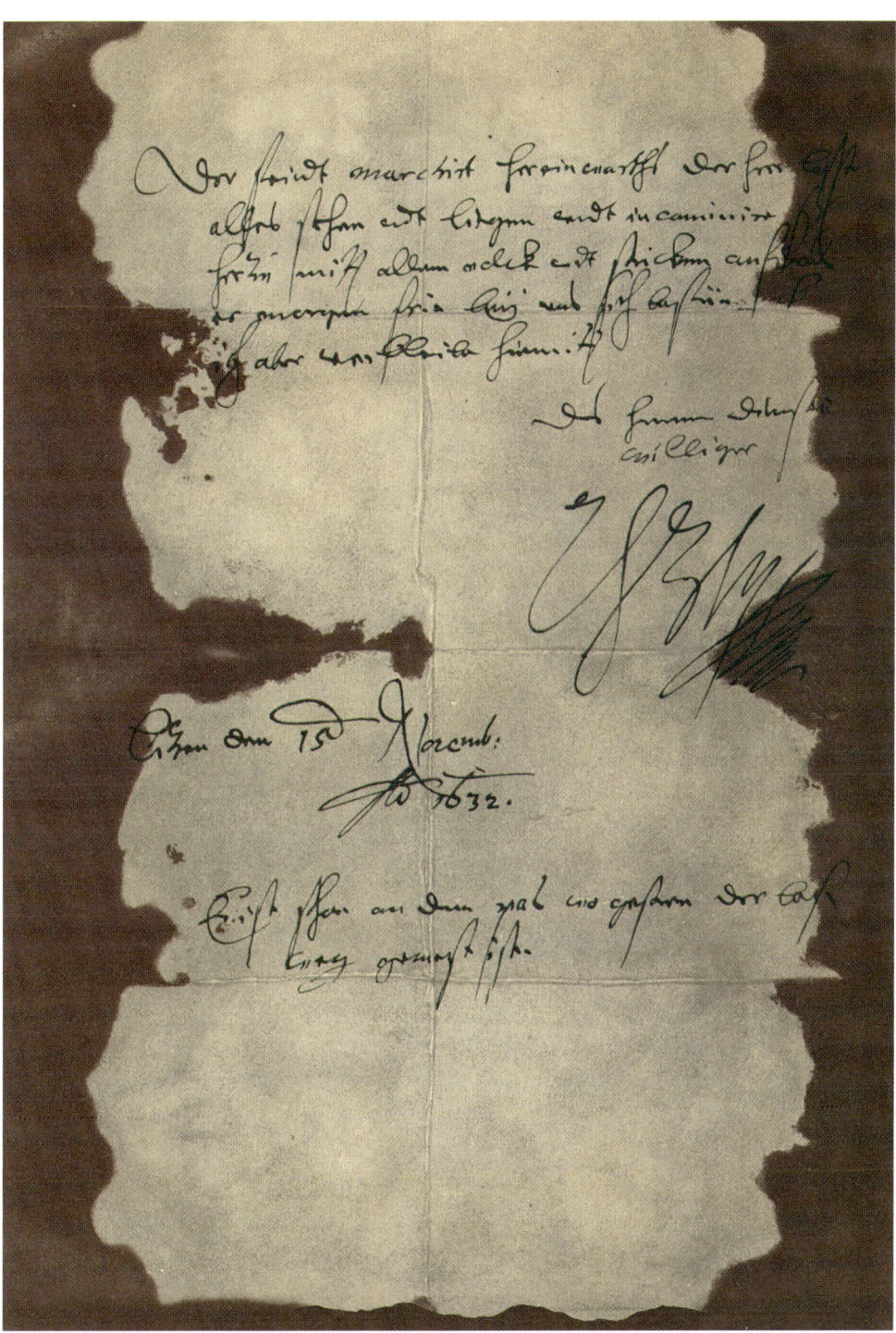

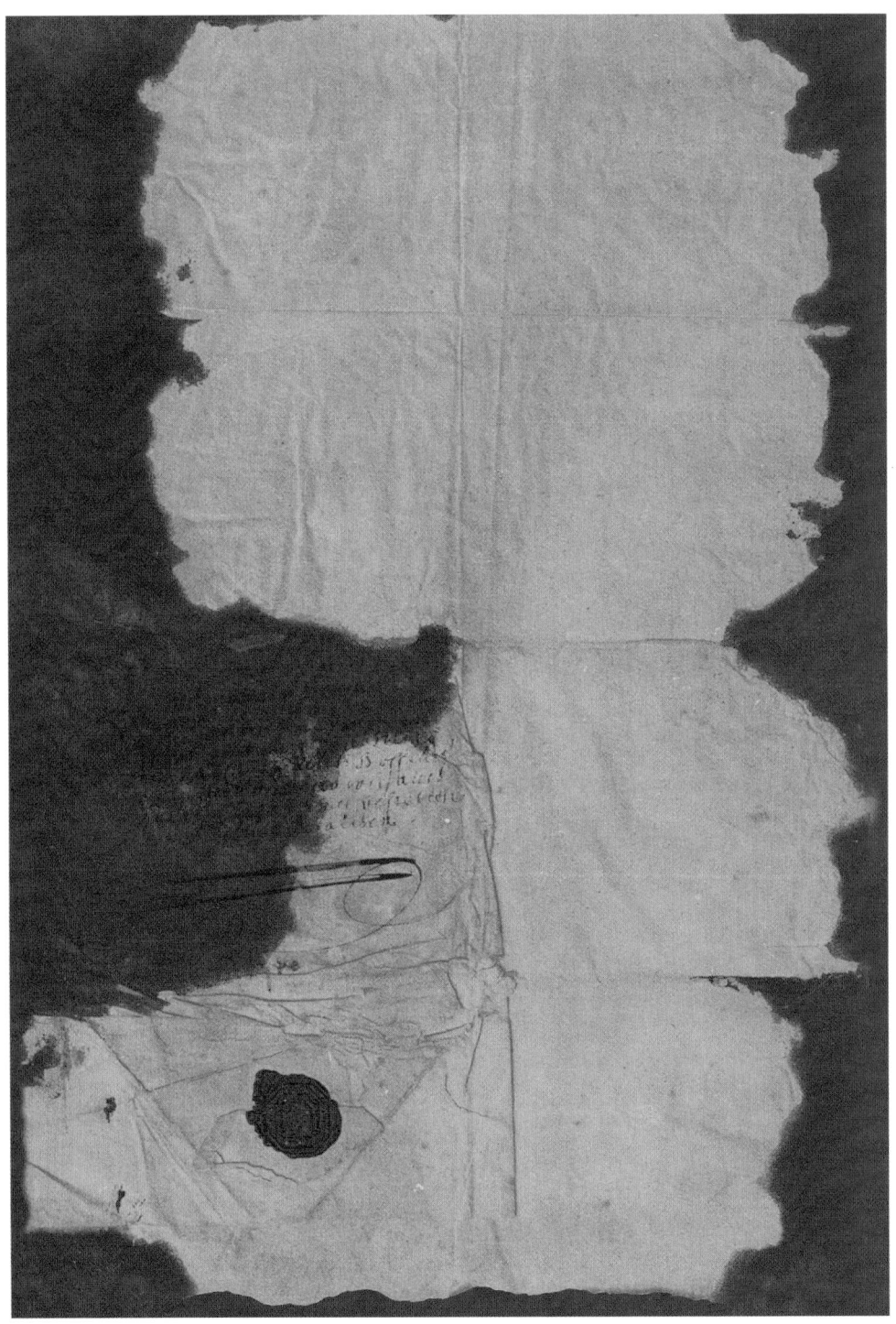

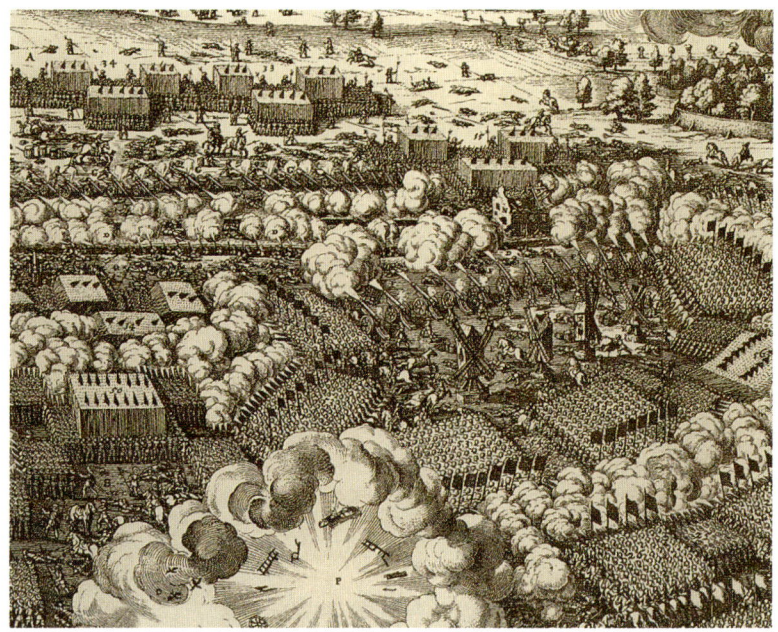

Im Pulvernebel der Schlacht sind Freund und Feind kaum zu unterscheiden.

über dem Ellbogen traf, konnte der König sein Pferd nicht länger führen. Er bat Herzog Franz Albrecht von Lauenburg, ihn aus der Schlacht zu geleiten. Kurze Zeit später wurde der König erneut getroffen – diesmal ein Schuss in den Rücken. Umringt von Feinden fürchteten von Lauenburg und Gustav Adolfs Stallmeister von Schulenburg um das Leben ihres Regenten, ließen die Zügel des königlichen Pferdes fahren, griffen zu den Waffen und stellten sich den Angreifern entgegen. Im Tumult des Kampfes, im Nebel und im Pulverrauch der Schlacht verloren sie Gustav Adolf aus den Augen. Der schwer verletzte schutzlose Herrscher erhielt noch einen Degenstoß in die Brust und stürzte vom Pferd. Der Versuch seines ebenfalls verletzten achtzehnjährigen Pagen August von Leubelfingen, den König wieder auf sein Pferd zu heben, scheiterte. Inmitten des Schlachtengetümmels kesselten kaiserliche Reiter den Gestürzten ein; einer soll gefragt haben wer er denn sei: »Ich bin der König von Schweden!«, waren Gustav Adolfs letzte Worte. Ein Schuss in die Schläfe, abgefeuert aus nächster Nähe, beendete sein Leben. So soll es sich auf dem Schlachtfeld von Lützen ereignet haben, schenkt man den Aussagen seines Pagen Glauben.

◄ Auf der Rückseite der Depesche ist das Siegel des Generallissimus Wallenstein deutlich zu erkennen.

Der 6. November 1632
Schwedische Sage

...

Es ist die Schlacht, die herwärts dringt,
wie Kirchenlied es dazwischen klingt,
ich hör' in der Rosse wieherndem Trott:
Eine feste Burg ist unser Gott!

Und kaum gesprochen, da Lärmen und Schrein,
in tiefen Geschwadern bricht es herein,
es brausen und dröhnen Luft und Erd',
voraus ein Reiter auf weißem Pferd.

Signale, Schüsse, Rossegestampf,
der Nebel wird schwarz wie Pulverdampf,
wie wilde Jagd, so fliegt es vorbei –
zitternd ducken sich die zwei.

Nun ist es vorüber ... da wieder mit Macht
rückwärts wogt die Reiterschlacht,
und wieder dröhnt und donnert die Erd
und wieder voraus das weiße Pferd.

Wie ein Lichtstreif durch den Nebel es blitzt,
kein Reiter mehr im Sattel sitzt,
das fliehende Tier, es dampft und raucht,
sein Weiß ist tief in Rot getaucht.

Der Sattel blutig, blutig die Mähn ,
ganz Schweden hat das Roß gesehn;
auf dem Felde von Lützen, am selben Tag
Gustav Adolf in seinem Blute lag.

Theodor Fontane

Während bei den Schweden über das Schicksal des Königs noch Ungewissheit herrscht, machen sich bereits Plünderer über seinen Leichnam her: Ein Trompeter aus dem Heer Wallensteins erbeutet Gustav Adolfs Stiefelsporn, der königliche Siegelring, eine Goldkette und eine Uhr fallen in die Hände eines Kürassiers, ein anderer greift sich das Lederkoller, das später über Umwege den Weg in die kaiserliche Schatzkammer in Wien finden wird.

Zurück bleibt der Leichnam des Königs, halbnackt, gehüllt in blutige Hemden, mit Wunden übersät – auf den ersten Blick ein namenloser Toter. Der königliche Stallmeister von der Schulenburg findet am späten Abend die Leiche. Ein Schock für die schwedische Armee. Die Offiziere und Soldaten schwören Rache und schlagen noch vehementer als vorher auf die kaiserlichen Truppen ein. Bis zum Einbruch der Nacht wird verbissen um den Sieg gerungen. Am Ende ist es Wallenstein, der glaubt, dass es keinen Sinn mehr macht weiterzukämpfen. Er ordnete den Rückzug an. In einem Brief an einen seiner Feldmarschälle führt er noch einen anderen Grund für seinen Entschluss an: »Gegen die Nacht aber ist unser Volk so desperiert gewest, dass die Offizier die Reiter und die Knecht bei ihren Truppen nicht haben halten können; also hab ich mit Gutachten der Capi resolviert, bei der Nacht hierher nach Leipzig zu gehen.« Von den Soldaten, die nunmehr dreißig Stunden auf den Beinen sind, darf er keine Wunder mehr erwarten. Das bittere Resultat der Schlacht: 9000 Tote und Schwerverletzte.

Während die Schweden um ihren großen König trauern, seinen Leichnam noch in der Nacht in das kleine Dorf Meuchen bringen und dort auf die Einbalsamierung vorbereiten, ist die Reaktion der Kaiserlichen auf den Tod des »Löwen aus Mitternacht« geteilt. Kaiser Ferdinand etwa reagiert zunächst höchst erfreut auf die Nachricht und schickt überschwängliche Glückwünsche an »seine Liebden« Wallenstein. Sogar der Papst gratuliert dem Friedländer. Wallenstein selbst kann sich nicht so recht freuen. Er weiß, dass er nur einen halben Sieg errungen hat. Denn die Schweden hatten mitnichten die Nerven verloren – im Gegenteil, er war es, der den Rückzug befohlen hatte. Und bei der gut funktionierenden Propagandamaschinerie der Schweden konnte man getrost davon ausgehen, dass die Protestanten selbst den Tod des Königs noch für ihre Zwecke instrumentalisieren würden.

Der Blutrichter

Den Nimbus vom alles überstrahlenden Helden aus dem Norden hatte Wallenstein brechen wollen, das Gegenteil hatte er erreicht – Gustav Adolf wurde wie vorausgesehen von den Protestanten zum Heiligen verklärt. Nach einem bombastischen Trauerzug durch Deutschland wurde der Leichnam nach Schweden verschifft und am 22. Juni 1634 in der Riddarholmkirche in Stockholm beigesetzt. Das schwedische Heer kämpfte währenddessen weiter, auch wenn es sich, genau wie das Kaiserliche in einem erbarmungswürdigen Zustand befand. Wallenstein hatte alles gegeben und war doch nicht zum Ziel gelangt. Die Situation war günstig gewesen wie nie zuvor. Das schwedische Heer hatte seinen Kopf verloren, vernichten konnte er es dennoch nicht. Der Generalissimus bebte vor Wut, die Galle kam ihm hoch bei dem Gedanken an das, was er verspielt hatte. Schuldige mussten her. Hatte er nicht angekündigt, jeden hin-

Die Heimkehr des Helden. Offiziere bringen den Leichnam des Königs an Land.

Ceux qui pour obeir a leur mauuais Genie   Ne se plaisent quau mal violent la raison ;   Produisent dans le Camp mil sanglans vacarmes
Manquent a leur deuoir, vsent de tyrannie ,   Et dont les actions pleines de trahison .   Sont ainsi chastiez, et passez par les armes . 12.

richten zu lassen, der seinen Posten verlassen würde? Die Feiglinge, ehrlose Deserteure, sollten ihn kennen lernen. Anfang 1633 lässt er den Fahnenflüchtigen von Lützen den Prozess machen. Unter ihnen befindet sich ein hübscher achtzehnjähriger Knabe, der durch Anmut und Haltung die Richter beeindruckt. Gern hätte man ihn begnadigt, doch Wallenstein will Rache üben. Am 14. Februar, einem kalten Wintertag, werden zwölf Offiziere und fünf Reiter auf dem Altstädter Ring hingerichtet – vom selben Henker, der schon zwölf Jahre zuvor das Urteil an den böhmischen Rebellen vollstreckt hatte. Die Namen von vierzig Flüchtigen, die der Herzog nicht fassen konnte, werden an den Galgen geschlagen. Den Verurteilten hatte er die Möglichkeit versagt, den Kaiser um Gnade zu bitten. Die Härte, mit der Wallenstein die Urteile vollziehen lässt, löst großes Entsetzen im Land aus. Nicht so sehr unter den einfachen Soldaten, die diese Praxis bestens kannten, als unter dem Adel, der nun das Schicksal der einfachen Knechte teilte. Im Gegenzug belohnt der Generalissimus die Offiziere, die sich in Lützen durch besondere Tapferkeit hervorgetan hatten, mit großzügigen Geld- und Landgeschenken. Ohne jeden Skrupel erhebt er sich zum obersten Richter über Leben und Tod – eine ungeheure Provokation nicht nur für den Kaiser. Die Stimmung am Hofe gegen den gerade noch euphorisch gefeierten Friedländer schlägt um. Warum zog sich Wallenstein ausgerechnet jetzt in das Winterlager zurück?

Wallensteins Rache: Zur Abschreckung werden Deserteure vor den Augen ihrer Kameraden hingerichtet.

Warum setzte er nicht alles daran, den geschwächten Gegner endgültig zu bezwingen? Es konnte doch nicht wahr sein, dass man in der Öffentlichkeit zum Gespött wurde, weil der Mythos Gustav Adolf scheinbar mächtiger war, als der König zu Lebzeiten. Und all die Gerüchte, die sich um seinen Tod rankten, die nicht verstummen wollten, rückten gar den Kaiser selbst in schlechtes Licht.

Komplott gegen den König – ein Herzog unter Verdacht

Einer der prominentesten Augenzeugen des Todes von Gustav Adolf ist der italienische Reiteroberst Piccolomini, einer der Vertrauten Wallensteins. Er berichtet, dass der Schuss in den Rücken, der allein schon tödlich war, aus der Pistole eines kaiserlichen Kürassiers stammt. Andere Quellen wollen gar den Täter kennen. Der Kürassier Oberstleutnant Falkenberg vom Regiment Görtz soll den König erkannt und mit den Worten »das ist der richtige Vogel den wir suchen« mit einer Reiterpistole niedergeschossen haben. In einer anderen Quelle, einem französischen Flugblatt, wird die Todeswaffe dagegen als Muskete identifiziert. Doch damit nicht genug – sogar das Gerücht von einem Mordkomplott macht die Runde. Als Auftraggeber werden Kaiser Ferdinand II., Albrecht von Wallenstein, die Jesuiten, ja sogar der französische Kardinal Richelieu gehandelt. Auch über einen mutmaßlichen Täter wird spekuliert, ein hoher Offizier in schwedischen Diensten soll es gewesen sein. Sein Name, so der Gustav-Adolf-Biograph Jörg Peter Findeisen: Herzog Albrecht von Sachsen-Lauenburg, ausgerechnet der Mann, der in Lützen direkt an Gustav Adolfs Seite reitet. Unbestritten gehört der Herzog zu den bekanntesten Persönlichkeiten seiner Epoche. Zunächst dient er als Oberst im kaiserlichen Heer, später erhält er

Mordzeuge: Reiteroberst Piccolomini beobachtete den Tod des Königs aus nächster Nähe.

ein Kommando unter schwedischer Flagge. Dass der Herzog den Kontakt zu seinem früheren Oberbefehlshaber Wallenstein niemals abbricht, nach Gustav Adolfs Tod wieder in kaiserliche Dienste tritt, sogar zum katholischen Glauben konvertierte, macht ihn suspekt. Eine Bemerkung des schwedischen Reichskanzlers Axel Oxenstierna in einem früheren Brief an Gustav II. Adolf, dass er nicht wisse, »wie weit ihm zu trauen ist«, zielt in die gleiche Richtung. Beweise dafür, dass der König durch Verrat aus den eigenen Reihen starb, gibt es indes bis heute nicht – stattdessen aber genug Raum für Spekulationen. Denn die katholische Seite war überzeugt davon, dass die Überhöhung Gustav Adolfs zur Lichtgestalt der Motor des schwedischen Heeres war. Würde man ihn aus dem Weg räumen, so mag man gedacht haben, würde ein Sieg in greifbare Nähe rücken – eine Überlegung, die durch den Verlauf der Geschichte eindrucksvoll widerlegt wurde. Ob Gustav Adolf nun Opfer einer Verschwörung geworden ist, lässt sich heute nicht eindeutig belegen. Aber vielleicht kann man doch etwas Licht ins Dunkel der Umstände seines Todes auf dem Schlachtfeld bringen.

Der Mythos vom Königsmord. Jahrhundertelang war der Tod des Herrschers geheimnisumittert.

Mit Hightech auf Spurensuche

Es dauerte noch drei Jahrhunderte bis die wichtigste »Gustav-Adolf-Reliquie« den Weg in die schwedische Rüstkammer fand: das Elchlederkoller des Königs. Nach seinem Tod kam es als Beutestück in die Kaiserliche Schatzkammer nach Wien. Erst 1920 wurde es dem schwedischen Staat als Dank für den Einsatz des schwedischen Roten Kreuzes im Ersten Weltkrieg zurückgegeben. Zwar fehlen dem wertvollen Erinnerungsstück die Knöpfe und das seidene Innenfutter, ansonsten aber befindet es sich im Originalzustand – die Einschüsse am Ellenbogen und am Rücken, sowie der Einstich in Höhe der Brust sind deutlich erkennbar. Was die schwedischen Konservatoren vermutlich mit einiger Verblüffung zur Kenntnis genommen haben dürften, ist die Tatsache, dass in all den Jahrhunderten niemand das Koller gereinigt hat. Ein Umstand, der das königliche Gewand zum wichtigsten Beweisstück in einem der spannendsten Wissenschaftskrimis des 20. Jahrhunderts macht.

Beweisstück Nummer eins: Dieses Elchlederkoller trug Gustav Adolf während der Schlacht von Lützen.

360 Jahre lang wollten die Gerüchte um den Tod des großen Königs nicht verstummen. Wurde er das Opfer eines Mordkomplotts, erschossen aus nächster Nähe von einem Verräter? Starb er durch einen Schuss aus der Pistole von Oberstleutnant Falkenberg, oder durch eine verirrte Musketenkugel? 1860 untersuchte der Historiker Quirin Leitner das Einschussloch im Elchlederkoller: Es misst 18 mal 15 Millimeter. Aufgrund des üblichen Musketenkalibers von 18 Millimetern war Leitner davon überzeugt, dass Gustav Adolf von einem Musketenschuss getötet wurde. Ist die Beobachtung des italienischen Reiterobersten Piccolomini, der von einem Pistolenschuss spricht, also nur ein Produkt der Phantasie?

130 Jahre nach Leitner rollt der berühmte Wissenschaftsfotograf Lennart Nilson den Fall Gustav Adolf erneut auf. Erfahrene Kriminaltechniker sind die Hauptakteure in diesem Thriller, in den Nebenrollen Konservatoren und Museumspersonal. 1991 öffnen sie die Vitrine, in der Gustav Adolfs Wams aufbewahrt wird und beginnen mit der Untersuchung. Vergleichende Schussexperimente zwischen Reiterpistole und Muskete zeigen, dass die Größe des Einschusslochs allein nicht ausreicht, um definitiv festzustellen, ob die tödliche Kugel nun aus einem Gewehr oder aus einer Pistole stammt. Aus geringer Entfernung abgefeuert, kann eine Reiterpistole mit einem Kaliber von 15 oder 16 Millimetern durchaus Löcher wie eine Muskete schlagen. Es gibt jedoch einen kriminaltechnischen Befund, der eine Muskete als Mordwaffe ausschließt: das Vorhandensein von Schwarzpulverresten. Musketenschüsse hinterlassen Schwarzpulverspuren nur dann, wenn sie aus nächster Nähe abgegeben werden; im wilden Getümmel der Schlacht eine Muskete zu laden, um gezielt jemanden zu erschießen, ist für den Schützen kaum machbar. Entweder hat es sich also bei dem tödlichen Schuss auf den König um einen zufälligen Treffer aus großer Entfernung gehandelt oder aber – und damit hätten die Augenzeugen recht – um einen Schuss aus einer Pistole, abgefeuert aus nächster Nähe. Bei der Zündung einer Vorderladerwaffe wird mit der Kugel auch Schwarzpulver aus dem Lauf geschleudert, das sich auf der Kleidung des Opfers, in und am Einschussloch festsetzen kann. Schwarzpulver besteht aus 75 Prozent Kaliumnitrat, 15 Prozent

Die Reiterpistole wird justiert und auf das Leder

und den Gelatineblock dahinter abgefeuert.

Die Analyse im Mikroskop belegt: Kalium und

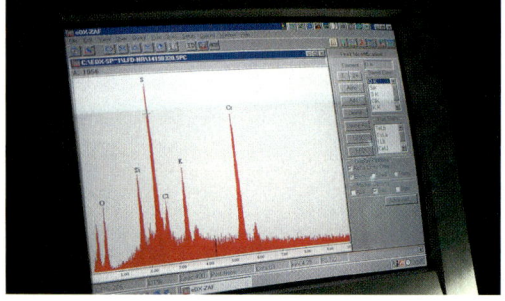

Schwefel im Verhältnis 2:1 – Schwarzpulver!

Kohle und 10 Prozent Schwefel. Der Nachweis dieser Elemente im richtigen Verhältnis würde also beweisen, dass der König aus nächster Nähe erschossen wurde. Doch kann man nach über 360 Jahren überhaupt hoffen, noch Schwarzpulverreste auf dem Lederwams zu finden ?

Als die Kriminaltechniker dem ledernen Kleidungsstück mit einem Spezialstaubsauger zu Leibe rücken wollen, schlägt sicherlich die dunkelste Stunde der Konservatoren. Das Sauggerät verfügt über zwei unterschiedliche Filterkammern: Ein gröberer Filter sammelt Schmutzpartikel, die die Analyse beeinträchtigen könnten, der Feinere fängt die Pulverspuren auf, sofern vorhanden. Die Reste der zweiten Filterung werden auf ein Spezialklebeband gegeben und in einem kriminaltechnischen Labor untersucht.

Bevor die Probe im Elektronenrastermikroskop analysiert werden kann, muss die elektrische Leitfähigkeit hergestellt werden. Das geschieht in einem so genannten Sputter: Das zylinderförmige Gerät bedampft das Klebeband mit Kohlenstoff, der sich wie ein feiner Film über die Probe legt. Nach etwa 25 Minuten ist das Präparat leitfähig und kann von den Elektronenstrahlen des Mikroskops abgetastet werden. Die Probe wird dazu in eine Stahlkammer gebracht, die an einen winzigen Tresorraum erinnert. Nach dem Schließen der Stahltür erzeugt eine Pumpe ein Vakuum – Luft könnte die Elektronenstrahlen des Mikroskops stören und das Ergebnis verfälschen.

Zeile für Zeile entsteht auf dem Bildschirm langsam ein hundertfach vergrößertes Abbild der Probe, eine Expedition in eine dem menschlichen Auge verborgene Welt. Der Elektronenstrahl liefert uns auch gleich eine Analyse: Auf dem Monitor zeigt jede der spitzen Nadeln das Vorhandensein eines chemischen Bestandteils an, die Höhe der Ausschläge markiert die Konzentration der einzelnen Elemente. Deutlich erkennbar ist Kalium – zwar ein Bestandteil von Schwarzpulver, aber noch längst kein Beweis. Dann erscheinen endlich die Ergebnisse für Schwefel. Und tatsächlich ist der Ausschlag für Kalium doppelt so hoch wie der für Schwefel. Kalium und Schwefel im Verhältnis zwei zu eins. Damit besteht kein Zweifel mehr: Die Probe enthält Schwarzpulver. Nach fast vier Jahrhunderten entlarven die Forscher eine Reiterpistole als Mordwaffe und rücken damit die Augenzeugenberichte des königlichen Pagen von Leubelfingen und des kaiserlichen Reiteroberst Piccolomini in den Bereich des Wahrscheinlichen.

»… bis ihr das Weiße im Auge des Gegners seht!«

Eine schwere Erschütterung lässt den Raum vibrieren, aus der Ferne bellt das Stakkato einer automatischen Waffe. Wir sitzen im Leitstand des Schießbunkers 1 auf dem Gelände der WTD 21, der Wehrtechnischen Erprobungsstelle in Meppen: Letzte Lagebesprechung vor der Durchführungen eines Experiments, das nun zweifelsfrei ermitteln soll, aus welcher Entfernung der König erschossen wurde. Der schwedische König selbst pflegte seine Kürassiere zu ermahnen: »Schießt erst, wenn ihr das Weiße im Auge des Gegners seht.« War ihm der Todesschütze auch so nah?

Um diese Frage zu klären, feuern Versuchsleiter Joseph Hasheider und seine Crew aus vier verschiedenen Distanzen Schüsse auf ein Stück Leder ab, das in seiner Dicke dem Elchlederwams Gustav Adolfs entspricht. Zunächst wird die Waffe direkt aufgesetzt, dann folgen Schüsse aus zwei, vier und sechs Metern Entfernung. Gemeinsam mit einer Referenzprobe, einem unbeschossenen Stück Leder, werden die Proben anschließend im Labor für Treibstoffe und Treibmittel in der militärischen Erprobungsstelle in Meppen untersucht. Anders als bei den Analysen in Schweden können wir die Lederproben rund um die Einschusslöcher ausschneiden – ein Verfahren das sich bei einem »Nationalheiligtum« wie dem gelben Originalwams natürlich verbietet.

Nach der Kohlebedampfung im Sputter wird jede Probe im Rasterelektronenmikoskop untersucht. Ziel ist es, die unterschiedlichen Konzentrationen der einzelnen Schwarzpulverbestandteile in Relation zu den jeweiligen Schussentfernungen zu setzen. Erwartungsgemäß liefern die Analysen der Lederproben, die aus unmittelbarer Nähe befeuert wurden, sowie die Proben, die aus zwei und vier Metern Distanz beschossenen wurden, sehr eindeutige Ergebnisse: Alle Proben weisen deutliche Spuren von Kaliumnitrat, Schwefel und Kohlenstoff, also Schwarzpulver auf, unterschiedlich sind jedoch die Konzentrationen.

Aus ihren Werten erstellt Diplomingenieur Josef Wilken nun eine Kurve, die die Relation zwischen der Schussweite und der Schwarzpulverkonzentration exakt wiedergibt. Das Ergebnis: Bei einer Distanz von mehr als sechs Metern sind keine Pulverspuren mehr auf dem Leder nachweisbar. Das heißt der Mörder von Gustav Adolf kann nicht mehr als sechs Meter von seinem Opfer entfernt gewesen sein.

TROTZ DIESER ERGEBNISSE, die einige Fragen klären konnten, werden die genauen Umstände des Todes von Gustav Adolf wohl für immer ein Geheimnis bleiben. Festzuhalten bleibt, dass ihn sein Tod, unabhängig vom militärischen Ausgang der Schlacht bei Lützen, ob nun verloren oder unentschieden, zum Märtyrer machte und ein regelrechter Kult um die Person Gustav Adolfs entstand«, erklärt der Historiker Michael Busch. In jedem Fall war der Tod des Schwedenkönigs für die katholische Seite kein Gewinn. Der Krieg ging weiter und Albrecht von Wallenstein musste erkennen, dass mit dem Ableben seines größten Gegners nichts gewonnen war – nicht für die katholische Sache und vor allem nichts für ihn persönlich. Denn mit dem Tod der schwedischen Lichtgestalt war er, der mächtigste Feldherr seiner Zeit, für den kaiserlichen Hof in Wien entbehrlich geworden.

Vom König zum Kultstar: Sein Tod in der Schlacht macht den schwedischen König zum Märtyrer.

TOD EINES
HELDEN

Aller Heyl: vnnd Herr alo en/
Bauenschinderischer Marter Hansen Vnehrlicher Anfang / Gefähr-
lichster Fortgang / vnnd Allerschändlichster Ausgang.

1.   2.   3.   4.   5.

1.

Jt vnd viel hab ich horen sagen/
Wer da viel lernt in Jungen Tagn/
Der muß hernach seins lebens Zeit/
Viel thun/ es sey ihm lieb odr leidt.

Derhalben ich gelernt nicht mehr
Als das ich suche hin vnd hehe
Wo nichts verlohren/ was zufindn/
Auff den Bergen/ in Thal vnd Gründn/
Vff freyem Feld in grünen Büschn/
Was ich von Wild da kan erwischn;
Vnd sich mir willig thut ergebn/
Behält vor mir wol leib vnd lebn:
Jedoch das sie nach meim Gefalln/
Meinen gebürdn den Zoll bezahln.
Welcher nun itz gefast mit Geld/
Derselbe seinen Balck behelt/
Wo abr die Pfennig ausgeflogn/
Wird das Fell übr d Ohrn gezogn/
Wann ich nun diß ein Zeitlang treib/
Vor dem halbn Karn sicher bleib/
Vnd nicht erhöher von der Erd/
Zum Sternscher gemacht werd;

2.

Als dann mich von newn Mundir
Vffs allerstatlichste staffir
Von der Fußsohln ein newes Kleid/
Vergülter Degen an die Seit/
Da müssen seyn viel Posamenten/
Ein schöne Scherp mit gülden Zanckn.
Der Hut mit einer grossen Fedr/
Ein newes Kolr/ von Elends Ledr/
Stiefel/ Kaloschen/ Sporn vergült:
Vnd wann mir hierzu mangelt Gelt.
So spreche ich den Bawrsman an/
Wo der nicht bald will Zahlung thun/
So muß der arme Teuffel wohl/
Oder schlag ihm die Haut vol
Der Bawr so sich nicht wehren darff/
Empfindet meine Kühheit scharff/
Sonsten ich wie das Herz genommen/
Einm Stallbuben vor die Faust zu kommn.

Breche bald Kast/ vnd Kisten auff/
Da sack ich ein/ vnd pack zuhauff/
Was Gelt gilt/ vnd ich kan verkauffn/
Vnd muß also der Bawr entlauffn/
Gehen mir an tun solche Possn/
Vnd werde nicht zergend erschossn/
Mit einem Hänfin Pfeil geschwind/
Damit man die Kälber anbind;

3.

So fang ichs rechte leben an/
Da muß ich habn ein schöne Dam
Mit welcher ich mich erlustier/
Biß mir ein schönre kommet für/
Als bald ich die Alte verschenck/
Vnd mich an eine ander henck/
Dieselbe ich so lang behalt/
Biß eine bessre mir gefelt/
Dann gehts du Schandhur pack dich/ nauß/
Vnd zieh die Mutter nacket auß/
Lasse sie meine Hund aushetzn/
Also kan ich mich wohl ergetzn/
Wann abr bey diesem guten lebn/
Der Bawrsman gantz nicht meh kan gebn/
Vnd ich gleich wohl ohn Vnterlaß/
Will lebn in vollen Quas vnd Fraß/
Werd ich gezwungen das ich ausreit/
Vnd auff der Strassen mache Beut/
Das ist ein fein Thun/ wenns gelingt/
Vnd es in sicher Wohnung bringt/
Wenn aber einen dahin könbt/
Das man ihm die Augen verbind/
Vnd stelt ihn an einen Baum hienan/
Wie den heilger Sebastian/
Odr macht ihn Kürtzer vmb ein Spann/
Da wils S. Veltens Leyden han.

4.

Komme ich aber auch dißmahl/
Davon/ vnd mit der Haut nicht zahl/
So zücket mich die Beeren Haut/
Vnd wo solche von mir gerewet.
Da wird es böser Kratz vnd Grindt/
Das Fleisch mir vor den Beinern schwind/

In Summa/ als mein Fleisch in Hosn
Wird mir gestolen von Frantzosn/
Betäubt der Artzt mein Gelt vnd Pferd
Er ferner meiner nicht begehrt.
Da heist es bald/ holla Monsieur
Er schafft ihm ein ander Quartier
Wie kranck vnd matt ich immer bin/
Da hilfft gantz nichts ich muß aushin
Meine Haut ich kaum erschleppn/
Marschier also an zwenen Steckn.
Vnd wo mich man der Bawr außspürt/
Den ich zuvor hab tribulirt/
So wird er mir den Schlafftrunck gebn/
Das mir das Ghirn vorm Kopff thut klebn/

5.

Etlich/ wann dann mich armen Lawrn/
Verlassen Bürger/ vnd die Bawrn/
Ein zoglich ehrlicher Soldat/
Vor mir nacht auch einen Abscheu hat/
So muß ich mit den Eulen wandern/
Bey Nacht von einem Dorff zum andern/
Vnd hab ein starck Convoy bey mir
Der ich gerne geübrigt wehr
Vor etlich tausent Wammest Ratzn
Die mich am leibe pfitzn vnd pfatzn
Welche ich alle muß ernehrn
Kan mich selbst nicht des Hungers erwehrn/
In diesem Stand arm vnd elend/
Ich endlich mein Siechbette find/
Jrgend auff einem Hauffen Mist
Odr welchs ein wenig besser ist/
In einer alten Scheur odr Stall/
Daselbsten wenn ich überall
Sehr kranck vnd matt mit Hungers Noth/
Erwart ich mein Elenden Todt.
Mein zodter Leib/ bey finster Nacht/
Wird bald auff den Kirchhoff gebracht
Auff dem die Aaß an Külen vnd Pferdn
Von den Wolffen gefressen werdn.
Das bringe ich endlich davon
Dann diß Arbeit gibt solchen Lohn.

EIN GANZES LEBEN TODES-ANGST

BAUERNLEBEN IM DREISSIGJÄHRIGEN KRIEG

Das Leid, das Bauer Caspar Preis 1636 erlebte, wäre für ein ganzes Leben genug gewesen. Doch bis zum Ende des großen Krieges und noch weiter zwanzig Jahre sollte es sich Jahr für Jahr wiederholen. Wie ein monströser Insektenschwarm fiel die marodierende Soldateska über das Dorf her, verwüstete die Felder, schüttelte das Obst von den Bäumen und jagte das Vieh davon – den Menschen blieb nichts als Hunger und Seuchen. Dächer und Holztüren gingen im Lager der durchziehenden Heere in Flammen auf, aus Kirchenglocken gossen die Landsknechte Kugeln für ihre Musketen. Sie raubten Kinder und Alte, um Lösegeld zu erpressen. Sie prügelten und mordeten, wenn einer es wagte, sich zu widersetzen. In ihrer Rage vergingen sich die Männer an Frauen und Mädchen – ob das eigene Weib darunter war, verschweigt uns der Landmann in seiner Chronik.

»Was die Bauern müssen leiden / Jetzt in den betrübten Zeiten, / Dennoch sind sie sehr veracht, / Einem Hund schier gleich geacht«, so heißt es in einer »Bauernklage« aus der Zeit des Krieges. Und wie eine höhnische Antwort darauf klingt der Spruch, den Grimmelshausen in seinem »Seltsamen Springinsfeld« zitiert: »Sobald ein Soldat wird geboren, / sind ihm drei Bauern auserkoren: / Der erste, der ihn ernährt, / Der zweite, der ihm ein schönes Weib beschert, / Der dritte, der für ihn zur Hölle fährt« – Soldaten und Bauern waren Todfeinde im Dreißigjährigen Krieg.

SIE KONNTEN GAR nichts anderes sein. Mehr noch als andere Kriege vorher und nachher wurde der Dreißigjährige Krieg auf dem Rücken der Bauern ausgetragen. Der Krieg sollte den Krieg ernähren, so die paradoxe Auffassung der Kriegsherren. Und das hieß letztlich, dass der Bauer den Soldaten ernähren musste – mit allem, was er hatte. In seiner Abhandlung »Vom Krieg« (1641) schreibt Neumayr von Ramsla: »Wann der Krieg angehet, so werden die Bauern-Untertanen geschoren; währet er länger, so werden sie geschunden; ist er bald am Ende, so wird ihnen das Mark vollends aus den Beinen gezogen.« Manche Landstriche, vor allem die strategisch wichtigen Aufmarsch- und Durchzugsgebiete, wur-

»Es durft sich kein Mensch blicken lasen, dan es war innen ein Mensch zu achten gering. Es war gar eine betrubte Zeit.«

den nicht nur einmal, sondern immer wieder heimgesucht. So meldet die Chronik der hessischen Grafschaft Laubach, dass über achtzig Mal Soldaten erschienen und die leidgeprüften Bewohner achtzehn Mal ihre Häuser verlassen mussten.

Die schauerliche Anmutung der Dörfer nach dem Durchzug der riesigen Heere ist für uns heute kaum vorstellbar. Auch die Chronik des Caspar Preis über die Kriegsereignisse im hessischen Stausenbach bei Amöneburg lässt sie nur erahnen. Für das, was Preis fühlte, scheinen ihm oft die Worte zu fehlen: »Alles Ungluck und alle Trübsall zu erzellen, ist mein Vermögen nicht. ... Wan ich auch schon alles, was ich gesehen und schmertzlich erfahren habe, erzellet, so glaubet es noch niemand, der eine besere Zeit erlebe würde. In Suma, es war eine über die Masen erbärmliche Zeit.«

Wie ein gefräßiger Insektenschwarm fiel die marodierende Soldateska über die Dörfer her und raubte alles, was nicht niet- und nagelfest war.

Manche Feldzüge waren nur auf Zerstörung angelegt, man »verheerte« das Land des Gegners und hinterließ verbrannte Erde. Einst satte Wiesen wurden zermalmt von der Last der Heere, nicht einmal Stoppeln blieben von einst wogenden Ähren. War das Kriegsvolk fort, kamen Seuchen und Plagen. »Im Jar 1641 da ward ein solch Ungeziffer von Meusen ihn den Feldern, das sich's zu verwundern wahr. Die fraßen die Frucht in den Fältern hinnweg, das gar wenig von ihnen bliebe.« Nachts kamen hungrige Wölfe heulend ins Dorf – für die Menschen damals ein Zeichen für das bevorstehende Ende der Welt. Im Jahr 1646 wurden in Stausenbach fast alle Häuser kurz und klein geschlagen, so »das kein Mensch darinen hätte können bleiben«. Vor dem Abzug legten die Söldner das Dorf in Asche – »wir musten weichen und die Dörfer leer lasen stehen«. Mit einer Kuh und zwei Jochochsen, die ihm verblieben waren, zogen der Bauer Preis und seine Familie ins nahe gelegene Fritzlar. Im Frühling 1647 kehrten sie zurück in das verwüstete Stausenbach. »Wir fingen wider an zu bauen und auch wider ein wenig aufzustellen, ein ider, was er vermocht.«

Aus der „Stausenbacher Bauernchronik"
des Caspar Preis

„Im Jar 1636 uff S. Petterstag seind ich
Caspar Preis, Gedraut mein Haus-
frauw von Schrickt nach Stausenbach
gezogen uff den S. Michälshof, so dem
Gottkasten zum Kirchhain die Pocht
gibt. ... Es war der Hoff so gar ver-
wuestet und verdorben in dem Krigswesen, das nicht eine Handvolle Korn
war ausgesehet. Es waren keine
Dächer uff den Bäuene wie auch keine
Thor noch Thür daran, auch nicht ein
eintziger Zaun umbd Garten. In Suma
alles gantz und gar verwustet und verdorben in dem blüttigen Krigswesen,
dan in dere Zeit war gar ein schlächte
und viel betrube Zeit von wegen des
Krigs im Land. ...
Ich will ein wenig Bericht thun wegen
des blütigen Krigs nach meinem bäueri-
schem Verstand und was ich selbst mit
meinen Augen habe gesehen und an der
That mit Schmertzen erfahren habe.
    Die Reichsfürsten und dan auch die
Reichsstätte, die fiellen in dero Zeit ab
von Ihrer Kaiserlichen Maystatt und
widersätzten sich ihme und holleten zu
ihrer Hulf und ihrem Beystand wider
den Kayser und deren, die ihm anhingen, einen König aus Schweden mit
viellem Volk. Und zoge in Länder, die
es mit Kayserlicher Maystatt hielten.
Dieselbe nahmen sie ein, beraubeten

und plunderten dieselbig nach ihrem
Gefallen. Dan es war von unserem
Herre Gott gar eine grose Straf ubers
Deutschland geschicket wegen unserer
Sunden und es ging ihnen glucklich von
Hand. ...
    In dem oberzelleten Jahr kam nicht
ein eintziger Sichling Korn in dieses
Dorf, dan es war alles abgemehet und
verfuttert von dem Krigsvolk, da es
nach Hanaw zog und wider kam, dan
es lagen vier Regiment Reutter in diesem Dorf Stausenbach sechs Tag und
Nacht. Es war gar ein betrube Zeit zu
dem Mal. Es durft sich kein Mensch
blicken noch sehen lasen, dan es war
innen ein Mensch zu achten gering.
Wen sie aantroffen, bracht er sein Leben darvon, so war es ein Wunder.
Die Leuth musten sich in den Stätten
uffhalten, wie sie auch konten oder
mochten. Ach wie manche Ehefrauw
und Jungfrawen wurden geschend,
wievil Leuth umbs Leben gebracht. In
dieser Zeit alles Vieh ward weggetrie-
ben nach dem Hessenland, was sie nur
konten antreffen sowol in dem darm-
stättischen Land als auch in dem Ampt
Omeneburg. Es waren vor disem die
Glocken aus den Kirchen gestollen und
geraubet von den Hessen. Sie wulleten
in den Kirchen wie die wilde Schwein,
und wan sie auch die Kirchen hätten
können fortbringen, sie wären nicht stehen blieben vor ihnen."

WOHER NAHMEN DIE Menschen die Kraft, ihr Schicksal zu bewältigen und immer wieder voller Hoffnung auf eine bessere Zukunft ganz von vorne zu beginnen? »Die Menschen lebten damals in äußerst gefährlichen Zeiten – Hunger, Pest und andere Seuchen suchten die Menschen regelmäßig heim. Sie konnten nur überleben durch die Religion, durch die Religion und nochmals durch die Religion«, sagt der Züricher Historiker Professor Bernd Roeck. »Man konnte beten, man konnte das Schicksal vielleicht auch durch Magie zwingen. Man weiß, dass damals sehr viel gezaubert wurde, und man versuchte, sich auf diese Weise zu arrangieren. Aber letztlich hat man dieses oft sehr kurze Leben nur durch die Hoffnung auf ein längeres, ein ewiges Leben überstehen können – jenseits der kurzen ›Pilgramschaft‹ auf Erden, wie die Leute ihr eigenes Leben bezeichneten.«

Die Landleute mussten die Soldaten nicht nur ernähren, man rekrutierte sie auch zum Bau von Lagerhütten und Schanzgräben.

»Der Mensch jagte den Menschen wie das Wild«

Nicht nur die gegnerischen Heere, selbst die Söldner im eigenen Land machten sich zu Feinden der Bauern. Ging es um die Verteidigung von Städten und Burgen, wurden die Landleute zur Zwangsarbeit beim Bau von Lagerhütten und Schanzanlagen verpflichtet. Oft blieb ihnen nichts anderes übrig, als die eigenen Häuser und die ihrer Nachbarn zu zerstören, um das Holz für die Armee liefern zu können. »Die Soltaden musten die Burger und Bauersleuth zu der Arbeit treiben mit Schlagen und Stoßen. ... Es bekamen die Soltaden mein Weib einen Abend umb sex Uhr und must in Graben und must die Nacht biß in den andern Morgen und bis zu Mitag biß

12 Uhr kin Bisen zu esen oder zu trinken.« Die Bauern mussten den stationierten Soldaten Quartier und Nahrung gewähren und zudem eine Kriegssteuer entrichten. »Ach wie mancher vergoß die heisen Trenen daruber, biß wir es zusamen brachten. Was noch an Vieh irgent in einem Dorf, das name sie und fraßens«, schreibt Caspar Preis in seiner Chronik.

I N VIELEN GEGENDEN des Reichs verfiel die Landwirtschaft, Weidevieh und Geflügel verschwanden, Felder wurden nicht bestellt, verheerende Hungersnöte brachen aus. »In den Wäldern und auf den Wegen jagt der Mensch den Menschen wie das Wild«, notiert der englische Reisende Thomas Roe 1639 nach einem Besuch in Deutschland. Um nicht den Hungertod zu sterben, kochte man Eicheln, Tierhäute und Gras, auf den Märkten wurde Fleisch von

In diesem Dekret ist im Detail festgelegt, was Bürger und Bauern zum Krieg beisteuern mussten.

Katzen, Hunden und Ratten gehandelt. Selbst Fälle von Kannibalismus soll es gegeben haben: Man riss die Leichen der Verbrecher von den Galgen und verzehrte sie, Mütter aßen ihre Kinder und auf den Friedhöfen erschienen verzweifelte Menschen und baten um frische Leichname.

Aus dem „Zeytregister" des Schusters Hans Heberle über die Situation in Breisach im Jahr 1638

„Es sind vast alle hund und katzen in der statt verspeiset worden. Es sind etliche tausend roß, kie, ochßen, kälber und schaffsheiten verspeißet und gefressen worden.

Den 24 Novembris ist in dem stockhauß ein gefangner soldat gestorben, und als in der profoß wol begraben lassen, haben in die andere gefangne genomen, in verschniten und gespeißet. Es haben die gefangne in den stockheüser lecher in die mauren gemacht mit denen finger, sich damit

zu erlaben. Es sind zwen toden Menschen in dem Grab auffgeschniten worden, das eingeweid heraußgenomen und gefressen worden. Es sind auf eine Tag drey kinder geßen worden.

Es haben die soldaten eines pastetenbeckhen knaben ein stuckh brot versprochen, er sol mit inen in das leger gehen. Als er aber dahin komen, haben sie in gemetzget und gefressen. Den 10 Christmonet sind allein in der Fischerhalden acht namhaffte burgers kinder verlohren und vermutlich gefressen worden, weil niemand gewust, wo sie hinkomen, ohne der frümde und betlerskinder, davon niemand kein wissenschafft hatt. Es sind auff dem platz allein zehen todte, ohne die andere so uff misthauffen und gassen gefunden worden."

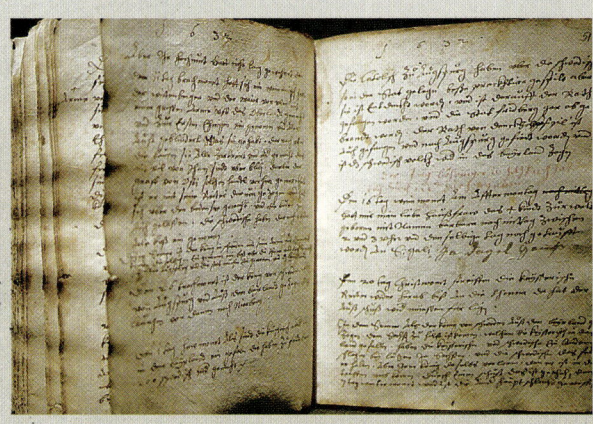

Das »Zeytregister« wird in der Handschriftensammlung der Staatsbibliothek in Berlin aufbewahrt.

W<small>ISSENSCHAFTLER HALTEN DIE</small> Beschreibungen für glaubwürdig, vor allem jene Fälle, die von unterschiedlichen Personen in verschiedenen Quellen überliefert wurden. Dass es fast immer Erzählungen vom Hörensagen sind und niemand darüber berichtet, selbst Menschenfleisch gegessen zu haben, ist für die Hamburger Historikerin Dr. Maren Lorenz nicht verwunderlich: »Kannibalismus stellt in den drei monotheistischen Religionen eine absolute Todsünde dar und verletzt ein großes christliches Tabu. Angesichts der damaligen tiefen Gläubigkeit muss der Verzehr von Leichen ein menschlicher Offenbarungseid gewesen sein, das sündhafte Ende aller Zivilisation sozusagen.« Die extremen Hungersituationen stellten die Menschen im Dreißigjährigen Krieg vor die Entscheidung, dieses Tabu zu brechen – oder zu verhungern.

J<small>E LÄNGER DER</small> K<small>RIEG</small> dauerte, desto mehr verrohten die Sitten, der plündernde und marodierende Soldat wurde zur alltäglichen Erscheinung. In zahllosen Berichten und bildlichen Darstellungen ist es die

immer gleiche Drangsal, die die Landbevölkerung erleiden musste: Plünderung, Folter und Mord. Exemplarisch ist die Erzählung des Bauern und Schusters Hans Heberle, die einen Vorfall aus dem Jahr 1635 schildert: »Auf die osterliche Zeit in der Karwochen kommt wieder ein ganzes Regiment Reiter. Die haben wieder die Leut in große Ängste und Schrecken gebracht. Sie sind in alle Flecken und Dörfer gefallen, alles dasjenige genommen, so einer gehabt, Weib und Kinder und alle Menschen in die Wälder und Hölzer getrieben, dieselbigen gejagt wie die wilde Tier. Wen sie gefunden, den habens übel geschlagen oder wohl gar erschossen, und jedermann alles genommen und dasselbig solange getrieben, das es das arme Volk

»Wen sie gefunden, den habens übel geschlagen oder wohl gar erschossen, und jedermann alles genommen.«

Gewalt von Männern gegen Männer: Manche wurden von ihren Todfeinden entmannt.

nicht mehr kann in denen Wäldern aushalten von wegen des Hungers.«

WER WAREN DIE Marodeure des Dreißigjährigen Krieges? Wurde damals wirklich jeder Soldat zum skrupellos mordenden Verbrecher? Die Antwort auf diese Frage liegt für den Militärhistoriker Bernhard Kröner von der Universität Potsdam schon in der Bezeichnung für diese »besondere Spezies« von Landsknechten verborgen: »Anfangs waren es jene Söldner, die nicht mehr kriegstauglich waren, die als ›marode‹, als krank galten. Sie suchten Schutz in der Lagergesellschaft, die den Heeren folgte und sicherten ihre Existenz, indem sie sich mit den ihnen verbliebenen Waffen und mit skrupelloser Gewalt ihre Lebensgrundlagen aus der Zivilbevölkerung verschafften. Zu ihnen stießen im Laufe des Krieges auch Deserteure und Verbrecher, die die Armeen verlassen mussten. Diese Gesunden dienten den Kranken als Führer und Anführer, und so bildeten sich Marodeur-Banden, bei denen der Übergang zwischen Beschaffungskriminalität und Verbrechen fließend war. Gegen Ende des Krieges fanden auch die Fußsoldaten immer seltener ihre Nahrung entlang der Heerstraßen. Auch sie wurden zu plündernder Soldateska und waren von den Marodeuren nicht mehr zu unterscheiden.«

Vor diesem Hintergrund kommt Professor Kröner zu einer interessanten Interpretation für das wohl berühmteste Bild aus dem Dreißigjährigen Krieg: der Galgenbaum von Jacques Callot. Diese Zeichnung zeigt strangulierte Menschen, Krüppel mit amputierten Beinen und Armen. »Es ist die Schlacke des Krieges, die Ausgebrannten, nicht mehr Kriegstauglichen, derer sich die Armee letzt-

lich entledigte, weil sie die Lebensgrundlagen derer, die noch kämpfen konnten, unnötig beeinträchtigten«, so Kröner. »Es war die tödliche Rationalität dieses Krieges, jene Männer gewaltsam loszuwerden, die ihre Leistung als Soldaten nicht mehr erbringen konnten.« Möglicherweise wollte der Künstler Jacques Callot den Menschen mit dem »Galgenbaum« vor Augen führen, welchen Tod man erleiden würde, wenn man ein Leben voller Kriminalität geführt hatte. »Ein schlechtes Leben, das Leben der Mardeure, musste auch zu einem schimpflichen Tod führen«, meint Kröner.

Bauern und Soldaten – Todfeinde im Krieg

Wer von den Soldaten verdächtigt wurde, Besitztümer zu verheimlichen, hatte Entsetzliches auszustehen. Ein Bericht aus dem Jahr 1637 führt aus, welcher Foltermethoden sich die Soldaten bedienten, um Geständnisse zu erzwingen: » ... geprügelt, geschraubet [Daumenschrauben angelegt], gerädelt [mit Knebeln zusammengepresst], gestochen ... mit härenen Stricken umfasset, Schwefel auf den bloßen Leib getreuffelt, hölzerne Pflöcklein zwischen die Nä-

Tödliche Rationalität: Die Armee entledigte sich der Kranken und Verstümmelten, die zum Soldaten nicht mehr taugten.

Höllenqualen: So manches grausame Massaker mag wohl eine Erfindung späterer Epochen gewesen sein.

Vor allem Frauen fielen den rasenden Soldaten zum Opfer. Sie wurden gedemütigt, geschlagen, geschändet. Viele überstanden die Qualen nicht.

gel an Händen und Füßen geschlagen, die Fußsohlen kreuzweise aufgeschnitten, Salz und Gerstenkörner hinein gestreuet, welche gequollen und überaus große Schmerzen verursacht.« Auch der »Schwedische Trunk« ist in dieser Aufzählung des Grauens erwähnt, jene Marter, die trotz ihres Namens keineswegs allein von Schweden angewandt wurde und möglicherweise nicht einmal von ihnen erfunden wurde: Die Peiniger spreizten ihren Opfern mit einem Rohrlöffel den Mund auf und füllten schmutziges Wasser oder gar Jauche hinein, »so viel als hinein zu bringen gewesen«. Dann sprangen sie auf die berstenden Leiber und trieben die stinkende Brühe wieder heraus. Wer es überlebte, sollte es »Zeit seines Lebens nicht verwinden«.

Keine Folter aber hat sich durch die Jahrhunderte stärker in die kollektive Erinnerung eingegraben als die massenhafte Vergewaltigung von Frauen im Dreißigjährigen Krieg. Selbst Kinder und Schwangere wurden von den Soldaten nicht verschont. »Ach wie manche Ehfrauw und Jungfrawen wurden geschend«, schreibt Bauer Preis ohne die Namen der gedemütigten Opfer zu nen-

nen. Andere Berichte überliefern grausame Details: »Nicht auszusprechen ist die Schande, die sie mit Weibsleuten getrieben, sofern dass sie auch sechzig- und siebzigjährige Personen, was kaum zu glauben ist, nicht verschonten. Es ist hier eine ehrliche junge Witwe, die geklagt, dass sie bei Zusehen mehrerer Weiber, ihrer eigenen und anderer Kinder von dreien Soldaten nacheinander mitten in der Stube vergewaltigt worden. Eine andere Magd haben sie in einem nahen Dorf also verderbt – sind ihrer auf die zehn gewesen –, dass sie in wenigen Tagen hernach ihren Geist aufgegeben. Was sie von Weibsleuten auf dem Feld und in den Gärten angetroffen, haben sie ohne alle Scheu missbraucht«, schreibt der Pfarrer der Gemeinde Echzell.

Solche Berichte wurden meist nicht von den Ehemännern oder Vätern der Opfer verfasst, sondern häufig von Geistlichen, die von Vorfällen aus ihrer Gemeinde oder aus Nachbardörfern erzählen. »Sicher war es für die betroffenen Männer eine unglaubliche Demütigung, beim Schutz der Familie auf ganzer Linie versagt zu haben«, sagt Maren Lorenz von der Hamburger Stiftung zur Förderung von Wissenschaft und Kultur. »Vermutlich war ihre Position als Familienoberhaupt nach solchem Versagen für lange Zeit geschwächt. Denn die männlichen Vorrechte gegenüber Frauen leiteten sich primär aus den angeblichen Beschützerfähigkeiten ab. Vielleicht wollten die Männer daher diese Schande nicht öffentlich machen. Aus diesem Grund werden noch heute viele vergewaltigte Frauen von ihren Familien zum Schweigen verpflichtet – zuletzt etwa im Bosnien-Krieg. Die meisten Fälle werden niemals bekannt.«

Geprügelt, geschraubet, gerädelt: Wer sich widersetzte, wurde mit grausamen Foltermethoden malträtiert.

Das größte Tabu des Dreißigjährigen Krieges war wohl sexuelle Gewalt von Männern gegen Männer, meint Lorenz. »Die Mannspersonen haben sie an heimlichen Orten beschädiget, die pudenda [Hoden] abgekneipet, mit härenen Stricken gerieben«, heißt es in einer Quelle aus dem Jahr 1637 über die Eroberung der Stadt Wurzen durch die Schweden. Kein Opfer hat selbst darüber berichtet – nur Grimmelshausen lässt seinen Simplicissimus ausführlich die Folter eines Bauern durch Soldaten schildern. Sie banden ihre Opfer bäuchlings über einen umgefallenen Baum, zogen ihnen die Hosen herunter und penetrierten sie mit den Ladestöcken ihrer Musketen und mit Luntenschnüren. »Die Bauern schrieen zwar jämmerlich, aber es war kein Erbarmen, sondern den Soldaten nur Kurzweil«, schreibt Grimmelshausen, »dann sie hörten nicht auf zu sägen, bis Haut und Fleisch ganz auf das Bein hinweg war.« Es muss die grausamste aller Erniedrigungen gewesen sein. »Diese Beschreibungen deuten daraufhin, dass sich die Aggressionen zwischen Männern etwa nach Durchzügen und Plünderungen derart aufgeladen haben, dass es zu dieser äußersten Form von Rache und Wutaustragung kam«, erklärt Maren Lorenz. Über die Motive der Täter können Forscher heute nur rätseln. »Ein Erklärungsmodell mag die Demonstration totaler Macht feindlicher Soldaten über die unterworfenen Menschen gewesen sein«, so die Historikerin, »die sie ›Ent-Mannten‹ und zu ›Weibern‹ degradierten.«

Hilflos müssen die Bauern mit ansehen, wie ihre Höfe in Flammen aufgehen und das Vieh geraubt wird.

Für die Landbevölkerung gab es kaum Möglichkeiten, sich wirkungsvoll vor den marodierenden Soldaten zu schützen. Die Dörfer besaßen keinerlei Befestigungen, allenfalls wurden kleine Verstecke in schwer zugänglichen Sümpfen oder Wäldern angelegt, zum Teil auch in Höhlen oder Ruinen, in die man sich beim Herannahen der Söldner mit dem wertvollsten Besitz zurückzog. Auch Anpflanzungen von Dornengestrüpp hielten den Feind manchmal fern; in Flurnamen wie »Schutzdorn« ist die Erinnerung an diese Maßnahmen noch heute lebendig.

Einige größere Höfe richteten sich indessen für lange Zeit auf die Bedrohung durch den Krieg ein. Da »gehen Gewölbe unter die Erde«, berichtet ein Söldner in seinem Tagebuch, »da haben sie im Notfall ihr Vieh da unten«. So ein Erdstall ist im österreichischen Bad Zell unter dem Maierhof entdeckt worden. Eines Tages, als der Kartoffelkeller überschwemmt war, versickerte das Wasser plötzlich

im Erdboden. Bauer Johann Wanz ging der Sache nach und entdeckte einen Gang, der in eine künstlich angelegte Höhle führte. Inzwischen wurde der Erdstall des Maierhofs vollständig ausgegraben. Rund 300 Meter windet sich das Labyrinth mit seinen engen Schlupfröhren und Sitznischen hinter der heutigen Waschküche durch die Erde. Kleine Tastnlöcher in den Wänden dienten zur Orientierung in der Dunkelheit.

Ob sich in dieser Höhle tatsächlich Menschen während des Dreißigjährigen Krieges versteckt haben, ist ungewiss. In den Fels geschlagen wurde der Erdstall auf dem Hof des Bauern Wanz bereits im Mittelalter, möglicherweise auch für kultische Zwecke. Nur aus erhaltenen Chroniken lässt sich entnehmen, dass die stickigen, unterirdischen Labyrinthe in vielen Gebirgsgegenden beim Durchmarsch von Truppen als Verstecke genutzt wurden.

Flucht ins Schrazelloch

An klaren Tagen reicht die Sicht vom Sternstein im Mühlviertel bis an die Grenze von Tschechien: Von hier oben wirkt die Landschaft wie ein Flickenteppich aus Feldern, Wäldern, sanften Hügeln und Wällen. Dazwischen große Gehöfte, alte Fachwerkbauten, umgeben von Mauern.

Hier beginnt unsere Zeitreise in den Sommer 1638: Die Abendsonne taucht das Land in sanfte Farben, die Bauern kehren langsam von den Feldern zurück – eine scheinbar friedliche Idylle. Doch in das Rot der untergehenden Sonne mischt sich dunkler Rauch, noch in weiter Ferne, aber deutlich erkennbar. Die Bauern wissen, dass der Feuerschein näher kommen wird. Es sind nicht Tage, sondern Stunden, die ihnen bleiben, bis die Soldaten da sind. Hungrig, abgerissen, gnadenlos, Tausende von Söldnern, die nichts zu verlieren haben, werden über die Dörfer und Gehöfte herfallen wie Heuschrecken. Zurück bleiben werden Tote, Verstümmelte, Vergewaltigte. Alles Vieh, alle Vorräte, alles bewegliche Hab und Gut werden sie mitnehmen und den Bauern nichts als Leid lassen.

Szenenwechsel: Ein schweres Gitter vor einer schmalen Erdspalte, wenige Fußschritte vom Marktplatz in Perg/Oberösterreich entfernt. Daneben ein kleines Hinweisschild: »Führung nach Vereinbarung«. Als sich das Gittertor zur Unterwelt öffnet, flammt Neonlicht auf. Schmale Gänge liegen vor uns, nicht

In Kriegszeiten dienten Erdställe als Versteck für die Bauern mitsamt ihrem Vieh – während über ihnen die Soldaten wüteten.

einmal schulterbreit, aber fast mannshoch, auf dem Boden Sand und Kies. Der Stein der Wände ist so weich, dass man mit einem Löffel Löcher graben kann. Die engen Stollen führen uns immer weiter vom Einstieg weg, öffnen sich hier und da zu kleinen Kammern, manche kreisrund mit Sitzmulden für zwei, drei Personen, andere groß wie Kapellen mit Raum für zwei Dutzend Menschen. Hier mögen sie gesessen sein, Männer, Frauen und Kinder, vielleicht ein paar Stück Vieh, dicht gedrängt und voller Angst während über ihnen die Soldaten wüten. Von den rund 150 bekannten Erdställen im Mühlviertel sind noch 18 erhalten: Das Stollensystem in Perg ist das größte von allen und wirkt beinahe komfortabel. Wir wollen die Lage der Bauern im Dreißigjährigen Krieg wieder aufleben lassen – an einem Originalschauplatz mit Familien aus der Umgebung. Insgesamt sind es ein Dutzend Männer, Frauen und Kinder, die nun in der großen Kammer des Erdstalls hocken. Fackeln an den Wänden spenden gespenstisches Licht, Frischluft dringt nur durch den weit entfernten Eingang und ein tellergroßes Loch in drei Metern Höhe über der Kammer. Die Luft wird immer stickiger, obwohl sich deutlich weniger Personen als damals hier unten aufhalten – mitunter dürften sich in Perg wohl mehr als 150 Menschen vor den Soldaten verborgen haben. Sind es allein die Fackeln, die uns das Atmen so schwer machen? Wir löschen sie. Vor allem für die Kinder legen wir immer wieder »Atempausen« vor dem Erdstall ein, doch nach sechs Stunden ist auch für die Erwachsenen das Ausharren im Stollen unmöglich. Fast alle haben Kopfschmerzen und Kreislaufbeschwerden. Wie viele Tage mögen die Menschen damals hier im Innern des Berges ausgeharrt haben? Zwei, drei vielleicht? Wir können nur Vermutungen anstellen.

Der Volksmund nennt die Erdställe »Schrazellöcher«, »Erdweiblschlupf«, »Zwergloch« oder »Alraunhöhle«. Sie finden sich in einem Gebiet, das sich von Ungarn über das Weinviertel, Böhmen, Oberösterreich und Bayern bis nach Frankreich erstreckt. Unbestritten ist, dass sie in Zeiten der Gefahr von Menschen als Zufluchtsort genutzt wurden, doch welchem ursprünglichen Zweck sie dienten, ist unklar. Für die Theorie, die Erdställe seien einzig als Versteck ausgeschachtet worden, spricht, dass die Zugänge gut verborgen sind. Aber schon die Erfahrungen, die wir während unserer Dreharbeiten gemacht haben, lässt Zweifel an der »Versteckttheorie« aufkom-

Diese künstlich angelegte Höhle ist so groß, dass mehr als 150 Menschen sich darin verbergen konnten.

EIN GANZES LEBEN
TODESANGST

schlicht in Vergessenheit. Bis ihnen in Zeiten höchster Not eine neue Funktion zukam. Manchen Sölnder jedenfalls stellte das, was sich unter der Erde verbarg, vor ein Rätsel, wie diese Tagebucheintragung aus dem Jahr 1636 belegt: »Unter der Erde, wo die Leute ihr Vieh haben, können sie ebenso gut zum Brunnen kommen wie oben. Es ist meiner Frau einmal, wie sie will Wasser holen, der kupferne Kessel abgeschnitten worden, von Bauern, die unter der Erde sind.«

men. Denn selbst so geräumige Erdstallanlagen wie in Perg sind für eine größere Anzahl von Menschen über einen längeren Zeitraum völlig ungeeignet. Die Versorgung mit ausreichend Sauerstoff ist nicht sichergestellt, die Stollen verfügen nicht über »Notausgänge« und werden bei Brandschatzungen zu reinen Todesfallen. Zudem fehlt es ihnen auch an Entsorgungseinrichtungen für Abfälle oder Fäkalien. Die für viele Erdställe typischen winzigen Kammern mit einer Deckenhöhe unter 1,30 Meter, mit Sitzbänken, die lediglich dreißig Zentimeter hoch sind, macht längere Aufenthalte zur Qual, wenn nicht gar unmöglich.

   Viele Historiker, die sich mit der Erforschung der Erdställe beschäftigen, vermuten, dass diese künstlichen Höhlen im frühen Mittelalter ursprünglich als unterirdische Kultstätten errichtet wurden – etwa als Leergräber, Heimstätten für die Seelen. Eine Vorstellung, die damals stark verbreitet war: Die Seelen der Verstorbenen »warten« in unterirdischen Gewölben auf das Jüngste Gericht. Später mögen sie leer gestanden haben, dienten vielleicht als Vorratskeller oder gerieten

Zu welchem Zweck die Erdställe im Mittelalter in den Fels geschlagen wurden, ist bis heute rätselhaft.

Der Krieg der Landleute

Die Bauern waren den Soldaten nicht immer und überall hilflos ausgeliefert. Eine Strategie zur Bewältigung des schier unvorstellbaren Grauens war der bäuerliche Widerstand. Der Söldner habe sich vor zwei Feinden gleichermaßen zu hüten – vor dem Gegner im Feld und vor dem Bauern, so der zeitgenössische Kriegstheoretiker Johann Jakob von Wallhausen. Die Landleute griffen nach einer Schlacht Versprengte an, überfielen Streiftrupps oder Soldaten, die auf eigene Faust marodierten, und zahlten heim, was ihnen zuvor angetan worden war. So kostete die Katastrophe, die das kaiserliche Heer bei Breitenfeld 1631 erlitt, anschließend noch Tausende von Soldaten das Leben. Sie fielen Bauern in die Hände, die in großen Banden unterwegs waren, um Verwundete und Fliehende zu erschlagen und auszurauben. Im Harz richteten Bauern und Bergleute Kundschafternetze ein und führten einen ausdauernden Guerillakrieg gegen Konvois und versprengte Militärabteilungen.

Diß armen Bawrenhauß, Iſt Wüſt vndt alß verhart,
drumb gibter den ſein Lohn, Welcher Ihn auß geſchiret

EIN RICHTIGER BAUERNKRIEG brach 1626 in Oberösterreich, im »Land ob der Enns« aus. Kaiser Ferdinand II. hatte das Gebiet seinem bayerischen Vetter Maximilian als Pfand für dessen Aufwendungen beim Kampf gegen die aufständischen Böhmen übereignet. Steuerbeamte und Geistliche aus Bayern strömten ins Land, um Abgaben einzutreiben und die protestantischen Bewohner in den Schoß der katholischen Kirche zurückzuführen. Maximilian wollte seinen neuen Besitz nicht nur wirtschaftlich nutzen, sondern auch die Gegenreformation voranbringen. Widerstand wurde mit harten Maßnahmen beantwortet. Grausiger Höhepunkt war das »Frankenburger Würfelspiel«, ein Exempel, das der vom Bayernherzog eingesetzte Statthalter Adam Graf von Herberstorff an den Bauern von Frankenburg statuierte.

Die Rache der Bauern war gefürchtet. In einigen Gegenden eskalierte der Widerstand zu einem regelrechten Guerillakrieg.

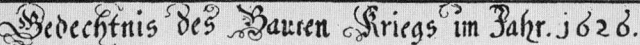

Gedechtnis des Bauren Kriegs im Jahr. 1626.

Psal: 37. Der Herr hilfft den Gerechten, Er ist ihre Stercke in der Noth.

Psal: 20. In Nahmen vnsers GOTTES werffen wir Panier auff.

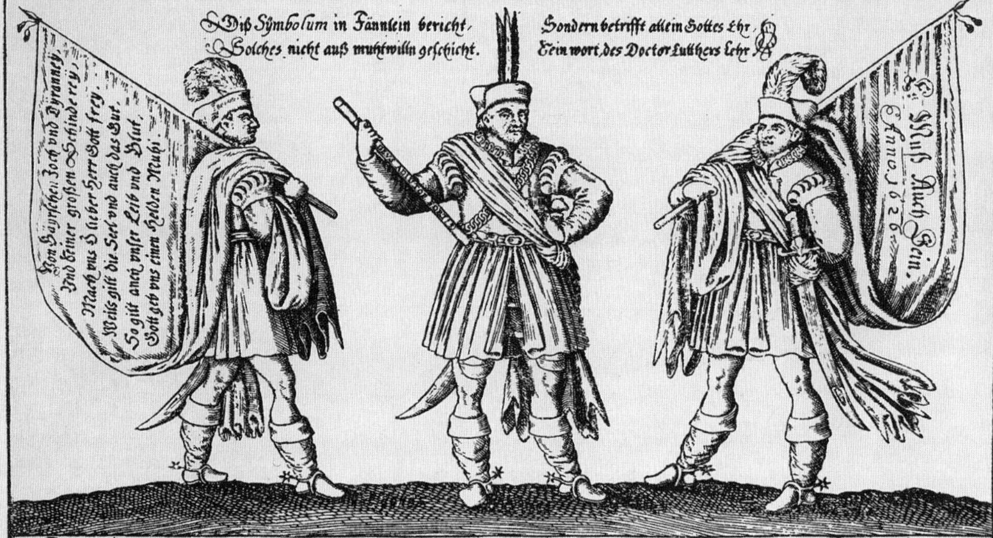

Diß Symbolum in Fännlein bericht,
Solches nicht auß muhtwilln geschicht.
Sondern betrifft allein Gottes Ehr,
Ein wort des Doctor Luthers Lehr.
Von Bäyrschen Joch vnd Tyranney,
Vnd seiner grossen Schinderey,
Mach vns o lieber Herr Gott frey.
Weils gilt die Seel vnd auch das Gut,
So gilt auch vnser Leib vnd Blut,
Gott geb vns einen Helden Muht.
Es Muß Auch Sein.
Anno. 1626.

Der Ostereichischen Ob der Ens gesambten Bauerschafft an Ihr Käys: May: begeren stehet in folgenden 12. Articulenn.

I.
Das Wort GOTTES.

2.
Den Käyser zum Herren, vnd nicht den Beyerfürsten.

3.
Den Stadthalter zu Lintz abzuschaffen.

4.
Einen Landtshauptmā der in Lande geseßen.

5.
In den Städten Lutherische Richter vnd Burgemeister zusetzen, den Catholischen ist nicht zutrauen.

6.
Die Prælaten auß den Rath vnd die Bauren hinein zusetzen, wie in Tyrol der brauch.

7.
Das die Soldaten aus den Lande mit ståblein geweiset, dan wir Bauren wollen das Landt schutzen.

8.
Die Guarnison in Städten abzuschaffen, soll Jährlich etlich gelt darfur gegeben werden.

9.
Das Jesuitische Pfaffengesinde außer die Prælaten auß den Lande zuschaffen.

10.
Einen General Perdon allen Armen vnd Reichen Hohes vnd Nider standes.

II.
Die Capitulation so Käyser Matthias verheischen ein ieder LandtHerr auff seinen Güttern einen Prediger zuhalten.

12.
Allen vertribenen ihre Gütter gentzlich zu Restituiren vnd widerumb in geruigen Posses zusetzen.

Gegeben in Ländlein Ob der Ens

Eine Szene, wie aus einem Drehbuch eines Italowestern: Herberstorff ließ am 15. Mai des Jahres 1625, dem Pfingsttag, 5000 Bauern aus Frankenburg und Umgebung auf dem Haushamer Feld zusammentreiben. 36 Richter, Räte und Repräsentanten aus den Kirchspielen mussten sich gesondert aufstellen, Militär schirmte sie von den Zuschauern ab. Der Statthalter eröffnete den überraschten Bauernvertretern, dass sie wegen Widerstands das Todesurteil zu gewärtigen hätten; »zu Gnaden« wolle er aber der Hälfte von ihnen das Leben schenken. Um diese Hälfte zu ermitteln, ließ er jeweils zwei Landmänner um ihr Leben würfeln. An 16 Verlierern wurden die Todesurteile sofort vollstreckt.

Die grausig-makabere Veranstaltung hatte die Rebellion im Keim ersticken sollen, das Gegenteil trat ein – das »Frankenburger Würfelspiel« wurde zum Auslöser eines Aufstands. Zehntausende versammelten sich, über den Bauernhaufen wehten schwarze Fahnen mit Totenköpfen, und in ihren Reihen kursierte ein Kampflied: »Von Bayerns Joch und Tyrannei / Und seiner großen Schinderei / Mach uns, o lieber Herr Gott frei!« mit der grimmigen Schlusszeile: »Es muss sein!« Die Bauern lieferten den Besatzungstruppen mehrere siegreiche Schlachten, letztlich aber schlugen kaiserliche Elitetruppen unter Pappenheim den Aufstand nieder. Nur wenige Male, befand der Reiterobrist konsterniert, habe er jemand mit »solcher Obstination« fechten sehen wie die Bauern im Land ob der Enns.

VERSCHIEDENE HERRSCHER versuchten damals, die Wehrkraft der Bauern für die Landesverteidigung zu nutzen. Man orientierte sich dabei am Beispiel der bewaffneten Siedler an der stets bedrohten Türkengrenze. Zu den »Landesdefensionen« wurden die Bauern zwangsverpflichtet – nach Ansicht der Rechnungsbehörden war das billiger, als Söldner anzumieten. Doch

◀ **Aufruf zur Rebellion: Im »Land ob der Enns« kam es 1626 nach einer Exekution von Bauern zu massiven Aufständen.**

Manche Bauern schlossen sich zu Banden zusammen, um nach Schlachten versprengte Soldaten zu erschlagen und auszurauben.

Dü hast gfressen auf, als was in mein Vermögen
Jtz geb ich dir den Rest. Hofier auf deinen degen

die Bauern drückten sich vor dem unbezahlten Kriegsdienst, wo sie nur konnten. Und manchem Fürsten des Reichs war angesichts eines voll ausgerüsteten Bauernheeres auch unbehaglich zumute – die bewaffnete Macht konnte sich unversehens gegen die Regenten richten. Es war, sagt der Historiker Herbert Langer, »als hielte man ein heißes Eisen in der Hand, mit dem man allenfalls für kurze Zeit hantieren kann«.

Nicht immer blieb es bei der Todfeindschaft zwischen Soldat und Bauer, es waren auch andere Formen der Begegnung möglich: Die Bauern passten sich den Verhältnissen an. Landleute, die der Krieg um ihren Lebensunterhalt gebracht hatte, hielten sich in der Nähe der Soldaten auf, um sie zu betrügen oder zu bestehlen, andere boten sich als Kundschafter an oder zogen mit, wenn es Schlösser oder Klöster zu plündern gab. Vielfach ging es auch gar nicht ohne die Mithilfe ortskundiger Führer, denn die Militärs hatten kaum brauchbare Landkarten zur Hand. Und um einen Hinterhalt zu legen, ein schwieriges Sumpfgelände zu passieren oder die schwache Stelle in einer Befestigungsanlage zu finden, brauchte

Fielen die Soldaten in die Hände der Bauern, wurden ihnen alle angetanen Gräuel mit gleicher Münze zurückgezahlt.

man jemanden, der sich im Gelände auskannte. Es kam auch durchaus vor, dass Bauern, etwa aus einem katholischen Dorf, mit dabei waren, wenn ihre protestantische Nachbargemeinde von Soldaten überfallen wurde – die andere Konfession diente dabei als Vorwand, um ungestraft Beute machen zu können. Und mancher Bauer ging noch einen Schritt weiter und wurde vom Landmann zum Landsknecht.

Mancher Landmann, der sein ganzes Hab und Gut verloren hatte, zog aus Angst vor weiterer Verelendung selbst als Landsknecht in den Krieg.

DAS RÄTSEL UM WALLENSTEINS KRANKHEIT

DIAGNOSE SYPHILIS

Starke Schmerzen befielen Wallenstein, als er im April 1620 mit seiner kleinen Armee gegen die ostböhmischen Städte und Dörfer zog. Die plötzlich auftretenden Beschwerden in den Beinen führte er auf eine Gichterkrankung zurück, die damals wegen des hohen Fleisch- und Alkoholkonsums weit verbreitet war. Der Geplagte nahm die Gelenkentzündung in den Füßen zunächst nicht besonders ernst: »Das Podagra habe ich Anno 1620 im April bekommen, aber geht bis dato noch gar gnädig damit zu.« Der Begriff »Podagra« oder auch »Schlagfluss« bezeichnete im 17. Jahrhundert eine Krankheit, deren Symptome mit dem übereinstimmen, was wir heute Gicht nennen. Im Falle Wallensteins waren die Füße rheumatisch entzündet und dadurch zeitweise nur eingeschränkt beweglich. So etwas nahm man zur Kenntnis, ohne etwas Wirkungsvolles dagegen tun zu können, da

Der Schienbeinknochen eines Mannes, der an Syphilis im Endstadium litt. Die Verdickung des Knochengewebes ist deutlich erkennbar.

die Medizin noch nicht so weit war. Wo pflanzliche Heilmittel versagten, musste der Patient ausharren; man konnte nur hoffen, dass die Krankheit von selbst wieder verschwand.

ALS OBRIST IM BÖHMISCHEN KRIEG war Wallenstein auf seinen Körper angewiesen. Tag für Tag musste er viele Stunden im Sattel verbringen. An Schonung war nicht zu denken, auch wenn es ihm manchmal gut getan hätte. Regen und Kälte setzten ihm in jener Zeit arg zu. Nach eigenen Aussagen verschlechterte sich sein Gesundheitszustand innerhalb weniger Wochen: »Anno 1620 im Julio bin ich auf den Tod krank gewesen, und die Krankheit, vermein ich, dass ich mirs mit Trinken causiert hab.« Diese Erkenntnis war für den Liebhaber und Kenner von gutem Wein ein besonders harter Schlag, denn fortan musste er seinen Alkoholkonsum erheblich einschränken. Tokaier, Rheinwein und Burgunder wurden aus dem Weinkeller verbannt und durch leichten Veltliner ersetzt. Seinen Agenten schickte er nach eigener Aussage aus, »dass er sich erkundigt: welche die gesündesten rote Wein seyn; dass er fünfzig Eimer derselben kauft ... Der in die practico seyn; sie kosten, was sie wollen, ich frag nichts danach.« Den leichten Veltliner mischte er für gewöhnlich mit Liebwerder Sauerbrunnen, einem Gesundheitswasser. Daneben trank er Bier aus Weizenmalz, das für ihn immer und überall bereitstehen musste. In seinem Herzogtum ließ er gleich mehrere Brauereien errichten, damit immer genug Bier da war. Die vermeintliche Gicht zwang ihn, strenge Diät zu halten – keine leichte Aufgabe für seine Köche. Bei den großen Essgelagen war Zurückhaltung angesagt. Die Zeiten, in denen er unbedacht schlemmen konnte, waren vorüber.

Welchen Stellenwert die Krankheit in Wallensteins Leben einnahm, zeigen die Briefe, in denen er sehr unterschiedliche Korrespondenzpartner in seine Leiden mit einbezog. Seine Umgebung sollte ruhig erfahren, wie sehr er litt. Wenn er einen Anfall hatte, ließ er alle wissen »dass mir wiederum die Schlemerei in die Füß kommen ist«. Um die Qualen zu lindern, mussten die hohen Lederstiefel mit Pelz abgepolstert werden. Später notierte er: »Ich liege itzunder mehr als ich gehe.« Die Furcht vor der »Gicht«, die angebliche Ursache für seine Beschwerden, die zuerst seine Zehen anschwellen ließ, sich dann in den Gelenken breit machte und äußerst schmerzhafte Knoten hervorbrachte, bevor schließlich die Haut austrocknete und aufplatzte, beherrschte sein Leben immer mehr. Beeinflusste ihn die Krankheit auch in seinen politischen Entscheidungen? War sie verantwortlich für seinen Wankelmut und sein unberechenbares Wesen? Fragen, auf die Historiker bis vor einigen Jahren keine schlüssige Antwort geben konnten. Die Vermutung, dass hinter den zermürbenden Schmerzen mehr als eine fortschreitende Gicht steckte, hatte bereits der Wallenstein-Biograph Golo Mann geäußert. Er mutmaßte, dass das »Podagra« keine Gicht war, sondern eine tertiäre Form der Syphilis. Hatten die Ärzte eine Fehldiagnose gestellt? Aus medizinischer Sicht spricht vieles dafür. Den Beweis für die brisante These konnte aber nur eine pathologische Untersuchung der Gebeine Wallensteins erbringen.

Der Beweis

Eine wissenschaftliche Kommission reiste 1975 deshalb eigens ins ostböhmische Mnichovo Hradiste, das alte Münchengrätz, wo die sterblichen Überreste des Friedländers nach einer längeren Odyssee ihre letzte Ruhestätte fanden. Das Schloss hatte das der kaiserliche General 1627 erworben. In dem herrlichen Anwesen, heute ein Museum, wird neben anderen Preziosen die berühmte Casanova-Bibliothek aus Schloss Dux aufbewahrt. Einige hundert Meter vom Schloss entfernt steht die barocke St.-Anna-Kapelle mit der Gruft Albrecht von Wallensteins. Von außen betrachtet wirkt der sakrale Bau eher unbedeutend. Nichts weist darauf hin, dass hier die vielleicht größte Persönlichkeit des Dreißigjährigen Krieges bestattet ist. In der Kapelle erinnert ein Marmorrelief, das die Nachkommen Wallensteins 1934 anlässlich des 300. Todestags an der Wand über der Gruft anbringen ließen, an den Friedländer. Eine Büste zeigt ihn im Harnisch, mit Feldherrnstab. Auf einer Tafel stehen die Lebensdaten und Titel, darunter ein biblischer Vers: »Quid lucidius sole? Et hic deficiet. – Was leuchtet heller als die Sonne? Und auch sie weicht der Finsternis.« Ein schwermütiger Vers, der zum kometenhaften Aufstieg und dramatischen Niedergang Wallensteins passt.

Der Wiener Pathologe Professor Christian Reiter

vergleicht den Knochen eines Syphiliskranken

mit Fotos von Wallensteins Skelett. Die Knochen

weisen die gleichen Veränderungen auf.

Um Gewissheit über Wallensteins Krankheit zu erlangen, musste man detaillierte Knochenanalysen durchführen. Der Prager Anthropologe Professor Emanuel Vlček untersuchte damals die sterblichen Überreste und machte dabei eine sensationelle Entdeckung. Die krankhaften Veränderungen an den Knochen schienen zu belegen, dass der Feldherr ganz offenbar an der Lustseuche Syphilis litt. Eine Diagnose, die die Wallenstein-Forschung auf den Kopf stellte, weil sie insbesondere viele Entscheidungen am Ende seines Lebens relativieren könnten. Doch ist der Befund, der nie in einem angesehenen Wissenschaftsjournal veröffentlicht wurde, auch heute, im Licht modernster Forschung, noch haltbar?

Um dies zu verifizieren, treffen wir den Gerichtsmediziner Professor Christian Reiter in seinem Wiener Labor. Dem Experten ist es erst kürzlich gelungen, die todbringende Krankheit an einer exhumierten Leiche aus dem 14. Jahrhundert nachzuweisen. Die Spätfolgen der Infektion mit dem Syphilis-Bakterium hinterlassen eindeutige Spuren in Knochen und Gewebe des Toten. Wir warten gespannt in seinem Labor, als er die Beweisstücke noch einmal auf den Syphilisverdacht hin überprüft und analysiert. War Albrecht von Wallenstein wirklich syphiliskrank? Zunächst zeigt uns Professor Reiter Laborfotos mit Knochen von Syphilitikern, um den Befund zu erläutern: »Wenn man so einen syphilitischen Knochen und seine Auftreibungen anschaut, dann stellt man fest, dass die Knochenwand sehr dick ist.

Wenn man davon einen Knochenschliff anfertigt und diesen unter dem Mikroskop betrachtet, erkennt man die ursprüngliche Knochendicke und zusätzliche Knochenanlagerungen, die durch Abheben der Beinhaut entstanden sind.« Und tatsächlich bestätigt er den Verdacht, der bisher in der Forschung kaum Beachtung fand: Nach einer eingehenden Analyse der Fotos von Wallensteins Skelett kommt Professor Reiter zu der Auffassung, dass der Feldherr an einer schweren Syphilis-Erkrankung im Endstadium litt: »Wenn man das Schienbein Wallensteins betrachtet, sieht man die ursprüngliche Knochendicke und dann eine zusätzliche Anlagerung. Daran können wir heute eindeutig erkennen, dass er zum Zeitpunkt seines Todes an fortgeschrittener Knochensyphilis gelitten hat.«

Die »Strafe Gottes«

Seit wann aber hatte Albrecht von Wallenstein diese heimtückische Lustseuche und wo hatte er sich angesteckt? Auf Keplers erstem Horoskop hatte er eigenhändig vermerkt, dass er 1605 mit der »ungarischen Krankheit und der Pest« danieder lag. Doch was verbirgt sich hinter der »ungarischen Krankheit«? Heute findet sich diese Bezeichnung in keinem Fachlexikon mehr. Medizinhistoriker vermuten, dass die »ungarische Krankheit« eine Art Malaria war, die mit hohem Fieber einherging und immer wieder kam. Die Symptome des »Wechselfiebers« waren plötzliche Fieberanfälle mit heftigem Schüttelfrost, ein krampfartiges Zusammenziehen der Wadenmuskulatur und unerträgliche Schmerzen in den Knie- und Fußgelenken. Wallenstein klagte also nach heutiger Erkenntnis mit hoher Wahrscheinlichkeit nicht über die Folgen der »ungarischen Krankheit«, sondern über die der Syphilis. Hatte er sich etwa bei einem seiner Feldzüge infiziert? So unwahrscheinlich ist das nicht, da dem Heer immer ein Tross von Prostituierten folgte. Damals wusste man noch nicht, dass Geschlechtsverkehr die einzige Übertragungsmöglichkeit der Lustseuche darstellt. Im Falle Wallensteins überrascht die Ansteckung mit der Geschlechtskrankheit allerdings. Nach Aussagen seiner Offiziere empfing er nie Damenbesuch im Feldlager, nicht einmal den seiner eigenen Frau Isabella von Harrach. Überhaupt schien er äußerst enthaltsam zu leben. Es wird berichtet, dass er nach monatelanger Abwesenheit endlich Gelegenheit hatte, seine verehrte Gattin zu besuchen. Doch er zögerte den Besuch ohne Not hinaus. Was hielt ihn ab? Fühlte er sich zu krank? Ekelte er sich vor den Folgen seiner Infektion? Ganz abgeneigt war er zumindest in früheren Jahren dem weiblichen Geschlecht nicht. Und aus seiner zweiten Ehe gingen immerhin zwei Kinder hervor.

Dass Wallenstein zeitlebens die Auffassung vertrat, er leide unter Gicht, ist kein Wunder, denn die Syphilis wurde damals als »Strafe Gottes« gesehen. Professor Vlček, der die Gebeine des Kriegsherrn untersuchte, glaubt, dass sich der Patient schon 1604 mit dem Syphilis-Bakterium infiziert hatte, 1610 ins sekundäre und etwa 1620 ins tertiäre Stadium eingetreten war. Weiter folgert der Anthropologe, dass es sich bei der Erkrankung des Feldherrn um eine besondere Form der Syphilis handelte. Diese äußert sich in Form einer Rückenmarkserkrankung, auch »tabes dorsalis« genannt, die zu vehementen Knochenschmerzen in den unteren Gliedmaßen, einem unsicheren Gang und Schreibstörungen führt, außerdem zu einer fortschreitenden Paralyse des Nervensystems. Wallensteins eigene Aussagen in Briefen bestätigen dies. Seit 1620 ging es ihm gesundheitlich immer schlechter. Wir wissen, dass er im November des Jahres 1629 so schwer erkrankte, dass er wochenlang das Bett hüten musste. Erst zwei Monate später ließ er sich mit einer Sänfte in seine Residenz nach Gitschin in Ostböhmen bringen. Der Krankheitsschub muss heftig und langwierig gewesen sein, denn Ende März 1630 reiste er mit großem Tross nach Karlsbad, um Linderung für seine Leiden zu suchen. Viel Zeit blieb ihm allerdings nicht für die Kur – denn der schwedische König rüstete gegen Deutschland.

Eine heimtückische Krankheit

Verbürgt sind schon in jenen Jahren chronische Entzündungen an den Beinen, die sich zu eiternden Geschwüren auswuchsen. Die Leibärzte Stroperus und Wachtel standen dem Verfall des Patienten hilflos gegenüber. Sie verschrieben ihm stundenlange Schwitzbäder, die nur vorübergehend Erleichterung brachten. Häufig blieb

ihnen nichts anderes übrig, als das faulende Fleisch herauszu-
schneiden. Professor Reiter beschreibt die üblichen Symptome der
Geschlechtskrankheit: »Bei der Syphilis kommt es erst viele Jahre
nach der Ansteckung zu Spätfolgen – manchmal dauert es zehn
Jahre oder noch viel länger. Diese äußern sich in unerträglichen
Schmerzen und Veränderungen an den Schienbeinen, die bis zur
vollständigen Immobilität führen können.«

Tatsächlich fiel Wallenstein das Gehen zunehmend schwerer.
Bei der Schlacht von Lützen im November 1632 konnte er gerade
noch unter heftigsten Schmerzen sein Pferd besteigen. Ein halbes
Jahr später war er nicht einmal mehr dazu in der Lage. Aus dieser
Zeit sind Arzneirechnungen Wallensteins erhalten. Ausgestellt hat
sie eine Apotheke in Pilsen im Winter 1633, nur wenige Monate vor
seiner Ermordung. Den Medikamenten zufolge plagten den chro-
nisch Kranken schlimme Magen- und Darmbeschwerden, starke
Gelenk- und Herzschmerzen. Auf den Rechnungen sind auch große
Mengen an »Desodoranta« aufgeführt. Ließ Wallenstein Geruchs-
verbesserer anrühren, weil er sich vor seinem verfaulenden Körper
ekelte? Denkbar ist es, da die Syphilis im späten Stadium blumen-

**Bei lebendigem Leibe
verfault: Historische
Darstellung der furcht-
baren Symptome der
Syphilis.**

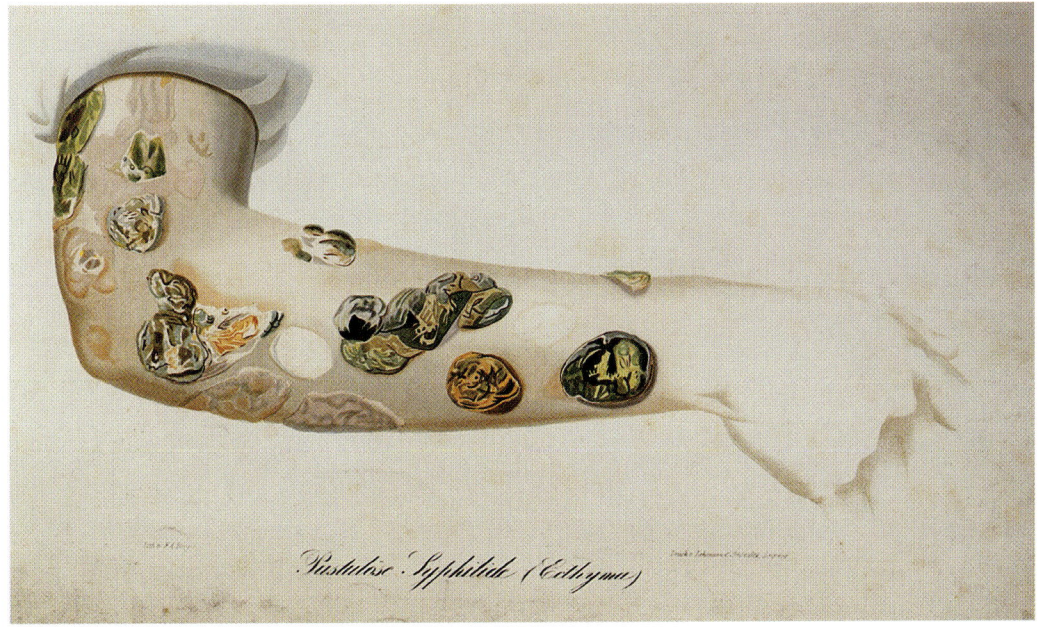

Costui, che d'angui, e uipere purgenti
Vuol far de l'Anatomico facondo,

Sol mostra su l' autentiche patenti
Il priuilegio d'ingannare il Mondo.

kohl- und warzenförmige Auswüchse der Haut verursacht. Der Gestank, der von aufbrechenden Geschwüren ausgeht, muss entsetzlich gewesen sein.

Die Magen- und Darmbeschwerden des Dahinsiechenden können auch mit einer Quecksilberkur zusammenhängen, die man im 17. Jahrhundert häufig als Mittel gegen die Syphilis einsetzte. Dabei schmierten »Quacksalber«, so nannte man die Ärzte, die diese Krankheit behandelten, eine graue Salbe aus Quecksilber auf die Haut des Betroffenen. In der Regel hatte der Patient, wenn er die Rosskur überhaupt überlebte, neben der Syphilis-Infektion auch noch eine schwere Quecksilbervergiftung. Die Symptome waren Abgeschlagenheit, Appetitlosigkeit, Koliken und Durchfall. Eine andere Möglichkeit der Syphilis-Behandlung war damals das Verdampfen von Quecksilber in der Badewanne. Wir wissen, dass Albrecht von Wallenstein häufig Schwitzbäder nahm. Waren sie mit Quecksilber versetzt? Die Vermutung liegt nahe, denn die Ärzte ließen sicher nichts unversucht, um einen der mächtigsten Männer Europas zu kurieren.

Zwischen Show und Scharlatanerie: Wer nicht an den Folgen der Krankheit starb, den konnte die Behandlung des »Quacksalbers« umbringen.

Am Rande des Wahnsinns

Eine wirksame medizinische Versorgung von Syphilitikern war im 17. Jahrhundert nicht möglich, da das lebensrettende Penizillin noch nicht erfunden war. Oft wurde die Krankheit erst im tertiären Stadium erkannt, weil sie zu Beginn ähnliche Symptome aufwies wie die Gicht. Die »Französische« oder »Morbus Gallicus«, wie man die Syphilis auch nannte, war gefürchtet. Wenn sie zum Ausbruch kommt, befällt sie den Kranken schubweise. Die Folgen: Fieber, Kopf- und Gliederschmerzen. Die Lymphknoten schwellen an und eitern. Auf der ganzen Haut breitet sich ein hässlicher Ausschlag aus, der in offene Geschwüre übergeht. Oft können die Syphilitiker nicht einmal mehr sitzen, geschweige denn gehen oder reiten.

Doch die Geschlechtskrankheit führt nicht nur zu schlimmen Schmerzen, sie greift auch massiv das Nervensystem und das Gehirn an. Der Gerichtsmediziner Professor Reiter schildert uns das folgendermaßen: »Bei der Syphilis kommt es im fortgeschrittenen

Stadium, das ist frühestens nach fünf, im Schnitt aber erst zehn Jahre nach der Ansteckung, auch zu massiven Veränderungen im Nervensystem. Wir nennen das ›progressive Paralyse‹. Dadurch verändert sich die Persönlichkeit eines Menschen. Die Leute leiden unter Denkstörungen, werden unzuverlässig, sind launenhaft, zum Teil reizbar und auch gewalttätig. Sie ermüden leicht, neigen zu Wahnideen, auch zu Größenwahn und Zügellosigkeit.«

In den letzten Lebensmonaten traf Wallenstein tatsächlich immer häufiger Entscheidungen, die weder seine Verbündeten noch seine Feinde nachvollziehen konnten. Glaubte er wirklich daran, dass er mit den Protestanten paktieren und König von Böhmen werden könnte? Solche Ambitionen wurden ihm jedenfalls damals von seinen Gegnern unterstellt. Die Abstände zwischen den Anfällen, so berichten Quellen, wurden immer kürzer. In den wenigen beschwerdefreien Phasen verfiel der Feldherr in hektische Betriebsamkeit. Für Professor Reiter passt ein solches Verhalten hundertprozentig zum Krankheitsbild: »Die ›progressive Paralyse‹ tritt in Schüben auf. Dabei wirkt der Organismus auch gegenregulativ, das heißt, er versucht sich gegen die Krankheit aufzubäumen und die letzten Reserven zu mobilisieren. Und das bedeutet, dass es immer wieder zu einem Wechselspiel von Phasen des Niedergangs und des Hochgefühls kommt.«

Resultierte also Wallensteins häufig unverständliches Verhalten am Ende seines Lebens aus einer krankhaften Veränderung seines Nervensystems? Waren seine Wahrnehmung und Urteilsfähigkeit eingeschränkt? Reiter hält das für sehr wahrscheinlich: »Eine Person, die während eines Anfalls in kürzester Zeit ihre Persönlichkeit ändert, von kindisch bis größenwahnsinnig, die vergesslich und aggressiv ist, diese Person ist als politischer Vertragspartner sehr problematisch. Dass sich gegen Ende seines Lebens viele Personen von ihm distanziert haben, kann durchaus mit seiner Erkrankung zusammenhängen.« Wallenstein war in seinen letzten Jahren tatsächlich sehr wankelmütig und unberechenbar. So verhandelte er im Jahr 1633 mit mehreren verfeindeten Parteien gleichzeitig. Er korrespondierte mit dem Kaiser, den Armeeoffizieren, mit den Schweden und Sachsen sowie mit dänischen und böhmischen Emigran-

Die Lustseuche Syphilis wurde damals als »Strafe Gottes« betrachtet. Aussicht auf Heilung gab es nicht.

Bene dic
deo, et
morere

Zwischen Genie und Wahnsinn: Die seltsamen

Veränderungen im Wesen Albrecht von Wallensteins

wurden immer offensichtlicher.

ten. Doch die meisten Verhandlungen liefen ins Leere, da er zu klaren Übereinkünften offenbar nicht fähig war. Der Frieden, den er angeblich schon lange ersehnte, war so nicht zu erreichen. Am Ende zweifelten alle Parteien an seiner Glaubwürdigkeit und Loyalität – nicht zuletzt der Kaiser selbst. Als Wallenstein sich weigerte, dem verhassten bayerischen Kurfürsten Maximilian von Bayern zu Hilfe zu eilen und Regensburg in die Hände der Protestanten fiel, war das Vertrauen in ihn endgültig erschüttert. Seinen Hinweis, dass der Winterfeldzug die Armee vernichten würde und ein Frieden die beste Lösung für alle wäre, wollte in Wien niemand mehr hören. Gehässige Flug- und geheime Denkschriften heizten das Klima gegen ihn zusätzlich auf. Der Historiker Christoph Kampmann, der sich lange mit der Frage nach Wallensteins Scheitern beschäftigt hat, macht für das unstete Verhalten auch Selbstüberschätzung verantwortlich: »Man darf wohl sagen, dass Wallenstein im Verlaufe seines zweiten Generalats unglücklich verhandelt hat. Er hat allen möglichen Gesprächspartnern alles mögliche versprochen, jenem dieses, dem andern jenes, sodass am Ende überhaupt niemand mehr wusste, woran er bei ihm war. Man kann wohl sagen, dass er sich mit seiner Rolle als Friedensstifter und Diplomat etwas übernommen hat.«

Endstadium Syphilis

Bereits Wallensteins Zeitgenossen suchten am Ende seines Lebens nach Erklärungen für das eigenartige Verhalten des ehemals so pragmatischen Genies. Bemerkenswert ist die treffende Beobachtung Hans Georg von Arnims, einem seiner wichtigen protestantischen Verhandlungspartner: »... alle Wege, wenn's zum Schluss kommen sollen, hat er seine Meinung geändert. Ist dieses aus einem betrüglichen Vorsatz geschehen, so ist ihm ganz nicht zu trauen. Ist es seine Unbeständigkeit gewesen, so ist auf ihn nicht zu bauen, habens seine schiefrigen Affecte gehindert, so muss man sich derer wieder versehen ...« Arnim zog eine mögliche Geisteskrankheit des Kriegsherrn in Erwägung. Andere machten seine Sterngläubigkeit für das unerklärliche Verhalten verantwortlich. Der Mönch Pater Basilio schrieb entrüstet an Kardinal Harrach: »Oh, welch ungeheure Veränderung! O die verruchten Astrologen; wie stürzen sie jene, die leichtsinnig auf sie hören, in den Abgrund!« Auch der große Wallenstein-Biograph Golo Mann hielt es nicht für ausgeschlossen, dass sich der Feldherr in der letzten Lebensphase noch stärker von seinem Astrologen Senno beraten ließ als früher. Diese Abhängigkeit schrieb er der angegriffenen Physis des Generalissimus zu: »Hätte er sich wirklich noch stärker als sonst von den Sternen leiten lassen, so wäre es bloß ein anderes Zeichen seines Verfalls gewesen, nicht die Ursache.«

Bereits im Januar 1634 hatte sich Wallensteins Gesundheitszustand noch einmal dramatisch verschlechtert. Die vermeintliche Gicht, wie wir heute wissen, Syphilis im Endstadium, offenbarte ihre verheerenden Folgen. Der Fünfzigjährige war ein schwer leidender Mann. Ganz abgemagert soll er gewesen sein, mit einer Gesichtsfarbe, die zwischen gelblich-grün und schwarz wechselte. Sein Angesicht verbarg er deshalb am liebsten hinter Seidentüchern. Auch war er in hohem Maße licht- und lärmempfindlich, ein deutlicher Hinweis darauf, dass das Syphilis-Bakterium ein heute unter dem Namen ›Argyll-Robertson-Syndrom‹ bekanntes Phänomen ausgelöst hatte. Die Pupillen verlieren dabei ihre Fähigkeit sich bei Lichteinfall zu verengen, was zur Überempfindlichkeit führt. Ähnlich verhielt es sich mit Wallensteins Gehör. Er verbot rigoros jedes Hundegebell und Pferdegetrappel. Deshalb mussten alle Pferde, die sein Haus passierten, Stoffsäcke über den Hufen tragen, sodass kein Klappern zu ihm drang. Lärm quittierte er mit unglaublichen Wutausbrüchen. Seinen Soldaten drohte er bei Zuwiderhandlung sogar mit der Todesstrafe. War Albrecht von Wallenstein in diesen Monaten überhaupt noch er selbst? Wusste er, was er tat, oder hatte ihn die Syphilis in den Wahnsinn getrieben?

Der Schriftsachverständige Professor Christian Grafl vom kriminologischen Institut der Universität Wien soll uns Aufschluss über den psychischen Zustand des Generalissimus geben. Wir beauftragten den Experten, die Unterschriften des einst so akribischen Mannes aus den unterschiedlichen Phasen seiner Herrschaft gra-

16.01.1625

25.01.1633

Indizien des Verfalls: In weniger als zehn Jahren verkommt die schwungvolle Unterschrift des großen Feldherrn zum zittrigen Gekritzel.

phologisch zu untersuchen. Grafl kommt dabei zu einem Ergebnis, das unsere bisherigen Untersuchungen zum Verlauf der Krankheit bestätigt: »Wenn man die Unterschriften aus den Jahren 1625 und 1633 betrachtet, sieht man Veränderungen, die aber durchaus innerhalb der natürlichen Variabilität einer Handschrift liegen können. Wenn man hingegen die beiden Unterschriften aus den letzten Lebensmonaten Wallensteins betrachtet, also von Anfang 1634, sieht man doch deutliche Veränderungen zu den vorher getätigten Unterschriften, die sowohl die Größe und die Flächengliederung betreffen, als auch die motorische Sicherheit der Bewegungsführung.«

1628 unterschreibt Wallenstein noch ausgesprochen schwungvoll, während die Unterschriften von Dezember 1633 an deutlich gebrochener sind und schließlich Ende Januar 1634 fahrig und unkontrolliert erscheinen. Aus dieser Veränderung schließt der Graphologe auf eine psychische Störung: »Wenn man äußere Schreibumstände, die diese Veränderungen bewirkt haben könnten, ausschließt, dann würde ich sagen, dass die veränderte Merkmalskonfiguration durchaus mit psychischen Veränderungen Wallensteins erklärt werden können.«

Ein unrühmliches Ende

Wenn Wallenstein am Ende seines Lebens unter starken physischen und psychischen Deformationen gelitten hat, erscheint auch die Frage, inwieweit er sich schuldig gemacht hat, in einem neuen Licht. Hatte ein Schwerkranker im Endstadium der Syphilis überhaupt noch die Kraft und die Klarheit, Hochverrat zu begehen? Der Historiker Christoph Kampmann bezweifelt das: »Ich glaube nicht,

29.12.1633	26.01.1634	6.02.1634

dass Wallenstein in der Endphase seines zweiten Generalats Hochverrat begangen hat. Seine Krankheit hinderte ihn daran, ein eindeutiges politisches Konzept zu verfolgen. Er wechselte rasch seine Ansichten, mal verfolgte er jenes Konzept, mal jenes. Ein konsequenter Hochverrat passt da nicht hinein.«

Als sich der Kriegsherr vom Kaiser geächtet für die Flucht nach Eger entschied, ging es ihm bereits so schlecht, dass er nur noch in einer Sänfte liegend transportiert werden konnte. Der Ärztetross, der ihn begleitete, war angesichts der Schwere der Krankheit machtlos. Wie lange würde der Feldherr überhaupt noch leben? Einen Monat, ein Jahr vielleicht, oder im günstigsten Fall noch zwei Jahre, wie die Ärzte damals meinten? Wallenstein selbst schätzte seine persönliche Situation damals in jeder Hinsicht falsch ein. Vom Wahn getrieben glaubte er, dass er noch immer alle Fäden in seinen Händen hielt.

Eigentliche Vorbildung vnd Bericht, welcher gestalt
anderen Obristen vnd Officiceren zu Eger H

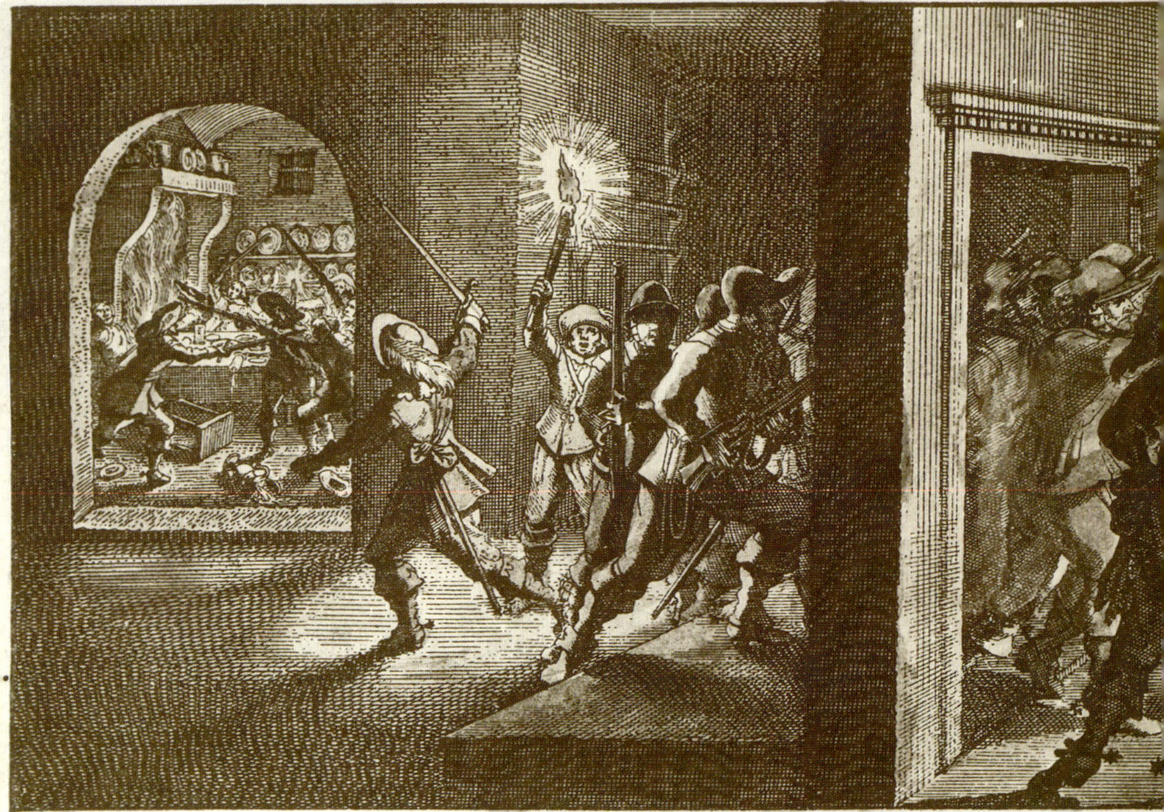

ALBERTI DVCIS FRIDLANDINI, MILITIÆ CÆSAREANÆ GENERA

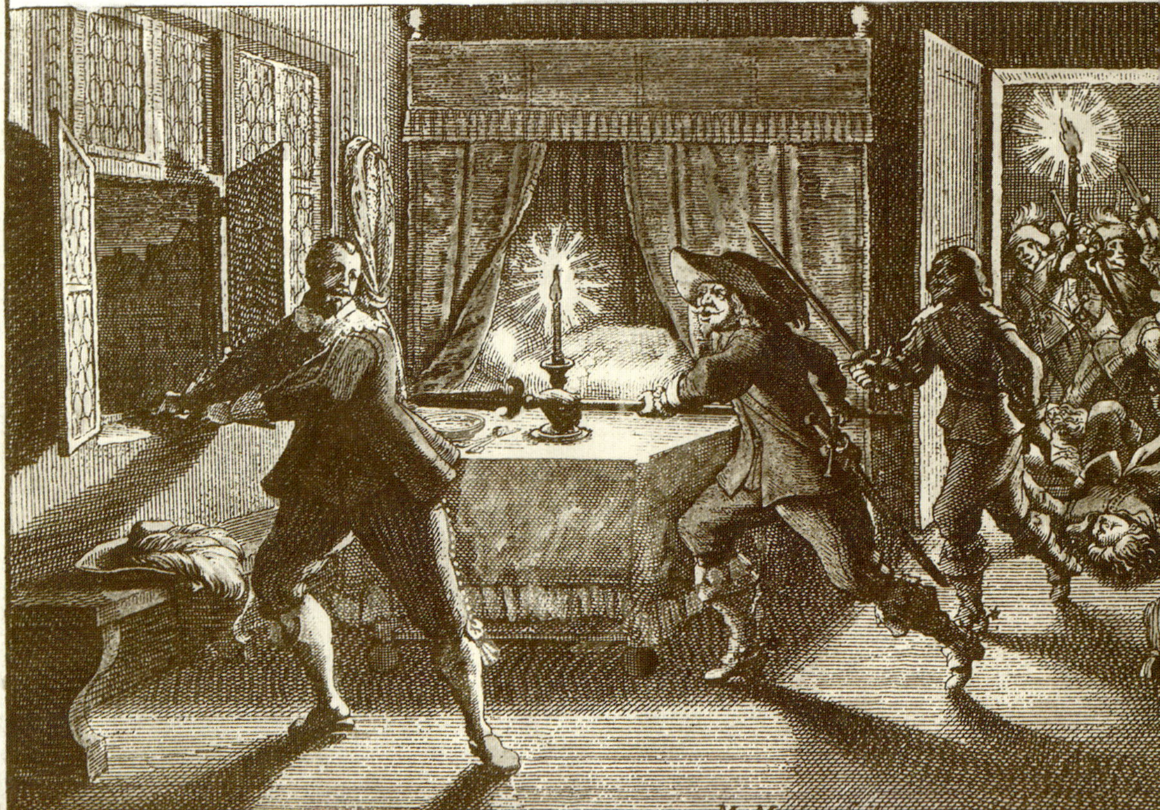

eÿserische General, Hertzog von Friedland, beneben etlich
htet worden

ML. ET ALIORVM QVORVNDAM DVCVM ET OFFICIARIORVM

◄ Flugblätter, Holz-
und Kupferstiche über
die »Blutnacht von
Eger« fanden reißen-
den Absatz.

Tatwaffe Hellebarde:
Die Bitte um Gnade
wurde dem Wehrlosen
nicht gewährt. Man
wollte ihn lieber tot als
lebendig.

CHRONIK DES SCHEITERNS

WALLENSTEINS FALL

Unmittelbar nach der Schlacht von Lützen im November 1632 stand Wallenstein auf dem Gipfel der Macht. Sein großer Widersacher Gustav Adolf war tot, die schwedischen Truppen hatten ihren charismatischen Befehlshaber verloren, die Protestanten im Reich einen schweren Schlag erlitten. Auf der Gegenseite war die Begeisterung über diese Wendung groß – Ferdinand II. schickte überschwängliche Glückwünsche an seinen General. Doch die Freude wich bald der Erkenntnis, dass militärisch eigentlich nichts gewonnen war. Das kaiserliche Heer hatte nicht triumphiert, die schwedische Armee war nur geschwächt, aber nicht aufgerieben. Der Wallenstein-Biograph Golo Mann beschreibt das Dilemma: »Selbst ein Sieg bei Lützen, eine Behauptung des Schlachtenfelds hätte nichts geholfen, weil die Kräfte nicht zu einer Verfolgung des Gegners reichten. Darum war Lützen auch Wallensteins letzte Schlacht, ... seither war er schlachtenmüde.«

Lützen hatte für ihn der letzte große Kampf sein sollen, danach wollte er seine Truppen im feindlichen Sachsen überwintern lassen und sich dann langsam aus der aktiven Heerführung zurückziehen. Aber eine eroberte sächsische Festung nach der anderen ging in den Wochen nach der Schlacht wieder verloren. Wallensteins Plan, die kaiserlichen Gebiete zu schonen, war damit gescheitert. Der Friedländer überschwemmte sehr zum Missfallen der Stände und des Kaisers mit seinen ausgebrannten Truppen die habsburgischen Erblande. Die Kontributionen pressten Land und Leute aus. Nahezu ein Drittel der Bevölkerung starb in dieser Zeit an den verheerenden Folgen von Hunger und Krankheiten. Wallenstein und Ferdinand II. schoben sich gegenseitig die Schuld an dieser dramatischen Situation zu. Balthasar Wesselius, der Direktor der friedländischen Kriegskanzlei, bemerkt dazu: Wallenstein habe die Briefe des Kaisers, in denen dieser sich über die unhaltbaren Zustände in den habsburgischen Erblanden beschwerte, mit einem »gewissen Ekel angenommen, weggeschoben, oft tagelang nicht gelesen, mitunter überhaupt nicht beantwortet«.

SEIN – NICHT NUR in den Augen des Kaisers – rücksichtsloses Verhalten lieferte Wallensteins Gegnern am Wiener Hof neuen Stoff für Intrigen. Denn mit dem Tod Gustav Adolfs hatte sich der Generalissimus in den Augen vieler entbehrlich gemacht. Die Stimmung schlug um. In anonymen Schmähschriften, die in den Monaten nach der Schlacht von Lützen kursierten, hieß es, Wallenstein wolle die Krone Böhmens, den Ausgleich mit den Schweden und die Vertreibung der Jesuiten aus dem Reich – notfalls auch gegen den Widerstand des Kaisers. Das Ziel solcher Verleumdungen war, den mächtigen Feldherrn bei Ferdinand II. zu diskreditieren.

Am Wiener Hof arbeiteten die Gegner Wallensteins an einem mörderischen Plan.

Der Historiker Christoph Kampmann zeigt uns im Bayerischen Hauptstaatsarchiv in München ein besonders heikles Schriftstück, das der Jesuit und kaiserliche Hofprediger Johannes Weingartner verfasst hat: »Es ist nicht nur eines der härtesten Pamphlete, die am Kaiserhof gegen Wallenstein in Umlauf gebracht worden sind, es enthält auch alle Vorwürfe, die je gegen Wallenstein ausgesprochen wurden. In Absatz vier beispielsweise heißt es, Wallenstein habe keine Religion und folge ausschließlich Magiern, Zauberern und Astrologen. Und auf der folgenden Seite wird gesagt, dass es Wallensteins Ziel sei, sich zum Herrn über Krieg und Frieden im Reich, ja de facto selbst zum Kaiser aufzuwerten.«

Der große Feldherr ahnte in seinem Quartier in Pilsen nichts von den dunklen Wolken, die sich über ihm zusammenbrauten.

SOLCHE BEHAUPTUNGEN mussten Ferdinand II. nicht nur verunsichern – sie beschnitten seine eigene Macht. Dabei war er es selbst gewesen, der dem Friedländer ein Jahr zuvor weit reichende Befugnisse eingeräumt hatte: Im April 1632 war Fürst Eggenberg im kaiserlichen Auftrag mit dem abgedankten Generalissimus zwischen Wien und Znaim auf Schloss Göllersdorf zusammengetroffen, um ihn zur Rückkehr in das Amt des obersten Feldherrn zu bewegen. Wallenstein zierte sich, pokerte hoch und hatte Erfolg – der kaiserliche Gesandte Eggenberg musste dem Herzog große Zugeständnisse machen, mit denen der Kaiser auch auf einen Teil seiner Hoheitsrechte verzichtete: Der alte, neue Generalissimus hatte nun beispielsweise das Recht, Offiziere zu ernennen, Konfiskationen im Reich vorzunehmen und Frieden zu schließen. Wenn Wallenstein also eigenmächtig mit gegnerischen Parteien verhandelte, dann war das völlig legal. Der Kaiser selbst hatte ihn, wie die Historiker Josef Poličensky und Josef Kollmann feststellen, zum »Diktator im Reich auf unbestimmte Zeit« ernannt. Davon wollte Ferdinand II. aber nun nichts mehr wissen. Ist es Zufall, dass die Aufzeichnungen über die Absprachen von Göllersdorf nach dem Tod des großen Feldherrn spurlos verschwanden?

Seinem Wesen entsprechend ignorierte der Böhme die Anfeindungen, die ihm nach der Schlacht von Lützen im November 1632 entgegenschlugen; er wollte die Winterzeit nutzen, um sein angeschlagenes Heer wieder aufzubauen, das im Frühjahr einsatzbereit sein sollte.

Der verweigerte
Winterfeldzug und die Folgen

Die erste Hälfte des Jahres 1633 war geprägt von diplomatischen Turbulenzen. Der schlachtenmüde Wallenstein betrat wieder das politische Parkett und versuchte, seine Machtbefugnisse zu nutzen, um eine versöhnlichere Politik gegenüber den protestantischen Fürsten einzuschlagen. Zwischen Juni und Oktober 1633 verhandelte er zum Beispiel gleichzeitig mit den Schweden, Franzosen, Sachsen und Exilböhmen über einen dauerhaften Frieden. Dass es dazu nicht kam, hat auch damit zu tun, dass er sich zu keiner klaren Zusage an die gegnerischen Parteien durchringen konnte.

Als dann auch noch schwedische Truppen unter Bernhard von Weimar zusammen mit sächsischen Einheiten in Schlesien einfielen, sah sich Wallenstein gezwungen, die Gespräche abzubrechen und seine Armee mit 50 000 Soldaten dorthin zu verlegen. Mit den Sachsen konnte er einen separaten Waffenstillstand aushandeln, mit den Schweden machte er kurzen Prozess. Am 27. September 1633 überraschte er den Gegner, der von dem Exilböhmen Graf Thurn angeführt wurde, bei Steinau. Angesichts der feindlichen Übermacht verlor Thurn die Nerven und kapitulierte. Sein mangelndes Durchhaltevermögen brachte ihm Hohn und Spott ein. Thurn und 8000 Mann wurden gefangen genommen. Damit herrschte in ganz Schlesien wieder Frieden und alles wäre in bester Ordnung gewesen, hätte Wallenstein nicht den Grafen eigenmächtig wieder freigelassen. Er glaubte, dass ein unfähiger Feldherr wie Thurn als freier Mann mehr Schaden anrichten könne. Nach Wien schrieb er lapidar: »Was hätte ich mit dem Rasenden machen sollen? Wollte der Himmel, die Feinde hätten lauter Generale wie dieser ist. An der Spitze der schwedischen Armee wird er uns weit bessere Dienste tun als im Gefängnis.«

Am Wiener Hof stieß seine Entscheidung auf größtes Unverständnis und war Wasser auf die Mühlen seiner Feinde. Sie sahen in Wallensteins Verhalten die Bestätigung, dass er als Feldherr vollkommen überfordert und unfähig war und den Interessen Habsburgs zuwider handelte. Tatsächlich brachte dieser Sieg über die Schweden den Kaiserlichen kaum Vorteile, da die Region schon

Maximilian von Bayern und der Kaiser wollten Wallenstein zu einem Winterfeldzug zwingen – der aber fürchtete den Ruin seiner Truppen.

bald wieder von protestantischen Truppen besetzt war. Radikale Stimmen forderten die umgehende Absetzung des Generalissimus, gemäßigtere verlangten ein erneutes Eingreifen in Schlesien. Wallenstein hingegen wollte die Lösung des Problems auf das kommende Jahr verschieben und seine erschöpften Soldaten zum Überwintern in die habsburgischen Erblande schicken. Sein Vorhaben traf bei den Ständen der einzelnen Länder natürlich auf Ablehnung. Das Vorjahr hatte gezeigt, wie marodierende Söldner die Einwohner beraubten und das Land ruinierten. Entsetzte Beschwerdebriefe und Bittgesuche der Städte und Länder an den Kaiser führten letztlich dazu, dass der Kern von Wallensteins Armee am Ende ins Böhmische ziehen musste.

Der Feldherr haderte schwer mit der Entscheidung des Kaisers, da Böhmen allein nicht für die notwendigen Kontributionen aufkommen konnte. So lief alles auf einen Winterfeldzug der übrigen Truppenteile im weiten Land hinaus, um Quartiere im gegnerischen Sachsen, Brandenburg oder Thüringen zu erwirken. Nach Meinung des Friedländers bedeutete dies den Ruin seines Heeres. »Wallenstein verstand sich in erster Linie als Kriegsunternehmer. Damit hatte er eine besondere Verantwortung. Er wollte seine Truppen, die sein Firmenkapital darstellten, nach Möglichkeit schonen. Das brachte ihn in einen permanenten Konflikt mit seinen Auftraggebern, die von ihm ein offensiveres, aggressiveres Verhalten verlangten«, erläutert Christoph Kampmann.

In dieser schwierigen Situation erreichte Wallenstein ein Gesuch von Maximilian von Bayern. Sein Land war von den Schweden überrannt worden; mit Hilfe des kaiserlichen Generalissimus sollte es wieder von der protestantischen Geisel befreit werden. Der Feldherr ließ seinen Erzfeind, der jahrelang gegen ihn intrigiert hatte, angesichts des einsetzenden Winters warten – zu lange in den Augen des Kaisers, der auf ein rasches Handeln drängte. Erst nachdem auch Regensburg gefallen war, machte sich Wallenstein zähneknirschend mit einem Teil seiner Armee auf den Weg Richtung Süden – viel zu spät, um noch entscheidend eingreifen zu können. Warum er so lange zögerte, ist unklar: »Im Winterfeldzug von 1633 bleibt Wallensteins Verhalten undurchsichtig. Zunächst verweigert er den Befehl, marschiert dann doch los, um zu spät anzukommen. Dies hat das Vertrauensverhältnis zum Kaiser weiter massiv belastet«, meint Christoph Kampmann.

MAXIMILIAN UND DER KAISER schäumten vor Wut. Wallenstein aber, der in Bayern nichts mehr ausrichten konnte, ignorierte die immer lauter werdende Kritik und zog Anfang Dezember 1633 mit seiner Armee wieder ab. In seinem Hauptquartier in Pilsen erhielt er kurze Zeit später Besuch von zwei kaiserlichen Räten, die den eigensinnigen Generalissimus wieder auf Linie bringen sollten – ohne Erfolg. Während man sich vordergründig noch um eine einvernehmliche Lösung bemühte, lief in Wien die Kampagne gegen Wallenstein längst auf Hochtouren. Er sei ein Verräter, hieß es, und ein unfähiger Heerführer, das habe der halbherzige Winterfeldzug einmal mehr bewiesen.

Der Friedländer ahnte von alldem nichts. Er lag krank in seinem Quartier, als ihn am 15. Dezember ein Brief des Kaisers erreichte, in dem er noch einmal entschieden aufgefordert wurde, mit seinen Truppen wieder nach Bayern zurückzukehren: »Ich habe ... ungern vernommen, dass Sie ... Ihre Gedanken dahin verändert haben, sich wiederum zurück in Böhmen zu wenden«, im weiteren bestehe er unmissverständlich auf seinem Befehl, »meine endliche Resolution, dabei ... ich gänzlich beharre ... und verbleibe.«

DAS HÄTTE WALLENSTEIN eigentlich Warnung genug sein müssen, dennoch dachte er nicht daran, seine Armee wieder losmarschieren zu lassen. Stattdessen beauftragte er seinen Feldmarschall Ilow, alle Kommandeure nach Pilsen zu berufen, um ihnen die kaiserliche Order bekannt zu geben und das weitere Vorgehen festzulegen. Nach der Verlesung des Briefes sprachen sich auch seine Generäle gegen die Fortsetzung des Winterfeldzugs aus. In ihrem Gutachten vom 17. Dezember 1633 empfahlen sie, die kaiserlichen Weisungen geheim zu halten, um eine Meuterei der Soldaten zu verhindern. Besonders Feldmarschall Ilow äußerte entschieden seine Ablehnung – er spielte dabei sein eigenes ungutes Spiel. Durch Wallenstein hatte er die Karriereleiter erklommen, seine ganzen Kriegsgewinne waren in Böhmen angelegt. Nun versuchte er, den Herzog zum Abfall vom Kaiser zu bewegen.

Doch davon wollte der Feldherr nichts wissen. Vom Krankenbett aus sandte er das Gutachten seiner Generäle nebst einem persönlichen Schreiben an den Kaiser nach Wien, in dem er Ferdinand erläuterte, dass der befohlene Marsch den Ruin seines Heeres bedeuten würde und um Verständnis für seine Entscheidung warb. Damit, so glaubte er, sei die Sache geklärt. Selbstüberschätzung und falscher Rat hatten ihn unvorsichtig werden lassen; vor allem aber – und das war vielleicht noch schlimmer –, hatte er nicht mit der Vehemenz gerechnet, mit der seine Feinde beim Hofkriegsrat Stimmung gegen ihn machten. Tatsächlich verstand der Kaiser Wallensteins Schreiben als Befehlsverweigerung; der Bruch mit seinem Generalissimus war besiegelt.

Verrat in den eigenen Reihen

Nun schlug die Stunde der Verschwörer. Denn um einen so verdienten Mann des Hochverrats zu überführen, bedurfte es weiterer Beweise. Und um diese zu bekommen, brauchte man Verbündete aus dem engsten Umfeld des Friedländers. In Ottavio Piccolomini fanden die Intirganten einen willfährigen Diener. Heimlich schickte er Verleumdungen an den Wiener Hof, die Wallenstein gezielt in Misskredit bringen sollten. Schon im Oktober 1633 hatte der Italiener im Auftrag des Wiener Hofes ein Gutachten angefertigt, in dem er die militärische Unfähigkeit seines Herrn beschrieb. Angeblich suche dieser den Frieden, tatsächlich aber, so der Vorwurf, handle er nur nach persönlichen Interessen. Der Verrat Piccolominis an seinem Oberbefehlshaber erscheint deshalb besonders drastisch, weil der misstrauische Einzelgänger ihm von allen Offizieren am meisten vertraute. Die Gier nach Geld und Macht brachte den Treulosen dazu, seinen größten Gönner zu verraten.

Neben dem Italiener trat auch der spanische General Matthias Gallas, den der Feldherr bis zum Schluss in alle Pläne und Beratungen mit einbezog, zu den Intriganten am Wiener Hof über. Für Wallenstein eine dramatische Entwicklung; zwar wusste er, dass er Feinde am Kaiserhof hatte, nicht aber, dass diese ihre Informationen aus dem Kreise seiner Vertrauten bezogen.

Der letzte Akt

Ob Wallensteins fehlendes Misstrauen gegenüber seiner unmittelbaren Umgebung eine Folge seiner schweren Syphiliserkrankung war, wissen wir nicht. Tatsache ist jedoch, dass ihm die Fähigkeit, seine Lage realistisch einzuschätzen, zeitweise abhanden kam. Der Schwerkranke bildete sich immer noch ein, frei taktieren zu können. In den Briefen, die er in der Folgezeit an den Kaiser schrieb, versicherte er ihm wieder und wieder seine Loyalität. Gleichzeitig korrespondierte er mit den Feinden Habsburgs, trug sich einerseits mit Rücktrittsgedanken und versuchte andererseits, seine Generäle an sich zu binden. Plante er also tatsächlich, seine Macht gegen den Kaiser zu richten, wie seine Gegner am Wiener Hof mutmaßten?

»Treu bis in den Tod«: Der erste Pilsener Revers war für den Kaiser der Beweis für Wallensteins Umsturzpläne.

AM 11. JANUAR 1634 berief er seine Offiziere in Pilsen ein, um ihnen sein baldiges Ausscheiden aus den Diensten Ferdinands II. mitzuteilen. Seine Vertrauten reagierten auf diese Ankündigung mit Enttäuschung und Ratlosigkeit. Mit seiner Abdankung wäre auch ihr Schicksal ungewiss. Sie mussten unbedingt etwas tun, um ihn umzustimmen. Ein Wort gab das andere. Ihren General würden sie niemals im Stich lassen! Treu würden sie sein bis in den Tod! Und das würden sie ihrem Herrn auch beweisen! Glaubt man Schiller, so gaben sich die Offiziere in jener Nacht einem verhängnisvollen Alkoholexzess hin, bei dem nicht nur Tische und Stühle zu Bruch gingen. Dadurch wurde Wallensteins Nachtruhe empfindlich gestört. Missmutig zitierte er am nächsten Morgen die Offiziere zu sich und erfuhr, dass am Abend 42 der 49 Anwesenden einen Treueschwur unterzeichnet hatten, mit dem sie sich bedingungslos hinter ihren Herrn stellten. Auf dem so genannten ersten Pilsener Revers fehlte auch die Unterschrift des Verräters Piccolomini nicht. Wallenstein ließ sich umstimmen und versicherte seinen Generälen, dass er nur ihretwegen und um des Friedens willen im Amt bleiben wolle.

Ottavio Piccolomini nutzte die undurchsichtige Situation und schickte ein denunzierendes Schreiben an den Wiener Hof, in dem er den Treueschwur der Offiziere zu einem Umsturzplan verkehrte. Dass die Generäle im ersten Pilsener Revers nur ihre Loyalität gegenüber Albrecht von Wallenstein ausgesprochen hatten, ein Verweis auf die gleichzeitige Bindung an das Haus Habsburg aber fehlte, kam ihm dabei sehr entgegen.

Im Bayerischen Hauptstaatsarchiv zeigt uns Christoph Kampmann eine Quelle, die über die Anschuldigungen des Italieners Aufschluss gibt: »Piccolominis Vorwürfe münden in der zentralen Aussage, ›In summa Friedlandus exerzier allbereit das Amt eines Königs in Böheim‹ – das heißt nichts anderes, als dass Wallenstein selbst danach strebe, die Macht in Böhmen zu übernehmen, damit die Macht des Kaisers zu zerstören, mithin Hochverrat zu begehen. Diese Nachricht eines engen Vertrauten Wallensteins zusammen mit den Mitteilungen über den Pilsener Revers, waren die Auslöser für das Drama, das nun folgte.«

»Tot oder lebendig«

Hätte Wallenstein den Treueeid seiner Offiziere in Pilsen nicht zugelassen, wäre die Geschichte vermutlich anders verlaufen. So aber wurde Piccolominis Schreiben als Grundlage für ein Rechtsgutachten verwendet, das der Kaiser in Auftrag gab und das den Generalissimus aufgrund der fehlenden Loyalitätsbezeugung gegenüber Habsburg zum Verräter stempelte. Am 24. Januar 1634 unterschrieb Ferdinand II. das Absetzungspatent, das seinen General von allen Ämtern enthob und den spanischen General Michael Gallas zu dessen Nachfolger bestimmte. Das Patent stellte außerdem den Unterzeichnern des Pilsener Revers Straffreiheit in Aussicht – Wallenstein allein sollte die Schuld zugewiesen werden.

In einem zweiten Spruch, der streng geheim behandelt wurde, ging das Gremium noch einen Schritt weiter und verurteilte den Friedländer wegen Hochverrat und verhängte über ihn die Reichsacht. Das war sein Todesurteil, denn fortan durfte jeder den Geächteten »tot oder lebendig« gefangen nehmen – und die Formulierung

»tot oder lebendig« konnte auch bedeuten, lieber tot als lebendig. Dabei winkte dem Vollstrecker eine großzügige Belohnung durch den Kaiser. Dass es gewaltige Schätze aus dem Besitz des Abtrünnigen und einiger seiner treuen Generäle, die bis zum Ende nicht bereit waren, ihn im Stich zu lassen, zu verteilen gab, machte die Angelegenheit nur noch interessanter. Die Kassen der Hofkammer waren leer wie seit langem nicht mehr, und die kaiserlichen Finanzexperten hofften, durch die Enteignungen den Haushalt sanieren zu können. Auch müsste der Kaiser die Schulden, die er bei seinem General für die Truppenbereitstellung hatte, dann nicht mehr zurückzahlen – ein rundherum lohnendes Geschäft.

GALLAS UND PICCOLOMINI wurden auserkoren, Wallenstein aus dem Weg zu räumen Doch da der General noch immer von zahlreichen Getreuen umgeben war, fürchteten sie um ihre eigene Sicherheit und verließen unter einem Vorwand Pilsen, ohne ihren Auftrag erfüllt zu haben. Ferdinand II. geriet unter Zugzwang. Am 18. Februar richtete er ein zweites, schärfer formuliertes Absetzungspatent »an die hohen Offiziere der kaiserlichen Armee«, das alle Vorwürfe gegen Wallenstein noch einmal zusammenfasste und Auskunft über die »boshaften Machinationen meines gewesten

Mit einem Federstrich besiegelte Ferdinand II. das Schicksal seines Generals: abgesetzt und vogelfrei.

Feldhauptmanns« gab. Wallensteins Absicht sei es »uns und ... unser hochlöbliches Haus auszurotten«. Um die Vorwürfe zu untermauern, wurden gezielt Gerüchte von einer angeblichen Militäraktion Wallensteins gegen Wien in Umlauf gebracht.

Die Vorwürfe des Kaisers waren so ungeheuer, dass niemand wagte gegen seine Befehle aufzubegehren. Ob er sich mit dem offen ausgesprochenen Todesurteil auf dem sicheren Boden des Reichsrechts bewegte, führte bis in die jüngste Vergangenheit zu heftigen Kontroversen. Der Historiker Christoph Kampmann hat mittlerweile belegt, dass der Vorwurf der »notorischen Reichsrebellion«, das heißt der offenen Rebellion, ausreichend war: »Aufgrund des ersten Pilsener Revers legte man Wallenstein Verbrechen zur Last, die in der rechtlichen Theorie und Praxis des Kaiserhofs eindeutig den Tatbestand der ›notorischen reichsrebellio‹ erfüllten.«

WALLENSTEIN, DER WOHL langsam ahnte, dass er mit dem Treueschwur den Kaiser provoziert hatte, aber nicht wusste, dass die Schlinge längst um seinen Hals gelegt war, schickte seinen Neffen Maximilian von Waldstein nach Wien, um Gesprächsbereitschaft zu signalisieren. Dort wollte außer Fürst Eggenberg aber niemand den Verwandten des Geächteten empfangen. Eggenberg machte dem Erbprinz von Friedland klar, wie die Dinge inzwischen standen und dass er sich um seine Zukunft kümmern müsse. Der Kaiserhof werde jedenfalls nicht mehr auf den abgesetzten Feldherrn zugehen, stattdessen nur noch eisern schweigen.

Erst drei Wochen nach seiner Verurteilung, am 17. Februar 1634, bemerkte Wallenstein, dass offensichtlich eine größere Verschwörung gegen ihn im Gang war. Einer seiner Obristen war mit einem Teil der Soldaten und insgesamt 400 Zugpferden abgezogen, der Zahlmeister mit der Kriegskasse geflüchtet und der spanische Gesandtschaftsrat verschwunden. Aber noch immer glaubte er, weiteren Schaden abwenden zu können. Am 19. Februar versammelte er in Pilsen erneut seine Offiziere, einen Tag später unterzeichneten dreißig von ihnen den zweiten Pilsener Revers – dieses Mal allerdings mit dem entscheidenden Zusatz, dass sie auch treu zum Kaiser stehen wollten. Wallenstein richtete zum Abschluss noch einmal das Wort an die Versammelten: Wie bitter enttäuscht er sei, dass der erste Pilsener Schluss vom Januar missverstanden worden sei, so als ob er gegen den Kaiser irgendetwas im Schilde führe. Abtreten wollte er ja ursprünglich, sei dann aber auf Bitten seiner Offiziere im Amt geblieben. Der Treueschwur habe keinem anderen Zweck gedient, als »wegen der vielfältig wider uns angestellten Machinationen Uns in guter Sicherheit zu halten«. Den zweiten Pilsener Revers ließ er umgehend nach Wien senden.

UNTERDESSEN TAGTEN JEDOCH bereits die Ständevertreter in der Wiener Herrengasse. Christoph Kampmann, der das Protokoll der Sitzung vom 20. Februar 1634 für uns bereitgelegt hat, beschreibt die angespannte Situation: »In der Ständeversammlung gaben die kaiserlichen Räte Auskunft über die schweren Beschuldigungen, die gegen Wallenstein erhoben wurden. Die Anwesenden reagierten mit nackter Empörung und Angst. Einer der Ständevertreter rief in der Sitzung aus: Das, was man gerade gehört habe sei nichts anderes als eine ›denunciatio belli‹, eine Kriegserklärung Wallensteins gegen den Kaiser. Man werde das weitere Vorgehen des Kaisers in jedem Fall unterstützen – auch mit Waffengewalt.

Auf der Flucht

Als der Feldherr am 21. Februar erfuhr, was tatsächlich am Wiener Hof vor sich ging, hingen in Prag bereits überall Plakate mit dem Ächtungspatent. Nun war es offiziell: Niemand durfte Wallensteins Befehlen mehr gehorchen. Dieser verfiel in hektische Betriebsamkeit. Wollte er nicht in die Hände der kaisertreuen Häscher fallen, musste er Pilsen sofort verlassen – nur, wohin? In seine Prager Residenz konnte er sich nicht zurückziehen; in seiner Verzweiflung schickte er einen Boten zum Kurfürsten von Sachsen und zum Befehlshaber der Schweden, um deren Unterstützung zu erbitten, doch ohne Erfolg. »Es ist in gewissem Sinne die Tragik Wallensteins, dass ihm in der Endphase seines zweiten Generalats niemand mehr geglaubt hat, weder Freund noch Feind«, so Christoph Kampmann. »Wallensteins Aktionen blieben undurchsichtig. Besonders charakteristisch ist die Reaktion des Oberbefehlshabers der Schweden, Bernhard von Weimar, als er vom Bruch des Kaisers mit Wallen-

CHRONIK
DES SCHEITERNS

stein hörte. Er rief spontan aus, dies sei doch wohl wieder nichts anderes als eines jener ›Friedländischen Consilia‹, eine jener dubiosen Aktionen. Niemand traute ihm mehr über den Weg, alle ließen den großen General im Stich.«

W ALLENSTEIN BEFAHL SEINEN Dienern, in aller Eile zu packen und sein ganzes Geld aus der Kammer von Gitschin, immerhin 117 000 Gulden, zu einem Vertrauensmann zu bringen. Am Morgen des 22. Februar des Jahres 1634 brach er in Begleitung von 1600 Personen – darunter seine wichtigsten Berater Ilow, Trčka und Kinsky mit ihren Familien – zu seiner beschwerlichen Reise nach Eger auf. Dorthin wollte er sich zurückziehen.

24 Kilometer westlich von Pilsen machte der Tross in Mies zum ersten Mal halt. Wallenstein ging es so schlecht, dass er in einer Sänfte, die zwischen zwei Pferden hing, transportiert werden musste. In Feldmarschall Ilows Schloss, der die Pfandherrschaft über das Städtchen hatte, konnte die Reisegesellschaft einigermaßen sicher und bequem übernachten. Am Abend stieß ein gewisser Oberst Walter Butler mit seinem Dragonerregiment auf den Geächteten. Der irische Katholik in Diensten des Kaisers sah seine große Stunde kommen. Er bot Wallenstein an, den Tross auf seinem weiteren Weg zu begleiten. Als der Herzog das Angebot annahm, schickte Butler umgehend einen Brief an Gallas und Piccolomini, in dem er erklärte, dass er sich nur unter Zwang dem abgesetzten Feldherrn angeschlossen habe, aber jederzeit bereit sei, mit einer »heldenhaften Tat« einzuschreiten.

Die Blutnacht von Eger

Am nächsten Tag führte der Weg die Flüchtenden durch dunkle Wälder weiter nach Nordwesten. Südlich von Marienbad schloss sich der schottische Oberstleutnant Walter Leslie den Reisenden an. Auch er hatte Wallenstein viel zu verdanken, ließ sich aber ohne Skrupel von den Gegnern instrumentalisieren. Einen Tag später, am 24. Februar, erreichte der Zug schließlich die Tore von Eger. Die Stadt, die heute Cheb genannt wird, liegt im äußersten Westen Böhmens. Von der einstigen Pracht des Ortes, der auf dem Knotenpunkt

Auf der beschwerlichen Reise nach Eger musste der Feldherr in einer Sänfte transportiert werden.

Egers einstige Pracht zeigt sich heute noch in den Bürgerhäusern am Marktplatz.

der Handelsstraßen Nürnberg–Prag, Prag–Leipzig lag, zeugen noch heute der Marktplatz und die umliegenden Stadthäuser.

Erschöpft von den Strapazen der anstrengenden Reise bezog Albrecht von Wallenstein das Pachelbelhaus am unteren Marktplatz. Er hegte keinen Verdacht, als ihn der schottische Stadtkommandant Gordon in das ungesicherte Bürgerhaus einquartierte. Froh, endlich ausruhen zu können, zog sich der kranke Mann in sein bescheidenes Schlafgemach zurück. Der Obersthofmeister dirigierte die Diener, die Ärzte mischten Salben und Kräuter und wechselten die Verbände an Wallensteins offenen Beinen. Der Astrologe Senno schlich unruhig durch die Gänge des Hauses und die Kanzlisten verfassten eilige Schreiben. Das letzte von Wallenstein in Auftrag gegebene Schriftstück liegt heute im Prager Staatsarchiv. Die Handschrift des Kanzlisten ist so zittrig und fahrig, dass sie auf die Angst schließen lässt, die in diesen Stunden geherrscht haben muss.

AM NÄCHSTEN MORGEN ließ Wallenstein Leslie und Butler zu sich kommen, um sich – komme was da wolle – ihrer Treue zu versichern. Zum Schein gingen die beiden darauf ein, trafen sich aber anschließend mit dem Stadtkommandanten, um das weitere Vorgehen zu besprechen. Vom Generalissimus sei nichts mehr zu erwarten und der gemeine Verrat am Kaiser müsse gerächt werden, so die einhellige Meinung der Verschwörer. Als das Gespräch auf kaiserlichen Dank und reiche Belohnung kam, wurde man sich schnell einig: Wallenstein und seine Anhänger mussten unverzüglich beseitigt werden. Der Mord war beschlossene Sache, da eine Verhaftung des Feldherrn ohne großes Blutvergießen unter den Soldaten unmöglich schien.

GEGEN SECHS UHR ABENDS zog sich der Herzog bekleidet mit einem Leinenhemd und einem pelzgefütterten Schlafrock zur Nachtruhe in sein Schlafzimmer im ersten Stock des Hauses zurück. Ein Diener wachte vor seinem Zimmer, auf der Straße patroullierten vier Bürgergarden. Während er vor sich hindämmerte, fuhren seine engsten Vertrauten zur nächtlichen Vergnügung auf die Burg Eger. Was Ilow und die anderen Gäste nicht wussten, war, dass ihr Gastgeber Gordon, in Absprache mit Leslie und Butler, drei ausländische Offiziere mit ihrer Ermordung beauftragt hatten. Während die Herren speisten und einander zuprosteten, wurden die Tore besetzt und die Zugbrücke hochgezogen. Als plötzlich Dragoner in den Saal stürmten und riefen: »Wer ist gut kaiserisch?«, waren die angetrunkenen Gäste völlig überrumpelt. Keiner der Wallenstein-Getreuen verließ die Burg lebend.

NUN KONNTE DER ZWEITE AKT beginnen. Zwischen zehn und elf Uhr abends stürmten bewaffnete Dragoner den Innenhof des Pachelbelhauses, töteten die Wachen und besetzten die Ausgänge. Ein Hauptmann mit einem Schwert in der Hand und sechs weitere Dragoner stürzten die Treppe zum ersten Stock hoch und schrien: »Rebellen, Rebellen.« Ein Mundschenk, der Wallenstein gerade eine goldene Schale mit warmem Bier bringen wollte, wurde sofort niedergestochen.

Das unbeschwerte Gelage auf der Egerer Burg endete für Wallensteins Getreue tödlich.

Unbewaffnet, nur mit einem Nachthemd bekleidet, stand Wallenstein den kaiserlichen Häschern gegenüber.

Die Schreie und der Lärm ließen den Herzog auffahren. Beunruhigt schleppte er sich ans Fenster, konnte aber in dem dichten Schneetreiben nichts erkennen. Dann lenkte ein Geräusch seine Aufmerksamkeit plötzliche auf die Zimmertür. Der Kämmerer, der vor der Tür saß, war niedergestreckt worden, das Schwert des Mörders dabei zerbrochen.

Als die Tür aufflog, lehnte der Herzog im Halbdunkel an einem Tisch. Ein Dragoner gab später stolz zu Protokoll, er habe den Feldherrn angeschrien: »Du schlimmer, alter, meineidiger Schelm«, worauf dieser die Arme ausgebreitet und »ah Quartier« gestammelt habe. Doch Gnade wurde nicht gewährt. Ein gewisser Hauptmann Devereux rammte Wallenstein entschlossen die Hellebarde in die Brust. Tödlich getroffen sank der Herzog zu Boden. Ein dunkler Fleck an der weiß gekalkten Wand erinnert noch heute an das grauenhafte Verbrechen.

UM WEITERES AUFSEHEN zu vermeiden, musste der Tote auf dem schnellsten Weg beseitigt werden. Die Dragoner wickelten den Leichnam in den blutbefleckten Teppich und zerrten ihn die Treppen hinunter, wobei der Kopf des Toten an jeder Stufe aufschlug. Anschließend brachte man ihn zur Burgkapelle, wo ein ein-

facher Brettersarg bereit stand, der aber viel zu klein für den Er-
mordeten war. Kurzerhand zerschlug man die Knochen des Leich-
nams mit einer Keule – ein unrühmliches Ende für einen Mann,
der immerhin 16 Jahre lang die Geschicke Deutschlands maßgeblich mitbestimmt hatte.

D IE BELOHNUNG FÜR die Täter ließ nicht lange auf sich war-
ten. Nur vier Tage nach der Ermordung Wallensteins begann
die Verteilung seiner riesigen Güter, deren Wert auf ungefähr neun
Millionen Gulden geschätzt wird. Am Wiener Hof setzte ein wahrer
Sturm auf die Besitzungen der »notorischen Reichsrebellen« ein, der
dazu führte, dass am Ende für die Krone fast nichts übrig blieb. Die
Mörder erhielten neben immensen Geldsummen Adelstitel und
Landbesitz. Der Hauptprofiteur war General Gallas: Er bekam die
Herzogtümer Friedland und Reichenberg,
außerdem große Ländereien. »Er wurde mit
einem Schlag zu einem der größten Grund-
besitzer des Königreichs«, so der Hisoriker
Christoph Kampmann.

D AS PACHELBELHAUS IN EGER, der
Schauplatz von Wallensteins Ermordung, beherbergt heute ein Museum, das
die einzelnen Stationen im Leben des böhmischen Barons würdigt. Wenn man durch
das Haus wandelt, wird einem bewusst, in
welch bescheidenen Mauern der Generalissimus die letzten Stunden seines Lebens
verbrachte – krank, einsam, allein, fern der
Pracht seiner zahllosen Schlösser und Paläste. Seine sterblichen Überreste liegen heute
in der St.-Anna-Kirche in Mnichovo Hradiste, dem alten Münchengrätz, nordöstlich
von Prag. Nur ein schwarzes Marmorrelief
über der Gruft deutet darauf hin, dass in der
unscheinbaren Barockkirche eine der unge-
wöhnlichsten Persönlichkeiten des Dreißigjährigen Kriegs bestattet ist.

Im Pachelbelhaus erin-
nert ein Museum an
das Leben des böhmi-
schen Barons.

Wallensteins Vermächtnis

Die Kunde von Wallensteins Ermordung verbreitete sich wie ein Lauffeuer in Europa – mit unterschiedlichen Reaktionen. Der spanische Gesandte etwa zeigte sich über den Tod des Generals sichtlich erleichtert: »Es ist eine große Gnade, die Gott dem Hause Österreich erwiesen hat«, und später fügte er noch hinzu, dass »seine Tätigkeit am Hofe zu Wien viel einfacher geworden sei, weil des Friedländers Parteigänger nicht mehr den Mut zum Opponieren haben«. Die Gegner des Mordkomplotts waren sehr zum Ärger Wiens aber in der Überzahl. Kein Geringerer als der französische Kardinal Richelieu verurteilte die Bluttat in aller Deutlichkeit: Europa sei Zeuge des »größten Meuchelmordes des Jahrhunderts« geworden, heißt es in seinen Schriften. Wie sehr Wallensteins Tod den französischen Kardinal beschäftigte, beweist die Tatsache, dass er ihm acht Seiten seiner Memoiren widmete. Über den Mord schreibt er: »Sonderbar ist es und der Menschen Schwäche offenbarend, dass unter allen jenen, die ihm Dank schuldeten, in der Stadt nicht einer bereit war, seinen Tod zu rächen; jeder erfand erkünstelte Gründe, seine Schnödigkeit oder Feigheit zu verschleiern ... Wallensteins Tod bleibt ein ungeheures Beispiel, sei es für die Undankbarkeit des Dienenden, sei es für die Grausamkeit des Herrn; denn in seinem an gefährlichen Zwischenfällen reichen Leben fand der Kaiser keinen Zweiten, dessen hilfreiche Dienste auch nur von ferne an die ihm von Wallenstein geleisteten herangekommen wären.«

DAS GEWALTSAME ENDE des einst so hoch geschätzten Mannes führte auch im Reich zu einer heftigen publizistischen Kontroverse, in der es in erster Linie um die Klärung der Schuldfrage ging. War Wallenstein ein Verräter? War sein Tod am Ende gerechtfertigt? Zusätzlich angeheizt wurde die Diskussion von den Schweden, die den Tod ihres alten Gegners propagandistisch nutzen wollten. Zahllose Flugblätter berichteten bis ins kleinste Detail über das Attentat von Eger, wobei die Geschichte mit viel Phantasie ausgeschmückt wurde, um die Neugier und Sensationslust der Leser zu befriedigen. Holz- und Kupferstiche mit der Darstellung vom Tod des Friedländers fanden reißenden Absatz beim Volk.

RELATION

Auß

PARNASSO

Uber die Einkommene

Advifen der Mörderifchen Gewaltthat vnnd
Meuchelmords verübt an Käyferlicher Majeft. Genera-
liffimo Hertzogen von Friedland/General Feldma:fchaln Chriftian
von Jlo/Obriften Graff Wilhelm Kingki/Obriften Land-
Jägermeiftenndeß Königreichs Böheims/Obri-
ften Tergki/Ritmeifter Nieman.

Durch

Obriften Budtler / Johann

Gordoun Tertzkifchen Obr. Leutenant / Wal-

tern Lesle Tertzkifchen Majorn/vnd Adam Gor-
doun Tertzkifchen Capitän/ vnd derofelben
außgefprengte vermeinte
Apologiam.

Gedruckt Jm Jahr Chrifti/ 1634.

Die kritischen Stimmen zum Mord an Wallenstein waren Ferdinand II. ein Dorn im Auge.

Auf Flugblättern und
Bildern wurde die
»Execution« detailliert
beschrieben – der
Krieg hatte einen
zweiten Märtyrer.

Nicht nur den Protestanten schien der große Böhme plötzlich als Märtyrer, auch katholische Stimmen wurden laut, die ihn als Opfer kaiserlicher Gewalt verklärten. Am Wiener Hof nahm man den Stimmungswechsel mit großem Unbehagen zur Kenntnis. Fragen nach der Rechtmäßigkeit der Tat wurden gestellt: Was hatte

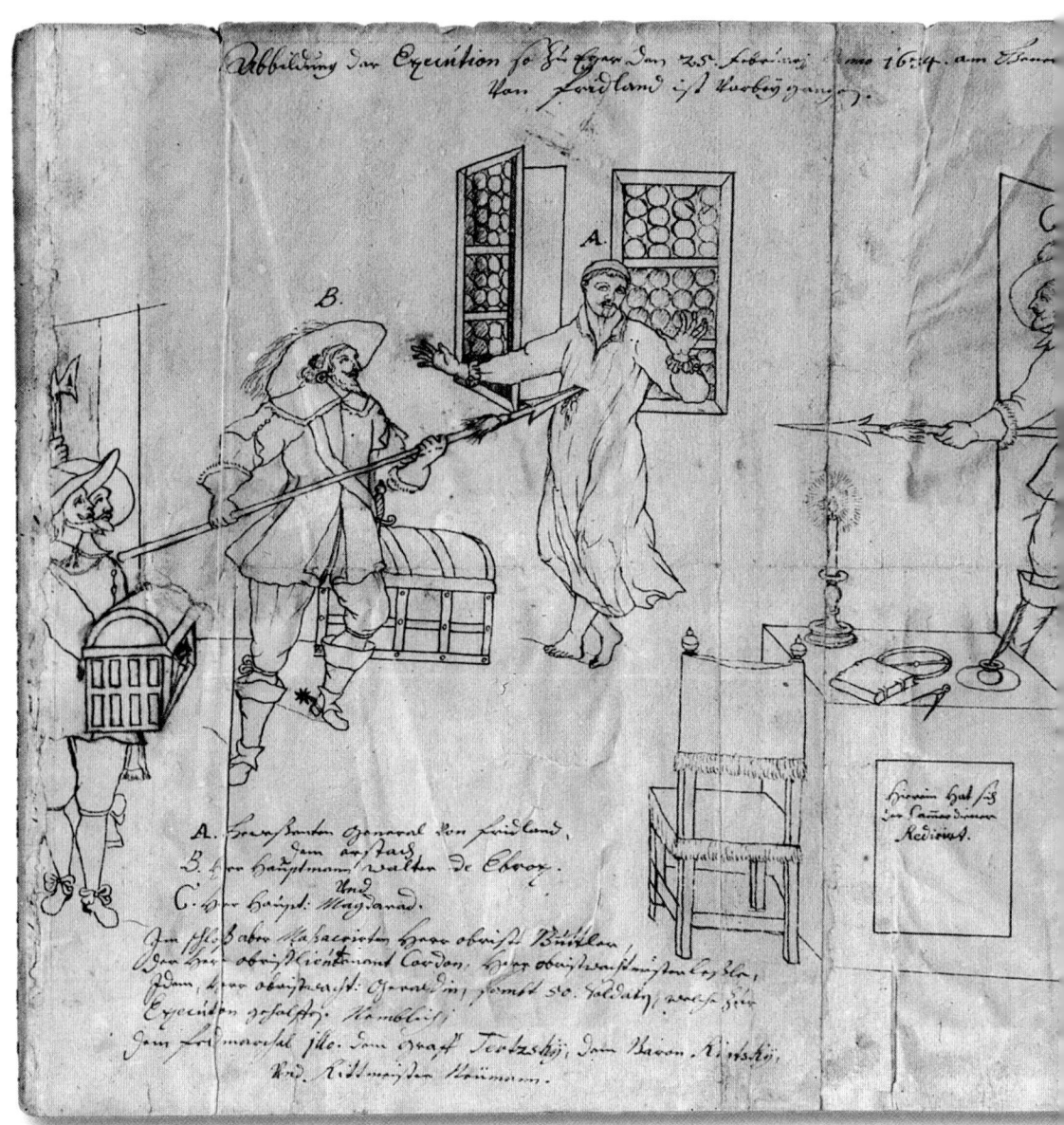

Ferdinand II. tatsächlich veranlasst, seinen erfolgreichsten Feldherrn fallen zu lassen? Vielleicht war er am Ende doch nur das unschuldige Opfer einer Intrige?

Das Gerede zwang den Kaiser im Oktober 1634 zur Abfassung eines Berichts, in dem er öffentlich klarstellte, dass eine gerichtliche Klärung der Vorwürfe gegen Wallenstein weder nötig noch möglich gewesen wäre. Der anmaßende Pilsener Revers habe zwangsläufig zur Reichsacht geführt – auf einen ordentlichen Prozess habe man deshalb verzichten können.

Ferdinand II. musste sein Vorgehen auf Druck der Öffentlichkeit rechtfertigen – ein schaler Beigeschmack blieb dennoch.

Für die Wissenschaft ist heute allerdings bewiesen, dass der Pilsener Revers keineswegs der Beginn eines Staatsstreichs gegen den Kaiser bedeutete. Es scheint vielmehr, als habe Ferdinand II. nur auf einen Anlass gewartet, seinen treuen Feldherrn loszuwerden, der in seinen Augen viel zu mächtig und unberechenbar geworden war. Das Tragische ist nur, dass dem Kaiser und seinen Beratern der Weitblick fehlte, um die Qualitäten Wallensteins richtig einzuschätzen: Denn als dieser den Frieden suchte, weil er erkannt hatte, dass der Krieg sinnlos geworden war, warfen sie ihm Unfähigkeit und Verrat vor, dachten nur an den Fortbestand der eigenen Macht.

Die Chance auf Frieden im Reich war damit vertan. Zehn Victorien, hatte der Generalissimus einst gewarnt, würden den Frieden nicht näher bringen. Er sollte Recht behalten. Es dauerte noch vierzehn lange Jahre, bis das unbeschreibliche Leid und das sinnlose Sterben der Menschen 1648 mit dem Westfälischen Frieden von Münster und Osnabrück ein Ende fanden.

Sieg der Vernunft: Am 24. Oktober 1648 unterzeichnen die Vertreter des Deutschen Kaisers, Schwedens und Frankreichs in Münster den Friedensvertrag.

Donné à Paris le xx. jour de Mars, l'an de grace 1648. et de nostre Regne le
Cinquiesme Signé Louys, et sur le reply, Par le Roy la Reyne Regente sa Mere
presente de Lomenie, et scellé du grand seau, en cire jaulne.

Comes de ...

Nomine Dñi Electoris Moguntini
Nicol. Georgius Raigerspergerus

Nomine Dñi Electoris Bavarus
Joannes Adolphus Krebs

ES WAR DER KRIEG ALLER KRIEGE

DER WESTFÄLISCHE FRIEDEN

Dieses Buch über den Dreißigjährigen Krieg endet mit dem tragischen Mord an Albrecht von Wallenstein – doch das Blutvergießen ging noch 14 Jahre weiter. Immer größere Landstriche wurden verwüstet und entvölkert. Seuchen, Hunger und Gewalt kosteten Millionen von Menschen das Leben. Nach dem Tod des großen Feldherrn blieben die spektakulären Schlachten aus, keine der beteiligten Mächte konnte mit militärischen Mitteln einen entscheidenden Sieg erringen. Ging es in den ersten 15 Jahren noch um den rechten Glauben, bestimmten nun territoriale Auseinandersetzungen und politische Machtansprüche das Kriegsgeschehen. Vor allem aber war es das unendliche Leid der zivilen Opfer und der einfachen Soldaten, das die zweite Hälfte des epochalen Konflikts prägte. Das Erlebnis des unfassbaren Grauens ist bis heute in bewegenden Selbstzeugnissen von Bauern und Bürgern, Landsknechten, Pfarrern und sogar Kindern erhalten geblieben.

Graf Johann Ludwig von Nassau und Dr. Isaac Volmar unterschreiben für den Kaiser, der König von Frankreich wird durch Graf Servien vertreten.

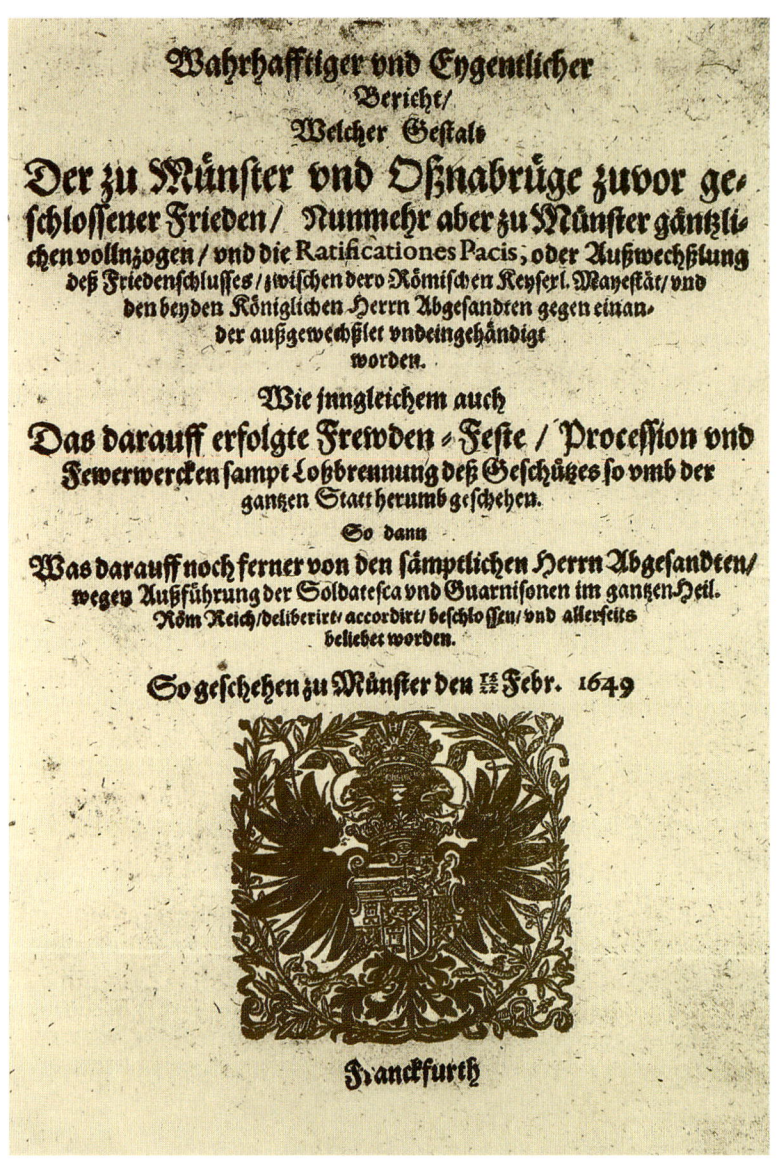

Wahrhafftiger vnd Eygentlicher
Bericht/
Welcher Gestalt
Der zu Münster vnd Oßnabrüge zuvor ge-
schlossener Frieden/ Nunmehr aber zu Münster gäntzli-
chen vollnzogen/ vnd die Ratificationes Pacis, oder Außwechßlung
deß Friedenschlusses/ zwischen dero Römisch Keyserl. Mayestät/ vnd
den beyden Königlichen Herrn Abgesandten gegen einander außgewechßlet vndeingehändigt
worden.

Wie jnngleichem auch
Das darauff erfolgte Frewden-Feste / Procession vnd
Fewerwercken sampt Loßbrennung deß Geschützes so vmb der
gantzen Statt herumb geschehen.
So dann
Was darauff noch ferner von den sämptlichen Herrn Abgesandten/
wegen Außführung der Soldatesca vnd Guarnisonen im gantzen Heil.
Röm Reich/deliberirt/ accordirt/ beschlossen/ vnd allerseits
beliebet worden.

So geschehen zu Münster den 14/24 Febr. 1649

Franckfurth

Jahrhundertschlagzei-
le: Das junge Medium
Zeitung berichtet über
das Freudenfest in
Münster.

Der Söldner Hagendorf, den der Krieg 25 Jahre durch Deutschland trieb, war noch beim erbitterten Kampf um Freiburg und Breisach dabei, wo gefangene Söldner aus Not ihre verstorbenen Kameraden aßen. »Haben hinter uns, vor uns, neben uns an den Seiten den Feind gehabt. Ist kein Bissen Brot für Geld zu bekommen gewesen«, schreibt er im Dezember 1637. Mit der Not der Soldaten eskalierte die Gewalt, ganze Dörfer gingen in Flammen auf – »da sind 100 Bauern darin gewesen«, berichtet Hagendorf nüchtern.

Für den hessischen Landmann Caspar Preis waren die Schrecken des Krieges sogar noch im Jahr 1667 spürbar, denn der Frieden von 1648 hatte eine mächtige und gefährliche Armee von entwurzelten, beschäftigungslosen Soldaten geschaffen. Mal waren es schwedische, mal kaiserliche Landsknechte, die auf den Höfen der Bauern einquartiert wurden. »Die musten wir arme Leuth verpflegen, musten jinen Geld geben, den Perden Haffern und Häw«, klagt der Bauer, der selbst kaum genug zu essen für seine Familie hatte. Auch die Überfälle auf das Dorf Stausenbach fanden noch lange kein Ende: »Darnach kamen da die Völker uns noch uber den Halß und brästen und qwälleten uns noch mehr. Es ist doch nicht zu sagen noch zu erzehlen, allen den Jamer, die Trübsal und das Hertzenleyt, das wir arme Leuth haben müsen leyden und ausstehen in achtzehen Jaren.«

WAREN ES DIE drastischen Gewaltdarstellungen in den Berichten der Opfer, die den Dreißigjährigen Krieg zu einem deutschen Trauma werden ließen? Die vielen blutigen und dramatischen Details, die offenbaren, was Menschen einander physisch und psychisch antun können? Obwohl die meisten Menschen damals nichts anderes als den Krieg kannten, die Folter als Verhörmethode üblich war, Hinrichtungen öffentlich vollzogen wurden und gewalttätige Auseinandersetzungen an der Tagesordnung wa-

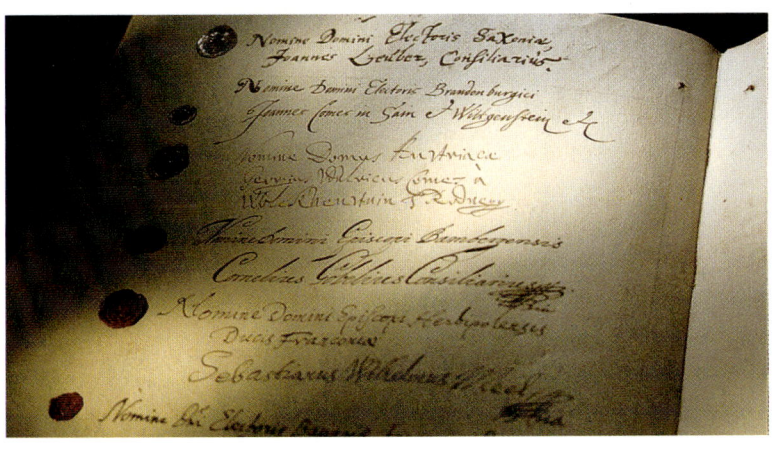

Nach der Unterzeichnung der Friedensverträge werden die Armeen aufgelöst. Tausende von Soldaten ziehen raubend und bettelnd durch das verwüstete Land.

ren, hinterließen diese dreißig Jahre tiefe Spuren. »Wenn Menschen ihre Gewalterfahrungen im Krieg trotzdem in solcher Ausführlichkeit dokumentieren, ist dies ein Zeichen dafür, dass das alltägliche Maß bei weitem überschritten wurde«, so die Historikerin Dr. Maren Lorenz. »Vermutlich wurde eine Dimension an Gewalt erreicht, die für uns kaum noch nachvollziehbar ist.« Auch wenn manche Erzählungen wahrscheinlich schaurige Erfindungen des 19. Jahrhunderts sind: Eltern, die ihre Kinder mit dem Schwert töteten, um sie zu essen; Kinderleichen, die man nach Belagerungen angeblich gepökelt auffand; nur noch von Wölfen behauste Orte; Menschenjäger, die in den Wäldern mit Bluthunden ihre Opfer suchten. Selbst

Die Gesandten der Friedensmächte versammeln sich um die Grabfigur des verstorbenen Völkerrechtslehrers Hugo Grotius, des »geistigen Vaters des Friedens«.

die über Jahrzehnte fortwirkende kulturelle Verödung halten einige Historiker für einen Mythos, der im Gefühl machtpolitischer Schwäche während des Dreißigjährigen Krieges seinen Ursprung hatte und im hysterischen Nationalismus des 19. und 20. Jahrhunderts gipfelte.

Die moderne Forschung belegt heute allerdings, dass damals auf deutschem Boden prozentual mehr Menschen starben als in jedem anderen Krieg vorher und nachher. Man schätzt, dass in manchen Gegenden bis zu zwei Drittel der Bevölkerung den Krieg nicht überlebten. Konkrete Zahlen gibt es nur in Ausnahmefällen: So hatte zum Beispiel Augsburg vor dem Krieg 45 000 Einwohner, eine Erhebung bei Kriegsende zählte nur noch 16 000. Und die dramatischen Erfahrungen von Leid, Tod und Flucht wirkten weiter. »Man hat später versucht, Spuren einer kollektiven Traumatisierung wiederzufinden, etwa in einer tief greifenden Veränderung des Verhältnisses zum Tod«, sagt Professor Bernd Roeck. »Es gibt Hinweise, dass man sich in Gebieten, die besonders stark vom Krieg heimgesucht wurden, weniger um das Leben kümmerte und die Kindersterblichkeit deshalb über Generationen hinaus erhöht war.«

WELCHES GRAUSAME SCHICKSAL wäre den Menschen erspart geblieben, wenn man schon mehr als ein Jahrzehnt früher den Friedensideen des kaiserlichen Generalissimus Albrecht von Wallenstein gefolgt wäre? Tatsächlich existiert das Protokoll einer Unterredung des kriegsmüden Feldherrn mit kursächsischen Gesandten, in der er sehr ernst zu nehmende und vernünftige Vorstellungen von einem möglichen Friedensvertrag zum Ausdruck brachte. Wallenstein dachte an eine Wiederherstellung der Pfälzer Kurwürde, an eine Abfindung der Schweden und an eine Aufhebung des Restitutionsedikts – Gedanken, die 1648 nach einem jahrelangen Verhandlungsmarathon in den Westfälischen Friedensvertrag eingingen.

Den großen Krieg zu beenden war eine ungeheuer schwierige Aufgabe. Hunderttausende standen unter Waffen, Söldner, deren einziger Broterwerb der Krieg war und die der Frieden ins Elend stürzte. Schweden und Frankreich forderten Landgewinne und immense Reparationszahlungen. Auch unter den deutschen Fürsten gab es Streit. Viele von ihnen stellten ebenfalls Gebietsansprüche und verlangten Entschädigungen. Dennoch kam es in den westfälischen Städten Münster und Osnabrück zu einem epochalen Friedensschluss. Die Fanatiker in den Regierungen wurden entmachtet, Gewalt geächtet und mit scharfen Sanktionen belegt. Amnestien sorgten dafür, dass das Aufrechnen von Schuld und Sühne ein Ende hatte und der Teufelskreis der Rachefeldzüge endlich durchbrochen wurde.

Das politische Gleichgewicht zwischen Kaiser und Reich wurde wieder hergestellt, die Verfassung neu geregelt. Die Landesherren der großen Territorien wurden in das Friedenswerk so eingebunden, dass auch die kleineren weniger mächtigen Stände zu ihrem Recht kamen. Diese durften fortan auch Bündnisse mit fremden Mächten schließen, vorausgesetzt sie richteten sich nicht gegen Kaiser und Reich. Durch ihre Stärkung war die Weichenstellung zu einer föderalistischen Staatsstruktur in Deutschland endgültig vollzogen. Ein für alle Mal wurde auch der Besitz der Glaubensparteien festgelegt, indem man bezogen auf das Stichjahr 1624 eine konfessionelle Landkarte erstellte. Katholiken und Protestanten sollten in Zukunft gleichberechtigt miteinander in Frieden leben. Mit dem Westfälischen Frieden war der Glaubenskrieg im Reich für immer beendet – ein entscheidender Wendepunkt in der deutschen Geschichte. »Der Frieden von 1648 war nicht nur für Deutschland in jeder Hinsicht so etwas wie der Frieden aller Frieden«, urteilt Bernd Roeck. Bis ins 19. Jahrhundert galten die Abkommen von Münster und Osnabrück auch im Ausland als »Meisterwerke internationaler Konfliktregulierung« und dienten als Grundlagen des europäischen Staatensystems.

In Anbetracht der vielen Gewalttaten, die im Namen Gottes in der Welt und sogar in Europa heute noch begangen werden, haben die Gräuel und der Schrecken des Dreißigjährigen Krieges wieder eine bestürzende Realität. Wir sollten sie als Mahnung verstehen, denn bis es zum Westfälischen Frieden kam, brachten drei Jahrzehnte Blutvergießen, Hunger und unendliches Leid.

Tafeln für den Frieden: Pfalzgraf Karl Gustav von Zweibrücken veranstaltet am 21. September 1649 im Saal des Nürnberger Rathauses ein großes Festmahl.

DIE AUTOREN

Dr. Reinhard Barth, geboren 1943 in Hamburg, studierte Geschichte, Germanistik und Philosophie und promovierte 1974 mit einer Arbeit über städtische Auseinandersetzungen im Spätmittelalter. Er arbeitet als Autor für Zeitschriften und Magazine und verfasste verschiedene Taschenlexika über historische Themen – unter anderem über die Kreuzzüge, die Wikinger, die Päpste und den Zweiten Weltkrieg.

Hans-Christian Huf, geboren 1956 in Starnberg, studierte Geschichte und Politikwissenschaften in München und Bordeaux. Seit 1987 in der Redaktion Geschichte und Gesellschaft beim ZDF tätig, entwickelte er viele erfolgreiche Primetime-Geschichtsreihen und verfasste zahlreiche Begleitbücher zu den Serien. Darunter *Das Land der großen Mitte, Sphinx 1-7, Quo Vadis 1-2, Himmel, Hölle und Nirvana* und *Söhne der Wüste*.

Martin Papirowski, geboren 1960 in Dortmund. Nach einem zweijährigen redaktionellen Zeitungsvolontariat studierte er Publizistik, Kommunikationswissenschaften,

Geschichte und Politik. Von 1981 an war er als Autor und Produzent von Rundfunkdokumentationen und Hörspielen tätig, seit 1985 ist er Autor, Produzent und Regisseur zahlreicher Fernsehreportagen, Dokumentationen und Dokumentarspielfilme.

Dr. Luise Wagner-Roos, geboren 1957 in Wiesmoor/Ostfriesland, ist promovierte Biologin und Wissenschaftsjournalistin. Neben ihrer langjährigen Tätigkeit als Autorin für Magazine wie *Stern* und *Focus* – bevorzugt über Themen im Grenzgebiet zwischen Forschung, Kultur und Zeitgeist – verfasste sie zahlreiche Drehbücher für Fernsehdokumentationen über historische Themen und gründete 1998 die Produktionsfirma »Digital Drama« in Hamburg.

Wir bedanken uns bei allen Wissenschaftlern, die durch ihr Engagement und ihre konstruktive Kritik maßgeblich zum Gelingen dieses Buches beigetragen haben. Unser Dank gilt auch allen Institutionen, die uns historisches Bildmaterial zur Verfügung gestellt haben.

LITERATUR- UND QUELLENVERZEICHNIS

Barudio, Günter: *Gustav Adolf der Große*, Frankfurt a. Main 1982

Berner, Felix: *Gustav Adolf. Der Löwe aus Mitternacht*, Stuttgart 1982

Bedürftig, Friedemann: *Dreißigjähriger Krieg*, München 1999

Bücheler, Heinrich: *Von Pappenheim bis Piccolomini. Sechs Gestalten aus Wallensteins Lager*, Sigmaringen 1994

Burkhardt, Johannes: *Der Dreißigjährige Krieg* (Moderne deutsche Geschichte, 2), Damstadt 1997

Diwald, Hellmut: *Wallenstein*, München/Esslingen 1969, Neuaufl. Frankfurt a. Main/Berlin 1987

Documenta bohemica bellum tricennale illustrantia, Bd. IV: *Der Dänisch-Niederdeutsche Krieg und der Aufstieg Wallensteins*. Mit einem Vorwort von Josef Kollmann, Prag 1974

Documenta bohemica, Bd. V: *Der Schwedische Krieg und Wallensteins Ende*. Mit einem Vorwort von Miroslav Toegel, Prag 1977

Ernstberger, Anton: *Hans de Witte. Finanzmann Wallensteins*, Wiesbaden 1954

Findeisen, Jörg-Peter: *Gustav II. Adolf von Schweden*, Graz/Wien/Köln 1996

Franzl, Johann: *Ferdinand II. – Kaiser im Zwiespalt der Zeit*, Graz 1978

Frisch, Michael: »Das Restitutionsedikt Kaiser Ferdinands II. vom 6. März 1629«. In: *Jus ecclesiasticum*, 44, Tübingen 1993

Gaettens, Richard: *Inflationen – Das Drama der Geldentwertung vom Altertum bis zur Gegenwart*, München 1955

Geiger, Angelika: *Wallensteins Astrologie*, Phil. Diss., Graz 1983

Gersdorff, Hans von: *Feldbuch der Wundarznei*, Darmstadt 1967

Ingelman-Sundberg, Catharina: »Gustav Adolf II«. In: *Svenska Dagbladet*, Stockholm 1993

Kampmann, Christoph: *Reichsrebellion und kaiserliche Macht. Politische Strafjustiz im Dreißigjährigen Krieg und das Verfahren gegen Wallenstein 1634* (Schriftenreihe der Vereinigung zur Erforschung der Neueren Geschichte, 21), Münster 1993

Lahrkamp, Helmut: *Dreißigjähriger Krieg. Westfälischer Frieden*, Münster 1999

List, Martha: »Das Wallenstein-Horoskop von Johannes Kepler«. In: *Johannes Kepler. Werk und Leistung*. Ausstellung im Steinernen Saal des Linzer Landhauses, hrsg. von der Kepler-Kommission der Hochschule Linz, Linz 1971, S. 127-136

Lorenz, Gottfried (Hrsg.): *Quellen zur Geschichte Wallensteins* (Ausgewählte Quellen zur deutschen Geschichte der Neuzeit, 20), Darmstadt 1987

Mahr, Helmut: *Wallenstein vor Nürnberg 1632*, Neustadt a. d. Aisch 1982

Mahr, Helmut (Hrsg.): *Oberst Robert Monroe. Kriegserlebnisse 1626–1633*, Neustadt a. d. Aisch 1995

Mann, Golo: *Wallenstein. Sein Leben erzählt von Golo Mann*, Frankfurt a. M. 1971

Mieck, Ilja: »Wallenstein 1634. Mord oder Hinrichtung?« In: *Das Attentat in der Geschichte*, hrsg. von Alexander Demandt, Köln/Weimar/Wien 1996

Poličensky, Josef u. Kollmann, Josef: *Wallenstein. Feldherr des Dreißigjährigen Krieges*, Köln/Weimar/Wien 1997

Ranke, Leopold von: *Geschichte Wallensteins*, Leipzig 1869

Repgen, Konrad (Hrsg.): *Krieg und Politik 1618–1648: Europäische Probleme und Perspektiven* (Schriften des Historischen Kollegs: Kolloquien, 8), München 1988

Rieder, Heinz: *Wallenstein – General, Herzog, Verräter*, Graz/Wien/Köln 1967

Roeck, Bernd: *Als wollt die Welt schier brechen. Eine Stadt im Zeitalter des Dreißijährigen Krieges*, München 1991

Rosseaux, Ulrich: *Die Kipper und Wipper als publizistisches Ereignis* (Schriften zur Wirtschafts- und Sozialgeschichte, 67), Berlin 2001

Schormann, Gerhard: *Der Dreißigjährige Krieg*, Göttingen 1985

Srbik, Heinrich Ritter von: *Wallensteins Ende. Ursachen, Verlauf und Folgen der Katastrophe*, Wien 1920

Suvanto, Pekka: *Wallenstein und seine Anhänger am Wiener Hof zur Zeit des zweiten Generalats 1631–1634*, Helsinki 1963

Wedgwood, Cicely V.: *Der Dreißigjährige Krieg*, München 1976

BILDNACHWEIS

Aelenei, Cos/Prîvu, Emanuil: 45, 47, 75, 86, 95, 98-99, 149, 266, 267, 340, 348, 351, 355, 357, 364

Aelenei, Cos/Papirowski, Martin: 18, 22, 23, 28, 29, 33, 34, 38-39, 40, 41, 42, 65, 76, 77, 82, 104-105, 151, 160, 176, 235, 258, 262, 280, 298, 300, 312, 320-322, 328, 332, 342-343, 346, 362, 365, 372, 375

Archiv für Kunst und Geschichte, Berlin: 21, 43, 48, 51, 52, 61, 69, 70-71, 83, 84-85, 94, 100, 102, 139, 141-142, 147, 148, 154, 158-159, 183, 191, 228-229, 230, 236-237, 240, 241, 250, 254-255, 270, 271, 285, 294, 297, 306, 336, 344-345, 367, 376

Bayerisches Armeemuseum, Ingolstadt: 170, 272

Bildarchiv Preußischer Kulturbesitz, Berlin: 6, 12-13, 122, 144, 180, 188-189, 190, 192, 199, 205, 244, 249, 278-279, 286-287, 291, 303

Deutsches Medizinhistorisches Museum, Ingolstadt: 335

Egerer Museum, Eger: 14, 23, 36, 349, 360, 368

Herzog August Bibliothek, Wolfenbüttel: 91, 165, 179, 195, 211, 213, 215, 218, 219, 227

Interphoto, München: 26-27, 30, 53, 54, 66, 67, 74, 96-97, 101, 111, 150, 166-167, 177, 184, 185, 187, 197, 200, 201, 206, 207, 208, 220, 224, 252, 256, 260, 262, 276, 277, 282, 289, 290, 304, 307, 309, 310-311, 316, 318, 324, 327, 363, 369, 370-371, 374, 379

Institut für Presseforschung, Bremen: 223

Kunsthalle Bremen: 87, 90, 145, 152, 164, 248, 251, 313, 314, 326

Kunstsammlung der Veste Coburg: 153, 156, 323

Königliche Leibrüstkammer, Stockholm: 168, 172

Mayer, Helmut: 138

Museum des Dreißigjährigen Krieges, Wittstock: 2, 25, 78-79, 80, 93, 131, 140, 155, 231, 233, 234, 239, 242, 247, 256, 295, 296

Nationalmuseum Stockholm: 174, 175

Sächsisches Hauptstaatsarchiv, Dresden: 58, 62, 63

Staatliche Kunstsammlung Dresden: 64

Staatsarchiv Nürnberg: 265-266, 267, 269

Staats- und Stadtbibliothek Augsburg: 202

Wir danken allen Rechteinhabern für die Erlaubnis zum Abdruck der Abbildungen. Trotz intensiver Bemühungen war es nicht möglich, alle Rechteinhaber zu ermitteln. Wir bitten diese, sich an den Verlag zu wenden.

Econ Verlag
Econ ist ein Verlag
der Ullstein Heyne List GmbH & Co. KG

1. Auflage 2003

ISBN 3-430-14873-1

Lektorat und Redaktion:
Heike Gronemeier
Buchgestaltung:
Büro Jorge Schmidt, München
Layout: Tabea Dietrich, Jorge Schmidt
Repro: Franzis print & media GmbH, München
Druck und Bindung: Mohn-Media, Gütersloh